中国财政科学研究院年度智库报告

2024年
全球和主要国家财经风险报告

刘尚希　邢丽　李成威　等著

中国财经出版传媒集团
中国财政经济出版社
·北 京·

本书研究和撰写组人员名单

组　　长

刘尚希　中国财政科学研究院院长、研究员

邢　丽　中国财政科学研究院副院长、研究员

执行组长

李成威　中国财政科学研究院全球风险治理研究中心主任、研究员

参　　与

傅志华　中国财政科学研究院学术委员会主席、研究员

张晓云　中国财政科学研究院全球风险治理研究中心研究员

李　欣　中国财政科学研究院全球风险治理研究中心副主任、研究员

朱小玉　中国财政科学研究院全球风险治理研究中心副主任、副研究员

于雯杰　中国财政科学研究院全球风险治理研究中心副主任、副研究员

刘翠微　中国财政科学研究院全球风险治理研究中心副研究员

景婉博　中国财政科学研究院全球风险治理研究中心副研究员

金殿臣　中国财政科学研究院全球风险治理研究中心助理研究员

林　琳　中国财政科学研究院全球风险治理研究中心助理研究员

王美桃　财政部投资评审中心副研究员

田雅琼　中国财政科学研究院全球风险治理研究中心博士后

目　录

导论：全球风险改变了什么？
——经济增长和财政金融政策的逻辑

《2024 年全球和主要国家财经风险报告》基于风险财政理论和资产负债表宏观关联理论，既对主要国家的财政风险、金融风险和经济风险等问题进行了深入的分析，又阐释了这些风险在全球是如何关联和传导的，对于我们了解全球财经风险形势及对我国影响有现实意义。

报告由相互关联的上下两篇组成。上篇“主要国家财政与经济风险透视”从财政的视角透视主要国家的经济风险与影响。报告认为，现阶段主要经济体面临债务风险持续积累、财政收支缺口扩大、财政可持续性等一系列风险。这使得主要经济体的财政政策在提升经济社会发展的可持续性和降低经济社会风险中艰难权衡，稍有不慎可能会导致风险失衡、失控，并通过风险外溢效应给全球经济带来不容忽视的影响。下篇“全球金融风险分析：资产估值稳定的视角”，从金融和资产负债表宏观关联的角度分析全球主要经济体经济和金融风险之间的传导与影响。报告认为，随着全球地缘政治局势愈演愈烈，世界面临的不确定性增强，主要资产价格波动加剧，一些国家的资产估值稳定面临严重挑战。在大国博弈持续演化背景下，经济和金融市场不确定性加剧。世界各国的政府、企业、银行和居民通过资产负债表的关联，风险互相传导，对全球和主要国家财政经济稳定和发展带来重大风险挑战。

报告涉及财政、金融、经济和全球风险等主题词，这些主题词之间关系密切，从理论上揭示其相互关系，构成了本报告的逻辑内核。

一、理解经济增长的新思维

在传统的增长模型中，经济增长是劳动和资本的函数，而在现代经济中，经济增长越来越成为风险的函数，随着全球各种风险不断放大，全球主要经济体的经济增长台阶在不断下降。

现代经济最为突出的特征是数字化、金融化和低碳绿色化，经济活动中的产品、要素和组织形式等都被数字化、金融化和低碳绿色化重新定义，这使得现代经济相较于传统经济来说，其虚拟性和关联性更强，宏观经济脆弱性及其风险也就更大。

宏观经济的风险特征日益凸显，其风险成本不断上升。风险成本分析法是观察经济形势最基本的方法，即通过“风险—成本”转化过程而导致的结果来观察经济。普遍存在的、影响企业盈亏的各种不确定性事件就是风险。在社会分工和国际分工不断深化背景下，每个企业都会受到不确定性和风险事件的影响。这意味着，成本不是决定于已经发生了什么，而是取决于未来将会发生什么，未来可能的损失都会转化为当前的成本。而各种风险是会相互叠加、相互放大的，这样，成本也就表现为不同风险的变化和转化。现实中，往往是市场风险和公共风险共同导致了企业的风险成本。当风险上升的时候，各方面的成本都会上升，最终构成企业和宏观经济发展压力。在风险社会和风险经济中，经济社会形态已经由过去传统观点认为的确定性的、有规律的运行形态转化为一种不确定性的运行形态。当不确定性风险成为基本特征，我们思考经济社会问题的逻辑起点也要发生改变，即从确定性思维中抽离出来，将不确定性和风险作为思考的起点。不确定性带来风险，风险进一步转化为成本，包括企业成本、居民生活成本以及政府成本。从企业成本的源头来观察，在不确定性上升的宏观环境中，公共风险水平上升，企业“风险成本”越来越大，其在企业成本的占比是不断上升的。管理费用上升、资产贬值准备扩大、财务费用上升，都是风险成本上升的反映。风险成本是“不可预期成本”，导致盈亏的不可预期性扩大，企业经营预期、投资预期和研发预期都会转弱。企业微观成本是观察宏观经济运行的窗口。企业风险成本上升，往往会使企业资产负债表变得脆弱，可能进一步引发资产负债表式的经济衰退，经济下行，甚至产生危机。总的来看，在风险经济、风险社会的时代，成本越来越多来自不确定性、来自风险，即成本的本质是风险的转化。当每个企业所处的环境不确定性增大，风险水平整体上升时，当制度变迁、制度创新滞后于风险产生速度时，整个经济社会面临的不确定性就会放大，发展成本就会急剧上升。

宏观经济风险特征凸显，内生于数字化、金融化和低碳绿色化以及由此导致的资产估值体系变化。原有的资产估值逻辑变了，超越了历史成本、公允价值的估值逻辑，转变为基于未来风险的估值逻辑。整个社会的资产负债表基于产业链、供应链和金融链而高度关联，一荣俱荣、一损俱损。当遇到各种风险事件的冲击时，资产价格下跌，不仅公允价值损失增加，企业的减值准备也会扩大，企业资产缩水，资产负债表出现失衡。这会改变企业和金融机构的投融资决策，加剧资产市场波动，进而微观层面的投资、经营会主动或被动缩减，宏观经济中合成经济下行风险。“特定的外部冲击会从根本上改变企业或个人的行为目标。尤其当一个国家整体资产价格出现下跌时，就会迫使企业将它们最优先的目标从利润最大化转变为负债最小化，以修复受损的资产负债表。而这种行为转变反过来又会导致比一般经济衰退更加严重的后果。”① 一方面，资产价格下跌导致企业资产低于负债规模，在信息不对称条件下，银行出于对企业偿还能力的担忧将倾向收紧贷款，这将限制企业投资和扩张，抑制经济发展。另一方面，当企业出现资产负债表失衡后，企业生产目标将从“利润最大化”变为“负债最小化”，以偿还债务人债务和维持企业经营，货币政策使利率下调也难以激发企业举债意愿，便形成了资产负债表衰退风险。宏观经济部门之间的资产负债关系相互连接，形成宏观经济网络，资产负债表衰退风险在部门内部和部门之间通过资产负债关联进行传染，使最终损失被放大。从资产负债表来看，一个部门的资产是另一部门的负债，如金融部门对非金融部门的资产是非金融公司、住户和政府部门的负债，非金融部门的存款资产是金融部门的负债等，资产负债表衰退风险就会通过部门间的资产负债关系传导进而扩大。

二、审视财政与金融关系的新视角

财政是国家治理的基础和重要支柱，财政的作用贯穿于国家治理的全过程和各环节，包括政治、经济和社会各领域。财政所涉之处即公共权力所辖之处，远远超出了宏观经济的范畴，不仅与每个经济主体紧密相连，也与每个社会细胞，如个人、家庭、公益机构息息相关。国家治理的本质是化解国家发展过程中面临的各种公共化的风险，实现国家可持续发展，这就需要动员、筹集和使用各种公共资源。动员、筹集和使用公共资源的基本制度就是财政制度，反映公共资源动员、筹集和使用的国家账本就是财政账本。更好地发挥财政在国家治理的基础和重要支柱作用，要求财政账本具有完整性、系统性和唯一性。国家之内所有的公共资源都应该在财政账本中得到体现，并接受法律、财政纪律的约束和公众的监督，不容突破。

金融是国民经济的血脉，是国家核心竞争力的重要组成部分。在现代经济中，金融发挥着核心作用，经济是机体，金融是肌体中的血脉，两者不可分离。货币是价值符号，测度所有经济行为的得失，货币循环决定了经济循环。

从整体论和系统论的角度看，财政与金融本质上是一体的关系，只不过从现

① 辜朝明．大衰退：宏观经济学的圣杯［M］．喻海翔译．北京：东方出版社，2016：118.

代学科的角度来看，将其分为两个专业领域。

其一，财政和金融是相互交融的“血液”。财政是整个社会的血液，金融是整个经济的血液。财政是公共风险的最终承担者，是整个社会风险的最后一个买单的。央行是最后一个贷款人，解决流动性问题。所有的社会细胞都与财政紧密联系在一起。央行依托基于征税权建立的国家信用发行货币，为整个经济造血。经济系统“血液”出现风险和问题，央行承担最后贷款人职责。而如果这些风险和问题进一步放大，超出了央行最后贷款人的能力，甚至溢出到其他领域，就需要财政作为最后支付人来买单，财政充当整个社会风险最后的兜底者。

其二，在现代社会，财政制度是金融和资本市场的基础。从政策实践来看，美联储直接购买国债，把铸币税转移给财政使用，是典型的赤字货币化或货币融资方式。从金融的角度来说，需要中央（或联邦）财政提供无风险资产，国债就是无风险的金融工具，也可以成为弥补赤字的工具。当前，美国十年期国债收益率曲线就成为世界广泛关注的参照物，它的变化会影响全球资本的流动。从这一点来看，资本市场定价基准是中央（或联邦）财政提供的，无论中央（或联邦）财政有无赤字，它都需要为金融市场提供这种无风险资产。国债收益率曲线已经成为金融市场的一项重要基础设施。从货币发行、金融市场基础设施这个角度来观察，财政是金融的基础，也是资本市场有效运转的基础。在一个有效的金融市场体系中，都是如此。中国的国债收益率曲线作为金融基础设施还不够完善，还要进一步去打造好。现在的赤字越来越体现金融属性，作为提供无风险金融资产，或信用等级最高的金融工具的源头，赤字不只是财政收支差额的产物，而且其本身就是为了生产金融工具，为市场，也为社会提供金融财富的载体。随着全社会金融财富占比的不断提高，赤字和国债会越来越成为社会财富管理的需要。从这个意义上讲，财政赤字成为一种常态，或者说是赤字产生的更深层的动因，与其说是财政收支不平衡，倒不如说是金融财富增长的这种需求在拉动。放在经济金融化或财富金融化趋势下来看，赤字和国债越来越具有金融属性。

当然，我们在观念上仍基于小农经济的理财传统，不喜欢赤字和举债，赤字被解释为入不敷出导致的，国债被解释为弥补赤字的工具。在财富金融化的经济社会体系中，政府举债与赤字可能没有任何关联。在美国克林顿时期，曾经出现过财政盈余，政府停止举债，导致市场流动性工具的不足，后来被迫发行无赤字的国库券。政府没有赤字，但出于金融考虑，也必须发行国债。所以，发行国债，编列赤字，与现在经济金融化程度的提高是直接相关的，因为经济金融化，尤其是财富的金融化，改变了宏观经济运行的逻辑，从实体逻辑为主导转向虚拟逻辑为主导，经济运行过程越来越依赖于金融——货币、利率、汇率和估值。

其三，金融为现代国家预算“以支定收”的原则奠定了基础。以支定收是现代预算的基本思维和程序，先考虑支出，再考虑收入。现代国家很少有这样的情形：先考虑收入再考虑支出，有多少钱办多少事，钱少少办事，没钱就不办事。作为现代国家要承担公共责任，要防范化解社会共同体的公共风险，作为最后买单人是不可能这么做的。所以，现代国家基本上都抛弃了农耕时代的以收定支，“有多少钱，办多少事”仅仅作为预算执行的原则，而不再是预算政策的原则。现代预算的编制都是倒过来，先考虑支出——防范化解公共风险的需要（政府运转、治安、国防和公共服务等都是这种需要衍生出来的），然后再考虑税收，以及其他的收入来源。之所以能够这么做，是因为国家信用衍生出了信用货币，并垄断了信用货币的发行权，并随着经济交易的货币化程度、社会财富的金融化程度的提高，风险社会对无风险的国家信用衍生品，如货币、国债等的需求越来越大。央行代理国库，没有收入，也可以花钱。从实际运行过程来看，并不等于要收到一笔税款后财政才可以花钱。在日常情况下，财政收支与货币流通是一体的，征税是货币回笼，开支是货币投放，货币水龙头越来越受到财政收支的影响和控制。尤其是在风险救援的紧急情况下，也可以打破法定的预算约束，通过授权超预算花钱，不少发达国家都是如此。财政收支的运行过程已经嵌入了央行货币发行和收回的过程，也可以说，财政支出的过程就是货币发行的过程，是基础货币的投放，而征税的过程就是货币收回的过程，因为货币回到了央行，实际上收回的是基础货币。从央行国库出来的财政支出，实际上是在发行基础货币，它还会产生货币乘数，产生派生存款。在信用货币条件下，其实财政收支和货币运行已经一体化了。从预算来看，预算有收与支，央行有资产负债表，似乎预算表和央行的资产负债表没有关联，这是一个表象，实际上两者的差异仅仅是观察视角不同罢了。从央行资产负债表来观察，资产方有对政府的债权，如国债；而负债方有财政存款，政府的收入支出都嵌入在这里面了，所以，从这一点来讲，预算执行的过程和基础货币的投放收回的过程是不可分离的。所谓独立的货币政策仅仅是历史传承中一种观念，或预算约束政府的另一种表达而已。

三、认知全球金融风险的新框架

一般认为，全球金融危机的传导路径主要包括国际贸易、金融机构、资本流动和预期四种。其中国际贸易路径是金融危机通过国家之间经济贸易联系进行传导；金融机构路径是金融危机通过金融机构间包括相互持股、同业存款、跨国金融机构母子公司、衍生产品、同业拆借等在内的复杂资金联系在不同国家间进行传导；资本流动路径是指资本的快速跨境流动致使汇率急剧波动引发货币危机进行传导；预期路径是即使国家之间不存在国际贸易、金融机构和资本流动的联系，金融危机也可能由于预期快速上升引发避险情绪进行传染，通过“羊群效应”和“示范效应”而产生“踩踏效应”。

基于上述认识，学界将金融危机国际传导机制的变迁分为三个历史时期进行考察：第一个历史时期为金融机构风险传导机制和国际贸易传导机制为主的危机传导阶段，代表事件为 1929—1933 年的大萧条；第二个历史时期为资本流动、国际贸易传导机制为主的危机传导阶段，代表事件为 20 世纪 90 年代爆发的欧洲货币危机、拉美债务危机和亚洲金融危机；第三个历史时期为资本流动和金融机构传导机制为主、国际贸易和预期传导机制为辅的危机全方面传导阶段，代表事件为 2008 年全球金融危机。

基于全球风险分配的新视角来考察全球金融风险，上面的分析便变得更为简单和有效。以默顿（Merton）等学者为代表，认为微观层面资产负债表扭曲导致金融危机发生，构建了分析管理金融风险的新模型。Allen 等提出基于公共部门、金融部门、企业部门和居民四部门的资产负债表分析框架，研究部门间金融风险传导问题，认为系统性金融风险可以通过资产负债表进行传导，原因是金融机构之间不是独立的，会相互交叉持股持债，所以它们之间的资产负债表直接或是间接相关，风险可以在相互关联的资产负债表中传染，引发银行挤兑的产生，进而引起整个金融系统的损失①。在当今时代，全球的分工合作向深度和广度拓展，国与国之间相互依赖超出任何时候。风险不断全球化，国与国之间互为风险源，任意国家的风险都可外溢而系统化、公共化，演化为全球风险。微观金融风险的外部化导致金融风险的系统化和公共化，并最终形成金融危机。契约的不完备性，导致金融风险通过资产负债表扩散，风险系统化和公共化。全球经济运行过程中的产业链、供应链、价值链、资金链越来越长，每个环节面对的不确定性都在扩大，任何一个环节的风险都可快速传递到全球。这使得全球的各种经济关系、金融关系由利益关系转变为风险关系。这导致风控能力较弱的市场主体在复杂的风险关系中承受更大的风险，甚至会被淘汰——风险分配是市场洗牌的原动力。

收入和财富分配是已然的结果，可观测和计量，属于实体现实；而风险分配是未然的情景，不可观测和实证计量，属于虚拟现实。作为虚拟现实，它不是一个确定的结果，而是一种可能的状态，因而是不确定性的。即使起跑线是平等的，

① 张清玉．宏观资产负债表分析金融实践应用与改进［J］．会计研究，2023（1）：44.

但在时间维度上，市场参与者的风险处境会不断变化，彼此之间的风险处境会呈现出越来越大的差异性。这意味着风险分配在发挥作用，不断改变相关主体的风险处境。市场一方面在配置资源，另一方面在分配风险。配置资源表现在要素的流动和重组，而分配风险则是通过显性或隐性的契约关系来实现的。表面上看，契约是因交换商品而产生的，实质上是在交易风险，从而重新分配风险。在这个意义上，任何契约关系都是风险分配关系。无风险，则无契约。前面谈到的国际金融危机传导机制，实质上是通过契约传导的。尤其是股权、债权等金融契约，是金融危机传导的高速公路。

放在全球来看，国家之间的契约，如各种协定、条约、规则以及组织等，是全球风险在国家之间进行分配的工具。处理全球风险分配关系所形成的各种国际契约，构成全球风险治理结构。基于“风险人”假设，即存在着一种本能：不由自主地把本应承担的风险外部化。掌握契约规则解释权的一方更有能力将本应其自身承担的风险外部化，将风险转移给相关方。这是风险分配不平等的根源所在。在全球治理体系中，掌握全球风险分配规则制定权的国家有能力将本应其自身承担的风险转移给别的国家，这是全球风险分配不平等的根源，也是全球利益分配不平等的根源。一些大国通过操纵全球制度、规制和机制，体现自身国家意图和价值，化解和转移自身风险。尤其是在全球经济和财富处于美元体系之下，美国可以通过金融手段，控制全球的财富，并可转移到本国，在这个过程中同时实现风险转嫁。美国利用国际分工中的价值链高端优势，掌握风险分配的主动权，实现本国在生产、贸易、投资中的风险最小化。而中国等发展中的南方国家在风险分配中往往处于不利地位，资产、负债的估值受美元政策的影响很大，资产贬值、债务上升，甚至就在美国的一念之间。美国近年来快速加息的举动，引发不少南方国家出现债务危机，也使中国产生不小的债权损失，风险处境变差。全球风险分配的契约规则被发达国家掌握，发展中国家在贸易、融资中不得不承担更大的风险。国际社会被丛林规则主导，看似平等自愿的贸易、融资、并购等商业活动，对发展中国家来说，实质上处在全球风险分配中的不利地位。这在美元、欧元主导的国际经济金融体系中是无法改变的。

四、协同财政货币政策的新逻辑

在风险社会，维护资产估值稳定是协同财政货币政策的新的逻辑起点。

金融危机的本质是资产估值危机。在风险社会，资产负债表变得越来越重要，这种重要性还在于它发生了一个重要的变化，就是从过去的一个财务概念，变成了一个金融概念。资产负债表金融化之后，对经济的敏感性极大增强，呈现出非常显著的顺周期的特征。当经济社会发展出现一些风险因素扰动的时候，受到影响的资产负债表就会急剧收缩，同时可能引起连锁反应，导致一串企业甚至行业资产负债表收缩，引发经济下行的压力和风险，同时也影响地方政府、商业银行和居民的资产负债表。地方政府、商业银行、企业、居民的资产负债表是关联的，通过这种关联，风险也会相互传递。在这种情况下，对资产负债表的恶化，特别是头部企业的资产负债表的恶化，怎样及时处置，及时遏制市场风险公共化，避免经济风险社会化、政治化，是防范化解重大风险的一个关键步骤。

所以，对一个企业的资产负债表问题，要从宏观的角度，从整体的角度去判断其风险是否会溢出市场变异为系统性风险，甚至是公共风险。从公共风险管理的角度看，就不能简单认为这是市场风险，该倒闭就倒闭。而应该看到，个体风险会溢出市场，放任不管的情况下，其带来的连锁反应会冲击整个行业或整个经济社会。在宏观不确定性环境下，地方政府、商业银行、企业、居民资产负债表一旦受损，其修复的程度及其快慢，会影响经济复苏和就业，随着风险预期上升，经济拔出泥潭的难度就会增大，时间也会延长。因此，针对资产负债表，及时出清风险，是宏观政策的首要问题。

不言而喻，财政货币政策的作用及其协同，就是要通过各种政策工具，快速修复地方政府、商业银行、企业、居民的资产负债表，以稳定资产估值，避免风险蔓延。发达国家财政与金融协同的实践，实质上都转到以估值稳定为中心，稳定币值、抑制通胀也是为估值稳定服务的。

资产估值的急剧波动是经济金融危机的主要推手。在经济金融化的背景下，各行各业资产负债表的金融属性增强，资产与负债互为镜像，债务链条越来越长，串联的行业、部门、企业越来越多，相互之间的风险传递速度快。一个企业债务违约，可能引发一个区域、行业的恐慌，这样的现实案例并不少见。风险事件一旦产生，资产估值下跌、信用等级下调、信贷收紧等一系列操作就会随之而来，流动性紧张、杠杆率上升、破产倒闭等一系列风险就会蔓延。其中的核心问题就是资产估值。估值波动引发的风险比币值波动引发的风险要大得多、严重得多。

对世界的认知决定我们的行为方式。基于确定性的世界观，现实犹如剧本，剧情按照设计好的方向演绎。未来在过去的延长线上，只要遵循既定的制度规则，就能按照既定的路线，达到预期的目标。过去对财政与货币的关系及财政与央行的关系的认识，大多基于一种确定性的“剧本思维”，在这种思维框架下，就容易形成僵化的界域划分，强调各守一摊，这样就会产生“合成谬误”。仅从财政来看或仅从央行来看，一项措施可能是对的，但整合在一起，从整体和长远来看则很可能是错的，在防范、处置风险过程中很可能产生新的风险。

基于不确定性的世界观，未来是一种叠加态，风险具有量子化特征。风险分配的契约化过程极为复杂，契约的不完备性会加剧。基于此，财政与央行关系，要从制度主义转向行为主义，从界域划分转向行为分工。在虚拟理性的指引下，着眼于防范未来可能出现的风险，有效出清当前的风险，并在实践中根据对风险的认识变化不断调整两者的分工合作关系。

具体来说，财政与金融的合作与分工要以资产估值稳定为目标，在防范化解经济金融风险中密切协同，并发挥各自优势，建议：

一是风险监测“一张网”，要关注全局的风险，对局部或某个领域的风险要放在全局风险的视角下观察，关注各局部与各个领域风险的演化和传递。

二是风险防范措施“一条线”，着眼于短期应急的政策措施要与着眼于长期的制度安排结合起来，通过政策与制度的联动来引导预期，为发展注入确定性。

三是风险治理机制“一盘棋”，着眼于公共风险最小化的角度对财政与货币政策、改革进行风险评估，避免仅从某一个角度出发，某个领域的风险缩小而整体风险放大的情况发生。

上篇

>>>>>

主要国家财政与经济风险透视

引　言

“无风险，不财政”，财政与风险如影随形。世界经济论坛《2023 年全球风险报告》显示，冲突和地缘经济矛盾已经引发了一系列深度互联的全球风险，包括可能会在未来两年持续困扰世界的能源和粮食供应不足的问题，以及生活成本和偿债成本急剧上升的问题。与此同时，这些危机会破坏国际社会为了解决长期风险而开展的各项行动，尤其是和气候变化、生物多样性以及人力资本投资相关的风险。这些风险为全球经济蒙上阴影，对世界各国的经济和财政运行产生了重大冲击和影响。

一、当前全球经济形势分析

从经济运行看，2023 年至今，以美国为代表的发达国家经济表现出超预期韧性。不过，IMF 预计，全球经济增速将从 2022 年的 3.5% 降至 2023 年的 3.0%。从财政运行看，全球公共债务比率虽较峰值回落，但仍维持在高位水平。全球平均赤字率将略有上升，且仍高于疫情前水平。

（一）全球经济面临下行风险

2023 年至今，以美国为代表的发达国家经济表现不俗。具体来说，2023 年以来，美国失业率维持低位运行，通货膨胀持续下行，2023 年前两个季度 GDP 环比（折年）均实现了 2% 以上的适度增长。2023 年第二季度，剔除物价变动因素的影响，日本实质 GDP 较上季度增长 1.5%，换算成年化增长率的话达到了惊人的 6.0% 增速，远超第一季度年化增长率 2.7%，也远超 4.2% 的市场预期。

不过，2023 年 7 月 25 日，国际货币基金组织（IMF）发布的最新一期《世界经济展望报告》预计，全球经济增速将从 2022 年的 3.5% 降至 2023 年的 3.0%，相比2023年4月时的预测上调了0.2个百分点；报告同时预计2024年全球经济增速为3.0%，与4月时的预测保持一致。同时，IMF认为全球经济面临多重下行风险，增长依然疲弱。具体来说，IMF认为风险包括各国央行为抗击通胀而采取的加息政策继续对经济活动造成拖累，以及不包括能源和食品价格在内的核心通胀率仍远高于央行目标等。世界银行6月发布的半年度《全球经济展望》将2023年的全球经济增长预期从1月报告的1.7%提升至2.1%，却将2024年的全球经济增长预期下修至2.4%，主要原因是发达经济体增速被向下修正。发达经济体增速放缓继续成为全球经济增速下行的主要原因，这主要源于其制造业疲弱等因素抵消了服务业活动的拉动作用。IMF预计，2023年发达经济体的增速将从2022年的2.7%降至2023年的1.5%，约93%的发达经济体2023年的经济增速将放缓。2024年，发达经济体增速预计将进一步降至1.4%。相比之下，IMF认为新兴市场和发展中经济体的经济增速2023年预计将大体稳定在4.0。而亚洲地区新兴和发展中经济体的增速有望在2023年上升至5.3%，然后在2024年放缓至5.0%。

（二）全球贸易增速明显放缓

2023年4月5日，世界贸易组织（WTO）发布的《全球贸易展望和数据》预计，2023年全球货物贸易量的增速为1.7%，不仅低于2022年2.7%的全球货物贸易量增速，还低于近12年2.6%—2.7%的平均水平。《全球贸易展望和数据》指出，之所以2023年全球贸易增速与2022年相比将明显放缓，也低于近年来的平均水平，是因为受俄乌冲突、通胀高企、货币紧缩政策和金融市场不稳定等负面因素影响。不过，WTO预计2024年全球商品贸易量增长率将回升至3.2%。

（三）全球投资环境的不确定性增大

2023年7月5日，联合国贸易和发展会议发布《2023年世界投资报告》显示，在经历了2020年的急剧下降和2021年的强劲反弹之后，全球外国直接投资（FDI）在2022年下降了12%，降至1.3万亿美元。放缓是由全球多重危机造成的：乌克兰战争、食品和能源价格高企以及债务压力。国际项目融资和跨境并购尤其受到融资条件收紧、利率上升和资本市场不确定性的影响。2023年，跨境投资的全球环境仍然充满挑战。尽管影响2022年投资趋势的经济逆风有所减弱，但并未消失。地缘政治局势仍然紧张，近期金融领域的动荡增加了投资者的不确定性。联合国贸发会议预计，2023年全球外国直接投资将继续面临下行压力。

（四）全球公共债务率高企

2023 年，全球公共债务率虽然较 2020 年的历史高点有所回落，但仍维持在高位水平。2023 年 4 月，IMF 发布的《财政监测报告》显示，2023 年，全球公共债务占 GDP 比重将有所上升。其中，发达经济体债务率为 112.4%，较 2022 年下降 0.1 个百分点；新兴市场和中等收入经济体债务率为 68.8%，较 2022 年上升 3.1 个百分点；低收入发展中国家债务率为 48.3%，较 2022 年上升 0.1 个百分点。同时，IMF 指出，不断上升的利率推高诸多国家偿债成本。据 IMF 估算，超过 60% 的低收入国家处于债务困境，或者面临债务困境高风险。

（五）全球平均赤字率预计还会上升

IMF 认为，为了实现物价和金融稳定，应对不确定的经济环境和快速变化的金融环境，2023 年全球平均赤字率预计略微上升到 5%。具体来说，2023 年 4 月 IMF 公布的《财政监测报告》显示，2023 年，全球平均赤字率为 5%，相比 2022 年略增 0.1 个百分点。其中，发达经济体平均赤字率为 4.4%，较 2022 年上升 0.1 个百分点；新兴市场和中等收入经济体平均赤字率为 5.9%，较 2022 年上升 0.6 个百分点；低收入发展中国家平均赤字率为 3.9%，较 2022 年上升 0.1 个百分点。同时，IMF 指出，如果金融部门动荡加剧，还可能给公共部门的资产负债表带来压力。因为在出现系统性金融压力的情况下，可能需要迅速出台财政政策，推动处置进度并最大限度降低成本。因此，IMF 认为，未来几年的财政赤字预计仍将高于疫情前水平，财政前景面临着重大不确定性。

二、全球面临多重风险叠加

2022 年以来，全球面临地缘政治紧张、通胀高企、贸易保护主义加剧的持续挑战、世界经济增长动能减弱等多重挑战，对各国财政经济运行产生了重大影响。

（一）俄乌冲突的影响仍未收敛

俄乌冲突有可能加剧，一旦这种可能变成现实将导致全球粮食和能源价格进一步飙升，从而推高通胀。核心通胀可能比预期更加持久，从而需要进一步收紧货币政策加以应对。货币政策的收紧将对经济产生不利影响。此外，这场冲突仍在继续，地缘政治紧张局势依然严峻，由于俄乌冲突的原因如果导致全球分裂成若干地缘政治集团，那么有可能造成巨大的产出损失，包括因外国直接投资受到影响而造成的损失。

（二）通货膨胀的粘性增强

随着各国央行实施加息以及粮食和能源价格下跌，通胀已有所下降，但潜在的价格呈现出粘性。IMF（国际货币基金组织）4 月的预测显示，在大宗商品价格下跌的背景下，全球总体通胀率预计将从 2022 年的 8.7% 下降至 2023 年的 7.0%，但基础（核心）通胀的下降速度可能会更慢一些。多数国家的通胀不太可能在 2025 年之前回到目标水平。2023 年多国都可能需要进一步收紧货币政策以应对通胀，快速加息的副作用正日益明显。

各国央行为抗击通胀采取的加息政策继续对经济活动造成拖累。IMF7 月的预测显示，预计全球总体通胀将从 2022 年的 8.7% 下降至 2023 年的 6.8% 和 2024 年的 5.2%。大多数国家的通胀问题正在得到缓解，但通胀仍然居高不下，并继续侵蚀着家庭的购买力。如果出现更多冲击（包括俄乌冲突加剧和极端天气引发的冲击），通胀可能会保持高位甚至上升，从而引发货币政策的进一步收紧。各主要央行已表示他们需要进一步收紧货币政策。美联储在 2023 年 6 月议息会议上暂停了加息，但暗示将在未来进一步加息；澳大利亚储备银行、加拿大央行、英格兰银行和欧央行则继续加息。各国央行为应对通胀收紧政策，提高了借贷成本，抑制了经济活动。

（三）金融的脆弱性上升

2023 年春天，快速加息的副作用日益明显，银行业的脆弱性成为各方关注的焦点，人们对风险在更广泛金融部门（包括非银行金融机构）蔓延的担忧也有所加剧。金融环境正随着市场情绪的变化而波动。政策制定者已经采取了有力措施来稳定银行体系。但金融部门动荡带来了更多不确定性，风险明显偏向下行。金融部门的压力可能会放大，并且可能出现传染效应，这将导致实体经济因融资环境急剧恶化而走弱。

目前，2023 年 3 月的银行业恐慌得到了控制，其范围仅限于美国有问题的地区性银行和瑞士的瑞信银行。美国打破了债务上限僵局，加之2023年早些时候各国当局为遏制美国和瑞士银行业动荡采取了强有力的措施，都降低了金融部门出现动荡的风险。金融市场对银行业带来金融稳定风险的担忧有所减弱。如果货币政策进一步收紧，紧缩的货币政策将使部分银行面临压力。当市场随央行进一步收紧货币政策而做出调整，金融部门的动荡可能会再次出现。

（四）经济增长疲态凸显

根据IMF4月的预测，全球经济增速将从2022年的3.4%下降到2023年的2.8%，此后则将缓慢上升，并于五年后稳定在3.0%——这是几十年来最低的中期预测结果。发达经济体的增速放缓预计将尤为明显，从2022年的2.7%下降至2023年的1.3%。另一个可能的情景是金融部门将进一步承压。在这一情景下，2023年全球经济增速将降至约2.5%。如果不包括2020年新冠疫情危机初期和2009年全球金融危机期间，那么这将是2001年以来最为疲弱的增长表现。发达经济体的经济增速将降至1%以下。造成经济前景疲软的原因包括：为降低通胀需要采取紧缩的政策立场，近期金融环境恶化带来的影响，持续不断的俄乌冲突，以及地缘经济割裂的日益加剧。经济前景面临的风险显著偏向下行，“硬着陆”的可能性急剧上升。

IMF7月的预测显示，全球经济增速预计将从2022年的3.5%下降至2023年和2024年的3.0%。虽然2023年全球经济增速的预测值略高于4月的预测值，但2023年至2024年的经济增速预测值仍远低于3.8%的历史（2000年至2019年）年均水平。2022年到2023年，发达经济体继续成为全球经济增速下行的主要原因。经济增速的明显放缓不利于解决目前短期以及未来中长期面临的困难和挑战，如抑制通胀、改善财政状况、减贫、针对最贫困国家的减债缓债、应对气候变化和保护环境、加快能源转型等。

三、各国财政风险扩散外溢

现阶段，主要经济体面临债务风险持续积累、财政收支缺口扩大、财政政策空间有限等一系列风险。这使得主要经济体的财政政策在提升经济社会发展的可持续性和降低经济社会风险中艰难权衡，稍有不慎可能会导致风险失控、失衡，并通过风险外溢效应给全球经济带来不容忽视的影响。

（一）主要国家财政脆弱性加剧

尽管美国近期就业数据表现不错，但就业增长强劲的来源主要是服务部门，制造业部门的就业依旧疲软。实际上，美联储激进加息对经济增长的抑制作用已经逐步显现。美国经济分析局公布的数据显示，2023年第一季度，美国实际GDP按年率计算增长2%。而2022年第三季度和第四季度分别为3.2%和2.6%。美国供应管理协会发布的数据显示，2023年7月，美国制造业采购经理人指数（PMI）为46.4，已连续9个月低于荣枯线50，是自2009年以来的最长萎缩周期。同时，美联储激进加息还引发区域性银行业危机，一旦出现大规模倒闭潮，或引发金融和财政危机连锁反应。疫情发生以来，英国经济是世界主要经济体中受影响最大的国家。虽然英国经济在2021年和2022年有所反弹，但是截至2023年3月底，仍然没有恢复到疫情前水平。2023年第一季度，英国GDP环比仅增长0.1%。2023年第一季度，德国经济环比下滑0.3%；2022年第四季度，环比下滑0.5%。德国GDP连续两个季度环比下滑，经济陷入了“技术性衰退”。虽然日本2023年第一季度年化增长率为2.7%，但是损人不利己的“岸田经济学”可能会拖累日本经济的增长。目前，日本已经连续22个月出现贸易逆差。主要经济体经济增速的下滑不仅会导致财政收入减少，加剧财政收支矛盾，还会拖累全球经济增长。

（二）各国政府债务攀升

2022年，美国政府负债率攀升至123%。其原因主要在于：财政赤字常态化，债务快速攀升；经济社会公共风险水平上升，对冲风险，不得不扩大政府债务。同时由于党争加剧，美国债务问题不断政治化。虽然美国暂停债务上限至2025年初，但这是治标不治本的权宜之计，因为导致债务率持续上升的根本原因没有得到解决。需要指出的是，美国债务上限协议不会限制参议院拨发紧急补充资金的能力，以确保美国的军事能力足以威慑中国、俄罗斯和其他对手。英国国家统计办公室（ONS）的数据显示，截至2022/2023财年末，不包括公共部门银行的公共部门净债务初步估计为略超过2.5万亿英镑，相当于GDP的99.1%，较2022年3月底的97.3%有所上升。英国预算责任办公室（OBR）预测，不包括公共部门银行的公共部门净债务在2023/2024财年预计还将继续上升到GDP的103.1%，远远超出其之前曾经设定的40%的警戒线。2023年第一季度末，法国政府债务增加了634亿欧元，达到30 134亿欧元，占GDP比重增长了0.7%，达到112.5%，公共财政可持续性堪忧。法国的债务问题迫使近几届法国总统不得不削减福利，但以此激起的反政府运动又容易使得政府对财税和社会保障的改革都付诸东流。同时，法国债务负担如果增加到严重影响预算回旋空间的程度，欧元区分裂的风险也将上升。在俄乌冲突进一步升级的背景下，乌克兰同样面临债务负担进一步加重的困境。与此同时，外国援助承诺落实存在不确定性，乌克兰以外援为支撑的战时财政面临巨大风险。2023 财年日本政府债务预计将攀升至 1 068 万亿日元，尽管经济政策迄今将利率维持在极低水平，但加息将使利息支付负担更加沉重。巴西政府债务率在 2022 年触底后又逐步上升，预计到 2026 年公共债务占 GDP 的比重将增加到 100.08%①。高负债率和持续加息不仅削弱了主要经济体的财政政策空间，还使得主要经济体面临的债务风险有所上升，一旦部分经济体爆发债务危机将对全球经济造成巨大冲击。

（三）各国财政风险交织放大

俄乌冲突、全球粮食和能源危机更是推动欧美主要经济体通胀上行。2022 年，英国 CPI 年增长率高达 9.1%，是七国集团中最高的。2023 年 1—3 月，英国通胀水平都在 10% 以上，4 月和 5 月下降到 8.7%，6 月进一步降至 7.9%。IMF 和 OBR 预测，2023 年英国 CPI 通货膨胀率虽将明显下降，但是仍将处于高位。2023 年 5 月，德国和法国的通胀率虽然都有所下降，但仍然处于高位。高通胀加剧了居民的生活负担、降低了企业投资的积极性。为此，英国和法国政府均实施能源补贴政策。法国能源补贴更是从 2022 年的 240 亿欧元增至 2023 年的 450 亿欧元。但是随着财政和经济形势的恶化，英国不得不下降补贴的力度。例如英国的“能源价格保证”计划将账单总额的上限设定在 2 500 英镑，使得能源账单减少了数百万英镑，原定该计划在 2023 年 3 月底到期。虽然政府鉴于能源价格和生活困难的情况，决定将该计划延期，但是也仅仅延期 3 个月。

2023 年以来，油气收入锐减威胁导致俄罗斯财政面临严峻形势，收支缺口达近十年最大值。2023 年 1—5 月，俄罗斯联邦财政收入累计达 9.8 万亿卢布，同比下降 18.5%；其中，油气收入为 2.9 万亿卢布，同比下降近 50%。同时，2023 年 1—5 月，俄罗斯联邦财政支出 13 万亿卢布，同比增长 27%。由于收入增速放缓，支出却大幅上升，俄罗斯联邦财政缺口迅速扩大。2023 年 5 月，俄罗斯联邦财政

① International Monetary Fund, Fiscal Monitor—Helping People Bounce Back: https://www.imf.org/en/Publications/FM/Issues/2022/10/09/fiscal-monitor-october-22, 2023-02-05.

赤字已经增至 3.4 万亿卢布，是全年预算计划赤字的 1.2 倍。战争期间，乌克兰以外援为支撑的财政越发难以为继，并导致乌克兰财政赤字同样大幅提升。2018 年至 2022 年，乌克兰财政收入由 254 亿美元上升至 489 亿美元，同期财政支出由 270 亿美元升至 740 亿美元，达到近五年峰值。2023 年赤字将创纪录高达 343 亿美元。沉重的还债压力以及难以及时落实的外国援助，使得乌克兰的战时财政运行面临巨大风险。

四、对中国的影响与相关对策

全球风险放大及各国财政运行中反映出来的问题及相关外溢效应对中国经济发展和财政运行也将造成较大的影响。

一是相关国家各种“脱钩”“断链”及“去风险”措施恶化了中国经济和财政运行的外部条件。欧美企业通过在全球寻找中国生产线的替代品构建“中国 + 1”战略，使我国面临巨大压力。例如德国近来接连发布了《国家安全战略》和《对华战略》等多个战略文件，企图通过“脱钩”和“去风险”等政策措施限制某些领域的对华经贸往来。

二是全球需求增长乏力，影响中国对外贸易。地缘政治局势紧张扰动原材料供应，增加企业成本压力，次级制裁风险加剧对外投资的不确定性。除了国际订单撤回等直接影响，俄乌冲突对我国制造业关键原材料供应带来扰动，欧美和俄罗斯之间的制裁与反制裁措施使“海陆空”三个维度的运输途径均受到不同程度的影响，引发物流运输危机。原材料价格上涨、物流受阻进一步提升了企业生产成本压力。

三是各种新兴和传统风险交织，给中国经济社会发展带来巨大不确定性。在俄乌冲突等地缘政治紧张局势中，世界经济分裂成若干集团的风险可能性在上升，这将对贸易（特别是重要矿产等战略物资）、资本、技术和工人的跨境流动，以及国际支付造成更多限制。在“去美元化”的背景下，全球对人民币的“需求”激增，会推动人民币在国际上流动加快，并可能出现货币大规模流入和流出的情况，这给我国货币汇率、金融市场和经济稳定等会产生巨大冲击。加之我国在这方面的管理经验还不够丰富，稍有不慎，就可能会给我国带来新的金融风险。在应对气候变化方面，可以预见到欧洲发达经济体在节能减排方面的能力和技术将不断发展，气候变化方面将进一步巩固领先的地位，必将给我国施加更大的压力。

（一）加强全球风险治理合作

随着地缘政治紧张局势的不断加剧，各国为维护供应链的稳定和安全以及能源和粮食安全等重大问题，纷纷强调发展面向未来的产业，重新考虑国内产业布局，加大国内投资和限制国际投资和合作。面对这种不利的国际经贸环境，我国更要坚持加强与世界各国的往来与合作。

与发达经济体的合作可以以企业间的发展和合作为突破口，加紧经贸联系和往来。我国与欧盟、德国保持着密切的产业联系与投资，与美国的贸易额高达数千亿美元。鉴于此，中国与美欧经济脱钩的做法既无必要，也无可能，不仅如此，应力争与西方国家保持最为紧密的经济往来与联系，要进一步与西方国家“挂钩”。与类似的发展中国家要加强经贸往来，抱团取暖，例如与金砖国家进一步加强经贸和投资往来。对于有投融资需求的发展中国家，我国可以通过提供化解债务风险和投融资支持方案来加强纽带联系，共同发展。在对外合作中，我国要加强多边合作，包括加强全球金融安全网、降低气候变化成本以及减轻地缘经济割裂的不利影响，推动建设更具韧性的世界经济。在坚持对外开放的过程中，我国要推动尽可能多的经贸合作伙伴选择人民币，把人民币国债当作安全资产，逐步形成人民币货币循环圈，降低对“美元—美债”循环的依赖。

（二）增强应对全球风险的能力

近些年来，美国、德国、法国和英国这些国家都纷纷提出引导制造业回流，支持高新产业发展，在面向未来的重要产业上取得领先优势，加大对研发和创新的支持力度，提升本土企业在国际上的竞争力，吸引企业来本国建立实体机构，降低对国际产业链的依赖，通过产业结构调整增强稳定性等一系列战略措施。我国产业发展，特别是新兴领域和关键产业的发展面临严峻的外部环境，因此更要加大相关产业支持力度，充分利用财政、金融、股权投资、人力资源培育等力量，加快相关产业发展，尽快占领产业、技术和人才的领先位置，增强产业控制力和经济自主权。

（三）提升财政货币政策可预期性

由于存在多种重大风险因素以及经济走弱，政策制定者面前的选择将十分狭窄，既要改善经济前景，又要尽可能地降低风险，财政和货币政策都将做出艰难的权衡和取舍。

世界各国央行需要坚持实施对抗通胀的紧缩政策立场，但同时，也需要随时准备根据形势变化调整并运用其全部政策工具应对金融稳定问题。在此过程之中，其他国家利率的上调会造成人民币的波动和在华国外资本的抽离，对我国经贸、投资和融资环境都将产生不利的影响，国外特别是已经发生在美国的金融市场动荡可能存在扩大的风险，因此我国货币和金融政策的制定者需要紧跟国际事态的发展，提前做好预判，保证国内金融市场和物价的稳定，同时财政政策制定者也需给予必要的支持。

财政政策在为货币政策提供必要支持的同时，也需要有所为。我国债务水平的上升和近几年的财政困难特别是地方政府的财政困难，限制了财政应对新挑战的能力。财政需要保持适当的弹性以应对未来可能出现的挑战和问题。如果经济出现严重下滑和动荡，需要财政发挥稳定社会经济的作用，那么我国要在财政空间允许的情况下根据需要采取临时性的支持措施。财政要保障最基本的支出，让最脆弱的人群的基本生活得到必要的保障，在此基础上尽量保障对未来的投资，在中期让财政重回正常轨道，保证中长期的财政可持续性。

美国：经济表现出乎预期但财经风险持续累积

2023 年以来，美国失业率维持低位运行，通货膨胀持续下行，2023 年前两个季度 GDP 环比（折年）均实现了 2% 以上的适度增长，经济表现出超预期韧性。美联储激进加息拖累经济增长，通胀水平有所下降但是经济衰退风险正在加剧。IMF 预计，2023 年、2024 年美国经济仅分别增长 1.8% 和 1%，同时，2023 年以来，美国财政收支矛盾加大，财政赤字大幅增加。2024 年美国或将再次面临财政赤字和政府债务率双回升的局面。现阶段，美国财政经济运行还面临一系列风险事件的挑战。一是激进加息引发区域性银行业危机，一旦引发金融危机将加剧财政风险；二是债务上限延后“治标不治本”，债务违约风险持续积累；三是“去美元化”加速，全球对“美元—美债”循环依赖有所下降；四是加息对经济的负面影响逐步显现，或进一步加剧财政收支矛盾。

一、当前美国财政经济运行情况与财政可持续性分析

（一）经济表现出超预期，通胀水平有所下降

2023 年至今，美国经济表现出超预期韧性。具体来说，2023 年以来，美国失业率维持低位运行，通货膨胀持续下行，2023 年前两个季度 GDP 环比（折年）均实现了 2% 以上的适度增长。如图 1－1 所示，美国经济分析局公布的数据显示，2023 年第二季度，美国实际国内生产总值（GDP）按年率计算增长 2.4%，较第一季度增速上升 0.4 个百分点，但是不及 2022 年第三季度和第四季度的 3.2% 和 2.6%。同时，美国劳工部公布的数据显示，2023 年 7 月，美国消费者价格指数（CPI）同比上涨 3.2%，环比反弹 0.2 个百分点，剔除波动较大的食品和能源价格后，美国 7 月核心 CPI 同比上涨 4.7%，创 2021 年 10 月以来最低涨幅。

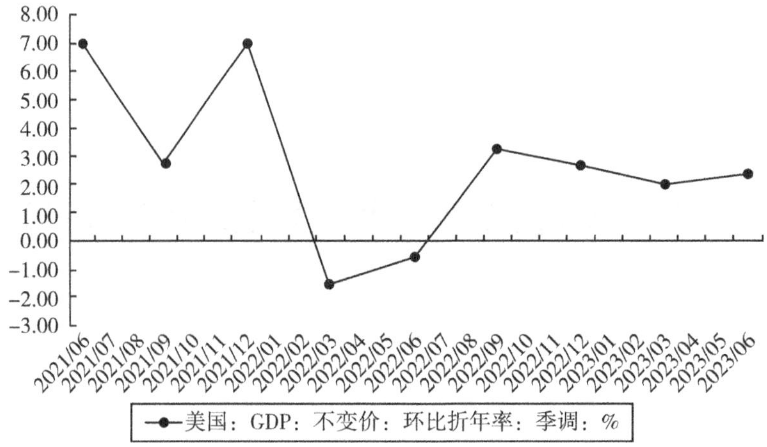

图 1－1　2021—2023 年美国实际季度 GDP 增速

资料来源：美国经济分析局。

2023 年 7 月 25 日，国际货币基金组织（IMF）发布最新《世界经济展望报告》，预计 2023 年、2024 年美国经济分别增长 1.8% 和 1%，并有出现经济衰退的可能性。由于 2023 年第一季度美国消费增长强劲，与此前 4 月发布的《世界经济展望报告》中的预测相比，IMF 把美国 2023 年的增速预期上调了 0.2 个百分点。但随着消费者在新冠疫情期间积累的额外储蓄正在减少，以及美联储可能进一步加息，IMF 认为美国这种消费增长势头将不会持续下去。同时，IMF 指出，世界经济增长依然疲弱，以美国在内的多国央行为抑制通胀而提高政策利率的措施持续对经济活动构成压力，并增加了全球经济增速下行风险。

（二）财政赤字和债务率增加，财政可持续性面临挑战

美国财政部公布的数据显示（见图 1－2），由于支出超过收入，2023 年 7 月，联邦政府的财政赤字为 2 207 亿美元。同时，美国国会预算办公室（CBO）公布的数据显示，2023 财年上半年（2022 年 10 月 1 日至 2023 年 3 月 31 日），由于在教育、医保福利和债务利息方面的支出增加，美国联邦政府的支出规模为 3.1 万亿美元，同比增长 13%；同时，2023 财年上半年，美国联邦政府的收入为 2 万亿美元，比去年同期减少了 730 亿美元。受此影响，美国 2023 财年上半年财政赤字高达 1.1 万亿美元。需要指出的是，随着美联储提高联邦基金利率以对抗持续高通胀，导致美国政府利息支出大幅增加。美国财政部公布的数据显示，2023 财年上半年，联邦政府为其待偿债务总共支付了 3 840 亿美元的利息，比去年同期增长 32%。

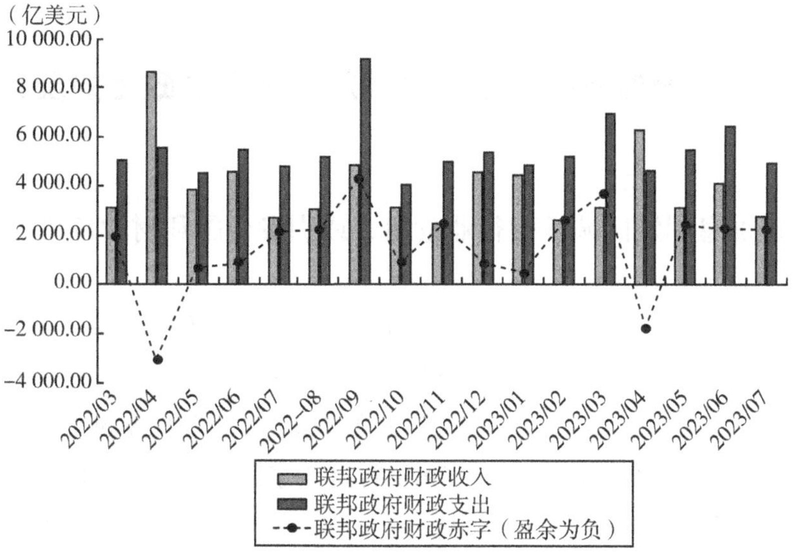

图 1－2　2022—2023 年美国联邦政府财政收支和赤字情况

资料来源：美国财政部。

在新冠疫情暴发三年后，财政政策正在回归常态，包括美国在内的各国政府撤回了超常规的财政支持，这使得美国的赤字正在从创纪录的水平下降。IMF 发布的《财政监测报告》显示，美国财政赤字率将从 2021 年的 11.6% 大幅降至 2022 年的 5.5%，不过 IMF 预测，2023 年和 2024 年美国财政赤字率将回升至 6.3% 和 6.8%。同时，IMF 发布的《财政监测报告》显示，虽然 2022 年美国政府债务率（政府债务规模/GDP）为 121.7%，较 2021 年下降 4.7 个百分点；但是 2023 年和 2024 年美国政府债务率将分别回升到 122.2% 和 125.8%（如图 1－3 所示）。

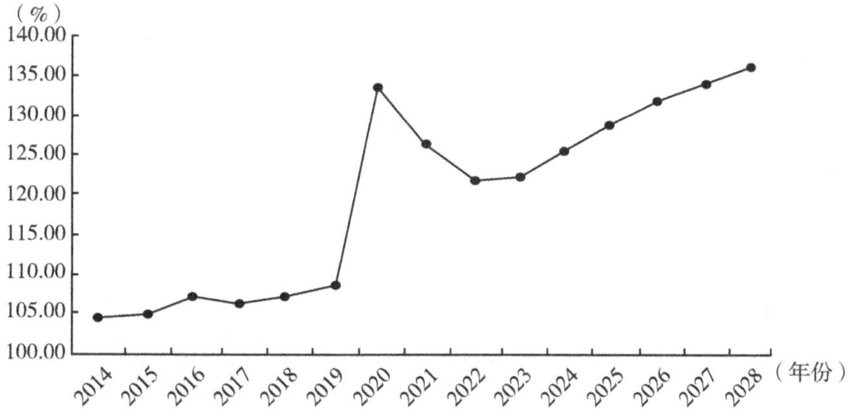

图 1－3　2014—2028 年美国联邦政府债务规模占 GDP 比重

资料来源：IMF。

二、美国当前经济社会主要风险及在财政上的反映

（一）激进加息引发区域性银行业危机，或引发金融和财政危机连锁反应

2022 年 3 月以来，美联储采取激进加息政策对抗通货膨胀（如图 1 – 4 所示），缓解物价水平。这也给美国经济带来了更大的不确定性，并引发区域性银行业危机，推升金融系统风险。自 2023 年 3 月以来，受美联储激进加息影响，美国已经有硅谷银行、签名银行、第一共和银行这 3 家区域性银行倒闭。其中，第一共和银行是自 2008 年华盛顿互惠银行倒闭后，美国历史上第二大银行倒闭案。2023 年 8 月，穆迪和标普又下调美国多家地区性银行的信用评级，这说明目前美国银行系统正面临区域性银行倒闭风险加剧的局面，金融系统风险水平明显上升。实际上，在硅谷银行与签名银行陆续关闭后，美联储、美国财政部和联邦储蓄保险公司发布联合声明称，这两家银行的所有存款账户都将得到担保，美国联邦储蓄保险公司将动用1 000 多亿美元的存款保险基金为其兜底。但是如果未来美国有更多银行倒闭，届时美国联邦储蓄保险公司的 1 000 亿美元基金无异于杯水车薪。中小型银行与美国实体经济联系紧密，一旦其出现大规模倒闭潮，势必引发金融危机甚至是经济危机。在此背景下，美国财政部或将不得不采取举措或者投入“真金白银”维护金融体系稳定，防止金融风险冲击美国经济金融系统的稳定。

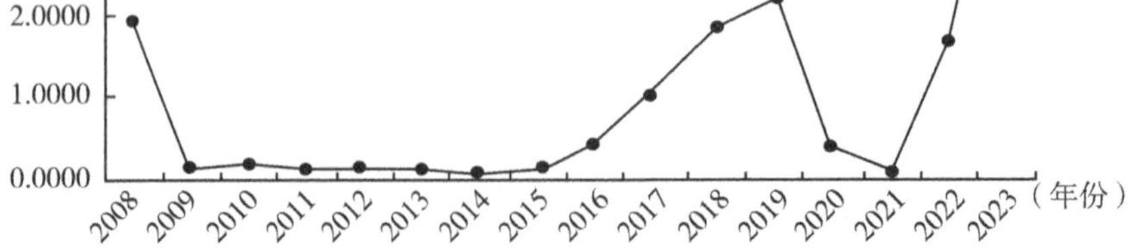

图 1 – 4　2008 年以来美国联邦基金利率

资料来源：美联储。

（二）债务上限延后“治标不治本”，债务违约风险持续积累

美国不断膨胀的债务是共和党和民主党在过去做出的选择共同造成的。自1939年首次设定针对几乎全部政府债务的债务上限以来，美国国会提高政府债务上限次数已高达上百次。由于债务规模的快速膨胀，2022年美国政府负债率（债务规模/GDP）已经攀升至123%。美国债务违约风险上升，其原因主要在于：财政赤字常态化，债务快速攀升；经济社会公共风险水平上升，对冲风险，不得不扩大政府债务；深层次原因是党争加剧，让债务问题不断政治化。政府债务成为两党博弈的工具，并非是对政府债务风险本身的看法存在分歧。拜登等民主党人认为应无条件提高债务上限，但共和党人坚持必须先同意削减政府开支、再谈提高债务上限。虽然2023年6月3日，美国总统拜登签署了关于联邦政府债务上限和预算的法案，即《2023年财政责任法案》。该法案规定暂停债务上限至2025年1月1日，从而暂时结束近期围绕美国可能陷入政府债务违约产生的不确定性。但是，美国债务危机并未彻底解除，暂缓或者调整债务上限是治标不治本的权宜之计，导致债务危机的根源是美国长期以来存在严重的收支失衡和财政赤字状况，以及在面临经济危机时依仗美元霸权长期实施超宽松货币政策。因此，在上述问题没有得到根本解决的情况下，今后美国债务危机仍会对全球经济造成冲击，这既暴露了美国国内政治以及财政政策的弊端，也提醒各国政府应警惕其带来的风险。

（三）“去美元化”加速，全球对“美元—美债”循环依赖下降

眼下，全球“去美元化”呈现加速趋势，美元的国际地位有所弱化。国际货币基金组织（IMF）公布的数据显示，截至2022年第四季度，美元在全球官方储备中的占比降至58.4%，创1995年以来最低水平。环球银行金融电信协会（SWIFT）发布的数据显示，截至2023年4月，美元在国际支付中的占比约为42.7%，而在2014年，这一比例高达51.9%。美联储公布的数据显示，2022年，全球海外投资者累计减持美债4 259亿美元。同时，多个国家宣布将制定旨在减少对美元依赖的政策。2023年以来，俄罗斯、伊朗共同宣布将推出加密货币进行国际贸易，沙特宣布同意以美元以外的货币出售石油，巴西和阿根廷正就建立共同货币“苏尔”展开准备，阿联酋和印度宣布使用卢比交易非石油产品，巴西和中国达成协议使用本币进行贸易，阿根廷宣布从5月起停止使用美元、转而使用人

民币结算从中国进口的商品。

美元制度、美元资产和美元信用不稳定是全球“去美元化”加速的根本原因。具体来说：一是美国滥用美元制度优势，给全球带来巨大风险。美元本是一个主权货币，但又作为国际货币行使着超主权的权利，这造成美元的国际货币属性与美联储根据本国经济而非全球经济情况进行货币政策调整之间的矛盾难以调和。美国为解决自身国内经济问题，罔顾美元作为国际货币应该承担的责任与义务，滥用其霸权地位实施货币政策，给全球带来巨大的负面外溢性。二是美国肆意将美元“武器化”，美元资产面临被随意制裁或没收风险。在此情况下，采取措施减少对美元资产的依赖成为各国共同的选择。故而各国开始基于安全层面考虑主动减持美元国债、增加非美元资产配置、推动外汇储备资产多元化，这也推动了“去美元化”进程加速。三是美国经济金融不稳定削弱美元信用，使其他国家对美元丧失信心。当前美国金融体系的不稳定以及经济衰退风险上升也是各国加速逃离美元的原因。随着美联储不断提高利率，以硅谷银行为代表的中小银行出现了破产危机，美国金融体系风险不断积累。加之，美联储激进加息对美国经济的抑制效果也在逐步显现。这导致其他国家对美元信用丧失信心。同时，近年来，美国的贸易保护主义和单边主义政策，也使得美元的信用和稳定性受到质疑。

（四）加息对经济的负面影响逐步显现，财政压力上升

美联储激进加息对经济增长的抑制作用已经逐步显现。如图 1－5 所示，美国供应管理协会发布的数据显示，2023 年 7 月，美国制造业采购经理人指数（PMI）为 46.4，已连续 9 个月低于荣枯线 50，是自 2009 年以来的最长萎缩周期。实际上，2023 年以来，美联储就已经放缓了加息步伐，过去三次加息时的加息幅度降为 25 个基点。与此同时，虽然最新数据显示美国的高通胀问题已有明显缓解，但是由于通胀水平仍然处于高位，美联储暗示 2023 年仍会再度加息。在此背景下，美国经济前景仍面临较大不确定性。同时，刚刚通过的《2023 年财政责任法案》对美国 2024 财年和 2025 财年联邦开支进行限制。实际上，美国经济最近几个季度受诸多不利因素拖累，主要依靠联邦支出才勉强实现增长，而债务上限法案对支出的限制会对美国经济和就业产生负面影响，削弱美国经济增长动能。一旦美国经济陷入衰退，由于财政收入减少以及财政支出受刚性影响，美国财政收支矛盾将进一步加剧。

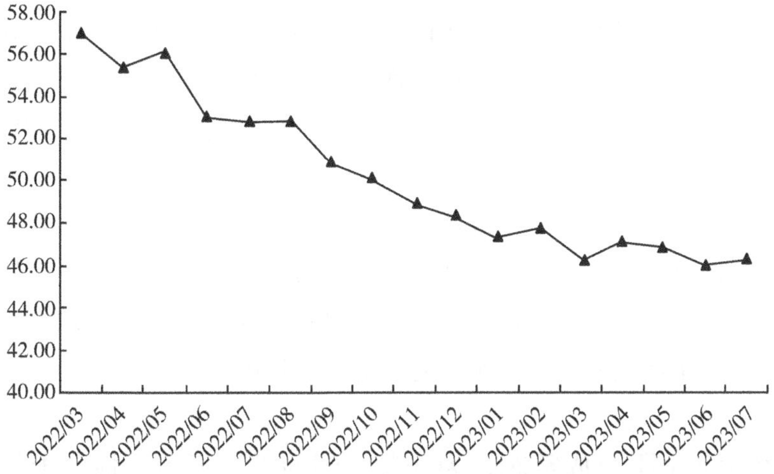

图 1－5 2022 年以来美国制造业 PMI

资料来源：Wind 数据库。

（五）美国财政赤字激增，超预期大规模发债

美国财政部在 2023 年 7 月 31 日发表声明表示，预计第三季度有价债券发行净额将达到 1.007 万亿美元，创历史同期新高，比 5 月初时的预估值高出 2 740 亿美元。实际上，第三季度美国财政部需要发债的规模高居历史第二，仅次于 2020 年第二季度，当时美国为了应对疫情暴发，开启了历史级别的财政刺激。财政赤字扩大是美国超预期发债的主要原因。2023 年上半年，由于利息支出压力大幅攀升以及社保、医疗等经常性支出居高不下，美国财政支出较 2022 年同期明显扩张，但财政收入反而出现下滑，尤其是 6 月个人所得税收入同比降幅超 20%，政府赤字规模明显增加。2023 年 1—6 月美国政府财政赤字累计规模达到 9 712 亿美元，明显高于 2022 年同期的 1 374 亿美元，广泛的赤字需要美国财政部发行更多的债券。

三、美国化解风险的可能举措及外溢影响

（一）美国极力在通胀和避免银行危机间保持平衡

当前，美联储货币政策似乎已“骑虎难下”，美联储手里能发挥作用的工具已

非常有限。美联储希望在控制通胀和避免银行业危机之间保持平衡，现实则存在较大技术难度，在通胀水平依然高于政策目标的情况下，美联储货币政策仍处于加息周期或持续高利率状态，中小银行面临的风险将持续存在，类似第一共和银行“爆雷”的情况还可能出现。在此情况下，美国银行业危机尚未彻底消除。对此，2023年4月，国际货币基金组织（IMF）发布的《全球金融稳定报告》指出，近期美国银行业动荡，警示货币政策、金融环境收紧与积累的脆弱性相互作用所带来的挑战，凸显银行在利率风险和流动性风险管理方面的失败，也暴露出监管失误，同时，美国银行业动荡加剧了全球金融稳定风险，使得全球金融体系的抗风险能力面临多重严峻考验，金融稳定风险迅速上升。

（二）调整债务上限已成常态，为遏制中国的举措可不受债务上限制约

《2023年财政责任法案》是美国应对债务危机的重要举措，通过提高债务上限，美国暂时避免了灾难性的债务违约风险。然而要真正实现财政可持续性，美国需要采取综合性治理措施，包括增加收入、削减支出、加强财政纪律和优化债务管理等。此外，促进经济增长和制定长期的财政规划也是关键。通过综合性的改革和务实的措施，美国才有望实现财政健康和可持续发展。但就现实情况来看，过去15年来，美国的治理一直在恶化。政治两极分化和党派之争加剧，债务上限屡次逼近违约“悬崖”，以及未能解决强制性支出增加带来的财政挑战，导致财政赤字和债务负担不断上升。考虑到美国既没动力也没意愿进行相应的财政改革，今后一段时期美国仍将面临较大的财政收支矛盾，美国债务规模将继续保持增长态势，而调整债务上限将是应对债务危机的主要举措甚至是唯一举措。《2023年财政责任法案》规定暂停债务上限至2025年1月1日，时间节点正好设在下届总统上任和部分国会议员履新之时，相当于将“旧账”推给“新官”。在债务上限2025年年初重新生效之际，下一场围绕债务上限的党争大戏几乎肯定会上演。这也说明此次通过的债务上限法案虽然被称为“财政责任法案”，却没有实质性触及美国财政“不负责任”的病根。同时，尽管《2023年财政责任法案》提出要限制2024财年和2025财年的政府开支，但由于大量的修正案，包括涉及新冠疫情救济、反对在债务上限协议中限制美国国防开支等问题，使得法案的执行效果存疑。例如，《2023年财政责任法案》专门为军费开支设置了“后门”。因为债务上限协议不会限制参议院拨发紧急补充资金的能力，以确保美国的军事能力足以威慑中国、俄罗斯和其他对手。

（三）“去美元化”加速给我国带来新的风险挑战，不排除美国采取措施缓解“去美元化”

虽然美元在全球货币体系中的地位有所下降，但美元在全球贸易结算、各国央行外汇储备、全球债务计价以及全球资金流动中的占比依然高居首位，其国际货币的地位难以被迅速取代。因此，目前“叫板美元”为时尚早，“去美元化”加速现象还需冷静观察，要防范掉入快速“去美元化”的陷阱。因为国际货币体系演变是一个长期的过程，远未到有定论之时，“去美元化”也仅仅是国际货币体系演变的一种可能性，取决于全球发展中心的变化。“去美元化”趋势不会是线性变化，不排除出现反转的可能。“去美元化”对我国有利有弊，不可一厢情愿。从长期角度来看，当前全球“去美元化”进程仍处在试探阶段，“去美元化”加速将给我国带来新的风险挑战。

一是警惕“去美元化”过程中，使用本币交易带来的新风险。采用本币交易可以在一定程度上规避美元风险，但也必须警惕使用本币交易带来的新风险。在双边或多边贸易的本币交易过程中，我国会因为贸易顺差而积累过多其他国家的非美元货币。非美元货币更像一个风险资产而非安全资产，因为它的使用场景有限，多仅能用于购买货币发行国生产的产品，而由于我国是诸多国家的贸易顺差国，这使我国积累的非美元货币不仅存在汇兑风险，还存在花不出去的风险，在极端情况下，甚至可能变成废纸。同时，在使用本币交易过程中，如果一国货币在国内市场出现较大波动，也会给另一国带来损失和风险。如通胀率很高，使用本币交易，得到的对方货币存在大幅度贬值风险。2022 年，阿根廷通胀率（CPI）高达 94.8%，创 31 年来新高。

二是我国外汇储备以美元资产为主，“去美元化”加速冲击我国外汇储备的安全性。截至 2022 年底，我国官方储备资产规模为 3.3 万亿美元。根据美国财政部公布的数据显示，截至 2022 年底，中国持有美国国债金额 8 670.6 亿美元。据此计算，美国国债占中国官方储备的比例为 26.2%。如果再算上其他以美元计价的资产，那么美元资产在中国官方储备中的占比更高。在美元仍然是国际货币的情况下，我国调整外汇储备结构的空间和手段都很有限。而“去美元化”加速，将导致美元资产需求大幅下降，进而引发美元资产价值下降，并使我国外汇储备面临较大贬值风险。

三是对人民币的“需求”激增，可能冲击我国货币和金融安全。全球对人民币的“需求”激增，会推动人民币在国际上流动加快，并可能出现货币大规模流入和流出的情况，这对我国货币汇率、金融市场和经济稳定等会产生巨大冲击。加之我国在这方面的管理经验还不够丰富，稍有不慎，就可能会给我国带来新的金融风险。

四、美国最新举措

（一）以数字化引领提高税收征管服务，降低赤字和缩小贫富差距

2023年4月6日，美国财政部和美国国税局发布了《战略运营计划》，计划通过加大数字技术投资、推动税收征管服务流程数字化的方式，提高税收征管服务，加大对高收入人群、高财富人群、复杂的合伙企业和未缴纳欠税的大公司的执法力度，减少数千亿美元赤字。具体来说，《战略运营计划》详细列出了五个目标，以实现提供世界级税收服务和减少数千亿美元赤字的目标：一是大幅改善税收服务以帮助纳税人更好履行纳税义务，并帮助他们获得可得的税收优惠。二是迅速解决纳税人纳税过程中出现的问题。三是重点加大对高收入人群、高财富人群、复杂的合伙企业和未缴纳欠税的大公司的执法力度，以缩小税收差距。四是加强数字技术投资，增强数据收集分析能力，以提供更高效的税务服务。五是建立一支高技能、多专业的人才队伍，提高审计效率和能力。

（二）财政部为低收入人群提供紧急租赁援助

美国财政部副部长沃利·阿德耶莫（Wally Adeyemo）在2023年住房政策论坛上表示，截至2022年底，美国财政部向面临被驱逐风险的家庭支付了近1 080万笔紧急租赁援助（ERA）。同时，沃利·阿德耶莫（Wally Adeyemo）还表示，要在ERA计划的基础上再接再厉，加大经济适用房的建设、维护，以更好为低收入家庭提供居住服务。目前，ERA总共提供了465.5亿美元用于促进住房稳定。此外，美国财政部发布的一份报告显示，州和地方政府投入了159亿美元的州和地方财政恢复基金用于2 100多个项目，以满足住房需求，其中，54亿美元用于经济适用房的开发和维护。

（三）美联储加息接近尾声

2023年7月27日，美联储宣布加息25个基点，使得美联储政策利率来到

5.25%—5.50%的区间。这是自2022年3月以来的第11次加息。2023年7月，美国核心CPI同比上涨4.7%，创2021年10月以来最低涨幅，这意味着核心通胀可能即将走出“粘性”区间。这使得美联储关注的重点将进一步从抗通胀转向稳经济和防风险，这是因为高利率使得金融条件持续收紧，对投资也产生抑制作用。美联储已经没有再度大幅紧缩的动力，但同时考虑到美国核心通胀仍高于美联储2%的长期目标和货币政策“矫枉必过正”的特点，美联储官员可能还会惯性地支持加息，但幅度将非常有限。因此，美联储在7月小幅加息25个基点之后，本轮加息已经进入尾声。如果美国通胀水平在下半年稳健发展，美联储很可能在9月保持利率不变。此后，进一步的加息（或降息）将取决于劳动力市场和通胀状况。

（四）限制美国主体投资中国高科技相关领域

2023年8月9日，拜登签署了一项酝酿已久的行政命令，授权美国财政部禁止或限制美国在包括半导体和微电子、量子信息技术和人工智能系统三个领域对中国的关键投资。据悉，这项行政命令将约束那些和中国经济来往密切的美国商业实体，并要求这些公司定期向美国政府汇报对这三个高科技领域的投资动向。此前，美国政府曾大幅强化对外来投资进行安全审查，这一次则是对美国对外流出的资本实施的审查，这标志着美国对华技术战的进一步升级。此前技术战的打击方式主要聚焦在供应端，通过切断中国高科技企业上游的供应链，利用其技术霸权对中国高科技企业进行打击，这一次则是从金融端入手，来打击那些依托美国资本市场和资本力量来融资和发展的中国企业，包括那些在美上市的高科技企业和在中国资本市场上有美资注入的高科技企业。

（五）中美双边贸易规模创新高，但其份额下降

2022年美国的国际贸易规模创新高，中美双边贸易也超过贸易摩擦前水平。根据美国商务部数据，2022年，中美双边货物贸易稳步上升至6 906亿美元，同比增长5.2%，较贸易摩擦前的2017年增长8.7%。其中，美国向中国出口1 538亿美元，同比增长1.6%；美国从中国进口5 368亿美元，同比增长6.3%。这表明中美两国双边贸易呈现稳步恢复态势，经贸往来仍在两国关系中发挥着“压舱石”作用。不过，中国在美国货物贸易中的份额逐步下降，面临加拿大和墨西哥等美“近岸”伙伴及越南等“友岸”伙伴的挤出。数据显示，美国货物贸易总额

中，中国份额从2020年的14.8%下降至2022年的12.9%，而“近岸”国家加拿大和墨西哥的份额却稳步提升，其中加拿大从2020年的13.9%升至14.8%。在美国进口端，中国份额下降更为显著，2022年占比仅为16.4%，较2017年的21.4%下降5个百分点；而美国“友岸”国家越南的份额则从2017年的2.0%上涨至3.9%，几乎翻了一倍。同时，中国海关发布的数据显示，2023年前7个月中美贸易额同比下降15.4%，其中，中国对美国出口同比下降18.6%。

五、相关建议

（一）增强发展的韧性，提高风险防范化解能力

一是调整外汇储备结构，减少美元储备。我国可以及时调整外汇储备结构，进一步降低美元资产在外汇储备中的占比，适度增加其他资产比重，实现外汇储备资产结构、外汇储备币种结构的多元化，从而更好平衡外汇储备的安全性、流动性和盈利性。二是加强与发展中国家财金合作，将国际统战战略暗含其中。可以通过为发展中国家化解债务风险提供专业性的解决方案，以此借机扩大我国影响力。同时，通过加强与发展中国家合作，不仅可以实现抱团取暖的效果，还能将国际统战战略暗含其中，从而增强我国和发展中国家的纽带联系。三是要推动尽可能多的经济贸易合作伙伴选择人民币与人民币国债作为安全资产配置，逐步形成以中国为中心的货币循环圈，降低对“美元—美债”循环的依赖。

（二）以全面深化改革提振信心，提高我国发展的确定性

面对美国财政经济运行中出现的风险及可能产生的外溢效应，我国还需以全面深化改革提振经济发展信心，增强我国抵御风险的能力。通过新一轮全面深化改革为动力，主动谋改革、全力抓改革，把坚持“两个毫不动摇”、深化要素市场化改革、推进高水平对外开放作为着力点，为经济高质量发展注入强劲动力和活力，从而更好地应对各类风险和挑战。

英国：高负债率挤压财政空间

英国是世界第六大经济体，欧洲第二大经济体。农业在英国内生产总值中所占比重不到1%，粮食依赖进口；服务业是英经济的支柱产业，产值约占国内生产总值的四分之三，首都伦敦是世界著名金融中心；药物、电子和光学设备、人造纤维和化工产品等制造业实力雄厚，生物医药、航空和国防等领域是英国工业研发的重点，也是最具创新力和竞争力的行业。近年来，英国政府倡导提高能源利用效率，开发核能和可再生能源，减少对传统矿物燃料的依赖，鼓励高效节能技术研发，发展“低碳经济”。英国主要贸易对象是欧盟、美国、中国、日本。英国是北约集团创始国和主要成员国，拥有核力量，将北约集体安全作为英国安全的基础，是世界武器出口大国。①

一、英国财政经济运行形势分析与展望②

（一）经济总量未能恢复，2023 年预计将小幅增长

疫情发生以来，英国经济是世界主要经济体中受影响最大的国家。2020 年，英国 GDP 增长率是七国集团中最低的，萎缩 11%。随后有所反弹，2021 年和 2022 年增长率分别为 7.6% 和 4.1%。截至 2022 年底，仍然没有恢复到 2019 年底的水平。2023 年第一季度，GDP 环比增长 0.1%，第二季度 GDP 环比增长 0.2%。

---

① 中国外交部．英国国家概况［EB/OL］．［2023－04］．https：//www.mfa.gov.cn/web/gjhdq_676201/gj_676203/oz_678770/1206_679906/1206x0_679908/.

② 除非另有说明，英国经济和财政的实际数都来自英国国家统计办公室（ONS）网站。国家统计办公室发布的数据是英国官方数据。英国部分的财政数据都使用英国最为重要和通常使用的数据，其口径与国际组织的口径不同，与其他国家数据口径也存在差异，不具有直接可比性。英国财政数据口径请参考表 2－3 的注释。

预计2023年英国经济将小幅增长。IMF（国际货币基金组织）在2023年7月的《世界经济展望》（WEO）中，将英国2023年增长率上调到0.4%，与2023年4月的预测结果萎缩0.3%相比上调了0.7个百分点。IMF预计发达经济体2023年的增速仍将显著放缓，从2022年的2.7%降至1.5%，只是英国放缓的程度更为明显。对于2023年英国经济增长的预测，IMF和英国OBR①（预算责任办公室）在2023年4月和3月的预测结果都是萎缩，IMF的此次上调基于英国强于预期的消费和投资，其根源是以下因素增强了消费和投资的信心，如能源价格的下跌、英国脱欧后不确定性的降低（在“温莎框架”协议之后）以及2023年3月全球银行业压力消散后金融部门展现出的恢复和反弹。

（二）通货膨胀居于高位，2023年预计将会略有下降

英国通货膨胀水平居主要经济体首位。从2021年10月开始，英国每月的CPI（消费者价格指数）年（12个月）增长率持续超过4%。俄乌冲突、全球粮食和能源危机更是推动通胀上行，导致2022年英国CPI年增长率高达9.1%，是七国集团中最高的。2023年1—3月CPI年（12个月）增长率都在10%以上，4月和5月下降到8.7%，6月下降到7.9%，7月下降到6.8%。②

预计英国通货膨胀仍将保持在较高的水平。根据IMF4月和OBR预测，2023年英国CPI通货膨胀率虽将明显下降，但是仍将处于高位。根据OBR的预测，预计到2023年底，CPI年（12个月）增长率将大幅降至2.9%，但是2023年CPI年增长率仍将高达6.1%，IMF的预测结果更高为6.8%。根据IMF预测，2024年英国该指标将下降至3.0%，OBR的预测结果是0.9%，具体如表1－1所示。

表1－1　OBR对英国经济的预测（中间情景）（2021—2027年）

（单位：年增长率,%）

预测指标	实际数		预测数				
	2021年	2022年	2023年	2024年	2025年	2026年	2027年
实际GDP	7.6	4.0	-0.2	1.8	2.5	2.1	1.9
CPI	2.6	9.1	6.1	0.9	0.1	0.5	1.6
就业（百万人）	32.4	32.7	32.8	32.8	33.1	33.4	33.7

① 预算责任办公室发布的预测数据是英国官方预测数据。

② 英国ONS每月发布CPI年增长率，该数据指该月与上年同期相比的CPI年（12个月）增长率。ONS也发布每年的CPI年增长率，是指该年与上一年相比CPI的年增长率。

续表

预测指标	实际数		预测数				
	2021 年	2022 年	2023 年	2024 年	2025 年	2026 年	2027 年
劳动生产率	1.0	0.4	0.1	1.0	1.3	1.2	1.1
工资和薪金	6.5	7.4	5.0	1.9	2.4	2.5	3.0
劳动力调查的失业率（%）	4.5	3.7	4.1	4.4	4.3	4.2	4.1
失业（百万人）	1.5	1.3	1.4	1.5	1.5	1.5	1.5
实际家庭可支配收入	1.2	-2.5	-2.6	1.7	2.4	2.0	1.9
储蓄率（%）	12.6	7.7	6.3	6.6	7.4	7.8	7.9
房屋价格	8.8	10.6	-1.1	-5.7	1.1	3.4	3.6
购买力平价衡量的世界 GDP	6.2	3.4	2.9	3.7	3.8	3.7	3.3

资料来源：Office for Budget Responsibility. Economic and fiscal outlook [EB/OL]. [2023-03-15]. https://obr.uk/docs/dlm_uploads/CCS0822661240-002_SECURE_OBR_EFO_November_2022_WEB_ACCESSIBLE.pdf: table A.1.

注：（1）CPI 为消费者价格指数。（2）劳动力调查英文为 Labour Force Survey，缩写 LFS。（3）劳动生产率是指每小时的劳动生产率。

（三）失业率处于历史性低点，预计将会略有上升后再降至正常水平

英国失业率较低。自从新冠疫情以来，英国无论是就业的人口数量还是找工作的人口数量都明显增加。2022 年英国失业处于近 50 年的低点，失业率为 3.7%，与 1973 年和 1974 年持平。2023 年以来的失业率与 2022 年相比略有上升，1—3 月为 3.9%，2—4 月为 3.8%，3—5 月为 4.0%，4—6 月为 4.2%。

预计英国失业率将回归正常。IMF4 月的展望预计英国失业率将从 2022 年底的 3.7% 升至 2023 年的 4.2% 和 2024 年的 4.7%，OBR 的预测结果是 4.1% 和 4.4%（如表 1-2 所示）。根据 OBR 的预测，到 2027 年预计将下降至 4.1% 的不变的结构性失业率。

表 1-2　　对英国主要经济和财政指标的预测

	IMF 世界经济展望（2023 年 4 月）			英国预算责任办公室经济和财政展望（2023 年 3 月 15 日）			IMF 世界经济展望（2023 年 7 月）	
	实际	预测		实际	预测		实际	预测
经济指标：（单位：比 2022 年增长，%）	2022 年	2023 年	2024 年	2022 年	2023 年	2024 年	2022 年	2023 年
实际 GDP	4.0	-0.3	1.0	4.0	-0.2	1.8	4.1	0.4
私人消费支出	5.4	-0.6	0.6	5.4	-0.8	1.5		

续表

	IMF 世界经济展望（2023 年 4 月）			英国预算责任办公室经济和财政展望（2023 年 3 月 15 日）			IMF 世界经济展望（2023 年 7 月）	
	实际	预测		实际	预测		实际	预测
公共消费	1.9	2.6	1.6	1.9	3.7	1.6		
固定资产形成	7.7	-4.1	-0.3	7.7	-1.6	0.7		
最终国内需求	5.1	-0.6	0.6	4.0	0.5	1.4		
存货（单位：占 GDP 比重的变动）	0.0	-0.3	0.0	0.0	-0.4	0.0		
对外账户余额（单位：占 GDP 比重的变动）	-0.8	-0.7	0.4					
人均产出	3.3	-0.7	0.5	3.4	-0.8	1.3		
消费者价格	9.1	6.8	3.0	9.1	6.1	0.9		
经常性账户余额（单位：占 GDP 比重）	-5.6	-5.2	-4.4	-5.1	-6.1	-4.6		
经常性账户余额（单位：10 亿美元）	-170.4	-164.7	-149.0					
经常性账户余额（单位：占出口商品和服务的比重）	-16.9	-15.5	-13.1					
失业率（单位：占比）	3.7	4.2	4.7	3.7	4.1	4.4		
				2022/2023	2023/2024	2024/2025		
财政指标：（单位：占 GDP 比重）								
一般政府净借款（盈余/赤字）	-6.3	-5.8	-4.4	-6.0	-5.6	-3.7		
产出缺口（单位：占潜在产出的比重）	1.8	-0.5	-0.8	1.3	-1.3	-1.2		
一般政府结构性盈余/赤字（单位：占潜在产出的比重）	-4.5	-4.3	-2.8					
一般政府净债务	91.9	95.1	98.2					
一般政府总债务	102.6	106.2	109.7	103.7	106.9	107.8		

资料来源：

[1] IMF. World Economic Outlook [EB/OL]. [2023-04-11]. https://www.imf.org/-/media/Files/Publications/WEO/2023/April/English/text.ashx. Annex: Table 1.1.1, Table A2.

[2] Office for Budget Responsibility. Economic and fiscal outlook [EB/OL]. [2023-03-15]. https://obr.uk/docs/dlm_uploads/CCS0822661240-002_SECURE_OBR_EFO_November_2022_WEB_ACCESSIBLE.pdf: table A.1.

[3] IMF. 世界经济展望更新 [EB/OL]. [2023-07]. https://www.imf.org/-/media/Files/Publications/WEO/2023/Update/July/Chinese/textc.ashx.

（四）经济形势分析

与世界其他国家一样，受到新冠疫情、俄乌冲突和能源危机的影响，英国经济形势恶化，增长前景黯淡，但是英国经济形势更严峻还有其特别的原因，如疫情防控措施、对俄乌冲突的立场和能源依赖情况。与疫情有关的情况包括采取的积极管控措施特别是疫情前期采取的相关措施，以及对医疗支出的支持导致其他支出的不足等。在俄乌冲突上，英国明确支持乌方，积极出钱出物和对俄制裁。在能源方面，英国严重依赖进口，特别是天然气，同时粮食也需要进口。上述原因导致虽然受到相同因素的影响，但是英国经济遭受的打击更为剧烈。

英国自身还存在一些结构性的问题，并已经被近期的冲击所放大：一是企业投资问题；二是劳动参与率问题；三是劳动生产率问题。因此，未来英国经济将继续受到仍然居于高位的通货膨胀和高利率的困扰，给家庭生活和企业经营带来不利影响；劳动力供给不足和劳动生产率的下降，将使得经济的动力较弱。

（五）财政赤字率持平，预计未来将可以得到改善①

2022/2023 财年，英国不包括公共部门银行的公共部门净借款估计为 1 306 亿英镑，比 4 月公布的初步估计数 1 392 亿英镑少 86 亿英镑，比上一财年多 94 亿英镑，是 1946/1947 财年以来的第四高位，仅低于 2020/2021 财年、2009/2010 财年和 2010/2011 财年。

新冠疫情不仅对公共部门赤字也对经济造成了重大影响。因此，2020/2021 财年，不包括公共部门银行的公共部门净借款占 GDP 的比重高达 15.0%，是 75 年来的最高值。随着经济的复苏，2021/2022 财年该比重下降 9.8 个百分点，降至 5.2%（如表 1－3 所示）。2022/2023 财年，由于能源价格较高给财政和经济带来的影响等原因，该比重估计是 6.1%。

① ONS. Public sector finances，UK：July 2023［EB/OL］．［2023－08－22］．https：//www.ons.gov.uk/economy/governmentpublicsectorandtaxes/publicsectorfinance/bulletins/publicsectorfinances/july2023/pdf. 这里 2022/2023 财年的相关数据与表 1－3 如有不同是因为资料来源是 2023 年 8 月发布的《英国公共部门财政月报：2023 年 7 月》的估计数，表 1－3 资料来源是 OBR 2023 年 3 月发布的《经济和财政展望》的预测数，前者数据更新。

表1－3　OBR对英国财政的预测（中间情景）（2021/2022财年—2027/2028财年）

（单位：占GDP比重，%）

	实际数	预测数					
	2021/2022财年	2022/2023财年	2023/2024财年	2024/2025财年	2025/2026财年	2026/2027财年	2027/2028财年
收入和支出							
公共部门经常性收入（a）	39.3	40.7	41.1	41.4	41.2	41.5	41.7
其中：国家账户税收	35.5	36.8	36.9	37.3	37.3	37.7	37.7
管理总支出（b）	44.5	46.8	46.2	44.6	44.0	43.8	43.4
其中：公共部门经常性支出（c）	40.0	42.2	41.0	39.6	39.1	39.2	38.9
公共部门净投资（d）	2.1	2.3	2.9	2.7	2.5	2.3	2.1
折旧（e）	2.4	2.3	2.3	2.3	2.3	2.4	2.4
财政强制和附加目标							
不包括英格兰银行的公共部门净债务[1]	83.9	88.9	92.4	93.7	94.6	94.8	94.6
公共部门净借款（b－a）	5.2	6.1	5.1	3.2	2.8	2.2	1.7
其他赤字							
经常性预算赤字（c＋e－a）	3.1	3.7	2.3	0.5	0.3	0.0	－0.4
经周期调整的净借款	6.1	6.8	4.5	2.4	2.4	2.1	1.7
经周期调整的经常性预算赤字	4.0	4.4	1.6	－0.3	－0.1	－0.1	－0.4
原发性赤字	3.1	2.0	2.2	0.9	0.4	－0.5	－1.1
经周期调整的原发性赤字	1.9	1.5	3.2	1.6	0.7	－0.4	－1.1
融资							
中央政府净现金需求	5.5	4.6	6.2	4.9	3.7	3.0	2.8
公共部门净现金需求	7.4	4.0	6.0	3.7	0.0	1.7	2.8
供选择的资产负债表指标							
公共部门净债务[1]	96.9	100.6	103.1	102.4	99.1	97.6	96.9
公共部门净值（加负号）[1]	79.7	81.6	81.6	79.8	78.2	75.7	73.1
公共部门净金融性负债[1]	84.1	87.9	89.3	88.8	88.5	87.3	85.7
国际可比							
一般政府净借款（GGNB）	6.2	6.0	5.6	3.7	2.9	2.6	2.1

续表

	实际数	预测数					
	2021/2022 财年	2022/2023 财年	2023/2024 财年	2024/2025 财年	2025/2026 财年	2026/2027 财年	2027/2028 财年
经周期调整的一般政府净借款	6.9	6.6	4.9	2.8	2.5	2.5	2.1
一般政府总债务	105.2	103.7	106.9	107.8	108.0	108.3	107.7

资料来源：Office for Budget Responsibility. Economic and fiscal outlook [EB/OL]. [2023-03-15]. https://obr.uk/docs/dlm_uploads/CCS0822661240-002_SECURE_OBR_EFO_November_2022_WEB_ACCESSIBLE.pdf: table A.1.

注：（1）表中上标“1”的数据为截至3月底的数据。（2）管理总支出英文为 total managed expenditure，这里的管理总支出指公共部门管理总支出，等于公共部门经常性支出+公共部门净投资+折旧。(3）公共部门净借款是赤字指标，等于管理总支出-公共部门经常性收入。表中的公共部门净借款指不包括公共部门银行的公共部门净借款。(4）公共部门净现金需求表示实际的现金需求，等于公共部门净借款+公共部门的现金变动，如资产的出售或者购买。(5）表中的公共部门净债务指不包括公共部门银行的公共部门净债务。不包括英格兰银行的公共部门净债务指在不包括公共部门银行基础上再去除英格兰银行的公共部门净债务。

预计英国赤字率将会下降，但是仍将处于较高水平。IMF 和 OBR 对英国财政指标展望的结果比较接近。按照 OBR 的预测，2023/2024 财年不包括公共部门银行的公共部门净借款将略微下降至 GDP 的 5.1%，预计在 2025/2026 财年该指标将下降到3%以下。

（六）债务率持续上升，有望在未来中期实现下降

截至2023年3月底（2022/2023 财年末），英国不包括公共部门银行的公共部门净债务初步估计为略超过2.53万亿英镑，相当于 GDP 的97.7%，与2022年3月底的97.3%相比略有上升。截至2023年7月底，不包括公共部门银行的公共部门净债务接近2.58万亿英镑，其占 GDP 的比重升至98.5%。①

根据 OBR 的预测，不包括公共部门银行的公共部门净债务在2023/2024 财年预计还将继续上升到 GDP 的103.1%，之后将会下降。预计扣除英格兰银行的这个指标也将持续上升，直到2026/2027 财年达到94.8%的高点后才会下降。

① 根据 ONS 网站8月发布的相关数据。与表1-3中数据不同的原因是引用了 ONS 在8月发布的最新数据，数据有所更新。

（七）财政形势分析

自2022年11月OBR发布经济和财政展望以来，英国的经济和财政前景有所改善。近期经济低迷的持续时间预计将会缩短，而且程度也会减轻，预计在中期产出会有所增加，预算赤字和债务将会缩减。但是这也仅仅是部分地弥补了能源危机的成本，能源危机被视为新冠疫情暴发以来最大成本。持续的供给挑战将继续影响未来的增长前景。在这个背景下，财政大臣将财政展望中新增的财政资源的2/3用于春季预算，在短期将提供更多资源用于能源补贴和刺激企业投资，在中期将提高劳动力的供给。这将延缓2023年的通货膨胀，并将在中期明显和持续地提升就业和产出。但是对债务的下降将产生不利影响，在未来的五个财年期间，债务占GDP的比重将仅仅是略有下降。

二、英国当前经济社会主要风险及在财政上的反映

（一）英国面临的主要风险

英国当前面临的主要风险有：一是能源危机被视为新冠疫情暴发以来英国面临的最大成本；二是持续的供给挑战将继续影响英国未来的增长前景；三是英国仍将继续受到仍然居于高位的通货膨胀和高利率的困扰，给家庭生活和企业经营带来不利影响；四是劳动力供给不足和劳动生产率的下降，将使得经济的动力较弱。

此外，英国还仍然存在一些结构性的问题，并已经被近期的冲击所放大。一是企业投资问题。自从2016年以来，英国企业投资一直徘徊不前，英国和欧盟未来经贸关系的不确定性、能源危机和资本投资税收成本的增加都影响到投资决策；二是劳动参与率问题。英国劳动参与率从2010年开始有所上升，但在新冠疫情的影响下明显下降，特别是对老年劳动者群体而言更是如此；三是劳动生产率问题。从2010年开始，英国劳动生产率的增长率比金融危机前的一半还要低，最近又遭受新冠疫情和更高的能源成本的扰乱，企业投资意愿更低，全要素劳动生产率的增长更为低迷。

OBR对英国经济和财政展望的准确性也存在风险，风险主要来自劳动力供给、能源价格和利率。此外，还有燃料税根据零售价格指数进行指数化挂钩的风险。最后，经济和财政展望的风险还与一些国家政策和愿望的影响或实施相关。从收

入角度来看，风险包括：企业所得税税率提高对收入影响的不确定性；财政大臣希望将资本性投资全部免税的政策永久化。支出方面的风险包括：希望将 GDP 的 2.5% 用于国防支出；通货膨胀对 2023/2024 财年和 2024/2025 财年部门预算的压力，包括与支付相关的支出压力。对上述因素预测的准确程度，将影响最终预测结果的准确度。

（二）风险在财政上的反映

高负债率使得财政空间不断下降。英国不包括公共部门银行的公共部门净债务已经接近 GDP，远远超出其之前曾经设定的 40% 的警戒线，束缚了财政功能的发挥。财政需要考虑长期可持续性，保持经济社会和财政的稳定性，难以不断提升政策力度，因此财政发挥作用的空间受到极大制约，稳定和发展经济的职能难以发挥最大作用。

低经济增长加大财政收支矛盾。英国经济增长势头疲弱，一方面导致财政收入增幅放缓，另一方面需要财政加大刺激经济的力度。在高负债率的现实条件下、在财政收支矛盾更加激化的情境下，财政在提升可持续性和降低经济社会风险中艰难权衡。

高额财政补贴难以为继。为了改善人们生活和刺激企业投资，政府已经提供了很多补贴。但是随着财政和经济形势的恶化，政府也不得不下调补贴力度。例如政府的“能源价格保证”（EPG，Energy Price Guarantee）计划将账单总额的上限设定在 2 500 英镑，使得能源账单减少了数百万英镑，原定该计划在 2023 年 3 月底到期。虽然政府鉴于能源价格和生活困难的情况，决定将该计划延期，但是也仅仅延期 3 个月。

三、英国财政防风险的施政重点

英国政府在短期内将为能源补贴和刺激企业投资投入更多资金，在中期将致力于提高劳动力的供给。这将有助于延缓 2023 年的通货膨胀，并将在中期明显和持续地提升就业和产出。但是，对债务的下降将产生不利影响。

（一）降低能源成本

为了进一步帮助家庭应对生活成本问题，政府决定从 2023 年 4 月起将能源价格保证计划（账单总额的上限设定在 2 500 英镑）继续实施 3 个月。家庭担负的能源价格的上涨不仅包括能源成本。为了在今后的 12 个月中将能源税保持在现有水平不变，包括保留 5 便士的税收减免措施，政府将付出 50 亿英镑。

为了提高应对未来能源价格冲击的能力，政府将支持能源体系投资，通过创立“大不列颠核能”（Great British Nuclear）来支持新核能项目的建设，决定为二氧化碳捕捉、利用和储藏（CCUS）提供 200 亿英镑的资金，以及将气候变化协议（the Climate Change Agreement）计划再延长 2 年，其目的是鼓励能源效率的提升。

（二）促进就业

2023 年春季预算宣布了综合的就业一揽子方案，主要针对四类人群，他们是：长期病患和残疾人、社会福利领取者和失业者、老年人和孩子的父母。根据 OBR 的预测，到 2027 年底，这项一揽子方案将让 11 万人进入劳动力市场。例如，政府将在英格兰和威尔士推出一项“统一援助”（Universal Support）计划，帮助残疾人和长期病患与工作岗位匹配起来，政府会通过提供援助和培训来帮助他们就业。春季预算还计划推出系列措施解决造成就业不活跃的最主要因素即健康问题，包括定制的就业支持措施提供心理健康和关节疾病的诊疗，以及扩大数字资源和健康检查的可获得性。

（三）刺激企业投资

2023 年春季预算提出了两项重要的资本投资免税政策，将使得今后三个财年税收收入减少共 270 亿英镑。对英国企业来说，在每个财年，应缴纳的企业所得税都将实际减少 90 亿英镑。一是“全额做费用处理”（FE，full expensing）。这项措施让纳税人可以将特定厂房和机器的全部成本在计算企业所得税应纳税额前从税前利润中扣除。该措施从 2023 年 4 月 1 日开始实施，到 2026 年 3 月 31 日终止。二是首年免税（FYA，First - year Allowance）50%。这项政策可以让纳税人将其他的厂房和机器投资成本按照 50% 的比率在购入相应资产的财年从税前利润中进行抵扣。该政策原本于 2023 年 3 月 31 日到期，财政部提出将该政策的实施期限延长三年，继续实施到 2026 年 3 月 31 日。财政大臣的长期计划是在条件允许的时候，将这两项政策永久化。

（四）积极促成英美经济同盟

2023 年 6 月，在英国首相里希·苏纳克访问美国之前，他提出建立可以保护两国经济的英美联盟的必要性。苏纳克首相提出，最近的数月和数年间，敌对国家通过经济威压攫取利益的案例越来越多，提到了普京抬高欧洲能源价格，也提到中国利用广泛的制裁手段惩罚那些公开反对其侵犯人权行为的个人和政府。他指出，当英美两国都将传统安全放到至高无上的位置时，那些试图给英美两国造成伤害的势力把目标放到其他领域。他们操纵全球市场，扣留至关重要的资源和试图约束那些会影响到两国未来的产业的发展。由于英美两国面临的挑战和威胁发生了变化，两国需要建立一个可以保护两国经济的联盟。在经济问题上的广泛合作也将使英美两国能够在下一个百年保护好两国的人民。经济上的进一步互通将让两国在未来的数十年中获得至关重要的优势。同年 7 月，美国总统拜登对英国进行了访问。这些说明部分国家对中国的看法和戒备心理，试图建立更紧密和广泛的经济联盟遏制中国的意图。

英国目前采取的财政政策和措施是基于经济和财政的现状和预测实施的，如果未来的财政形势好于预期而经济又需要刺激，那么财政措施的力度将会增加，可能采取的措施将紧跟现实的需要，如增加能源补贴、加大资本性投资、扩大企业税收优惠特别是投资方面的税收优惠、提升劳动参与率和劳动生产率的措施等。如果未来的财政形势弱于预期，政府将被迫下调财政措施的力度，在保障最基本支出需要（支出削减将根据财政形势的严峻程度）的基础上，其他一些必要的支出也会有所削减，上述财政措施的力度将向下调整，例如到期后不再实施等。目前来看，前一种情况发生的可能性更大。

四、英国与中国的经贸关系[①]

（一）中英经贸关系密切

中英两国货物贸易额不断增长（见图 1－6）。2021 年，中英双边货物贸易进

① 中国商务部. 对外投资合作国别（地区）指南——英国（2022 年版）[EB/OL]. http://www.mofcom.gov.cn/dl/gbdqzn/upload/yingguo.pdf.

出口总额再创历史新高，接近 1 127 亿美元。近些年来，两国货物贸易额呈现增长的态势，中国从英国进口和中国向英国出口货物贸易额也都呈现增长的态势，其中中国向英国出口货物贸易额增幅更为明显。以 2021 年货物贸易额衡量，中国是英国第六大出口对象国，是英国第一大进口来源国。但是，从服务贸易额来看，中国不是英国服务贸易的主要贸易伙伴。2021 年，英国服务贸易的出口对象国和进口来源国的前五个国家中都没有中国的身影。

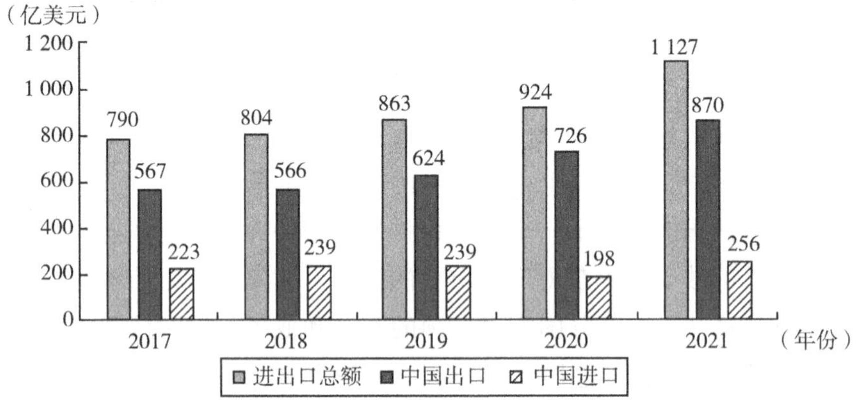

图 1 -6　中英货物贸易额（2017—2021 年）

资料来源：中国商务部．对外投资合作国别（地区）指南——英国（2022 年版）[EB/OL]. http://www.mofcom.gov.cn/dl/gbdqzn/upload/yingguo.pdf.

中英两国相互间直接投资存量都超过百亿美元。2021 年，中国对英国直接投资流量略超过 19 亿美元（见图 1 -7），使得中国对英国的直接投资存量达到 190 亿美元，在我国对全球各国和地区投资存量中排名第九位，在欧洲国家中排名第二位。在英投资兴业的中国企业已经超过 800 家，遍布英伦三岛，创造当地就业岗位超 6 万个。截至 2020 年底，英国对中国直接投资存量接近 129 亿英镑（见图 1 -8）。

中英两国企业的合作领域不断深化和拓展。中英两国企业在深化贸易、金融、制造、基础设施建设等传统领域合作的同时，不断拓展在医疗卫生、绿色科技、绿色金融、新能源汽车、数字经济、创意产业等领域的务实合作，努力开拓第三方市场合作。2021 年以来，新一批中国投融资项目在英国落地或稳步推进，涉及绿色金融、新能源、医疗卫生、数字科技等领域。

中英金融合作不断加深。截至 2021 年 12 月，伦敦离岸人民币累计清算量突破 60 万亿元人民币。两国中央银行续签双边本币互换协议，未来 5 年互换规模为 3 500 亿元人民币/400 亿英镑。2014 年 10 月，英国政府成功发行 30 亿元、3 年期人民币债券，为首个发行人民币主权债的外国政府，人民币也成为英国外汇储备

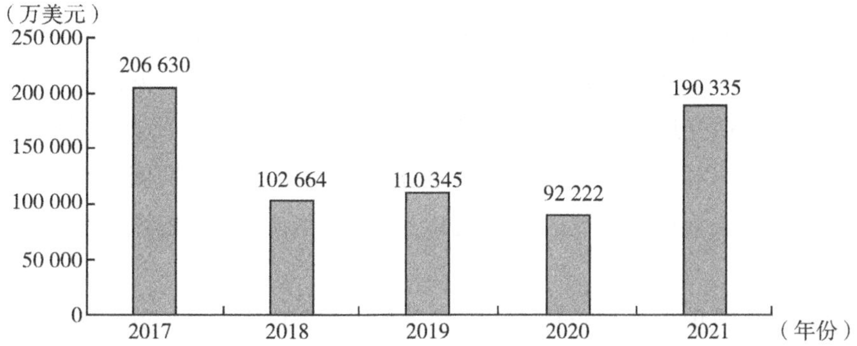

图 1－7 中国对英国直接投资（流量）（2017—2021 年）

资料来源：中国商务部. 对外投资合作国别（地区）指南——英国（2022 年版）[EB/OL]. http：//www. mofcom. gov. cn/dl/gbdqzn/upload/yingguo. pdf.

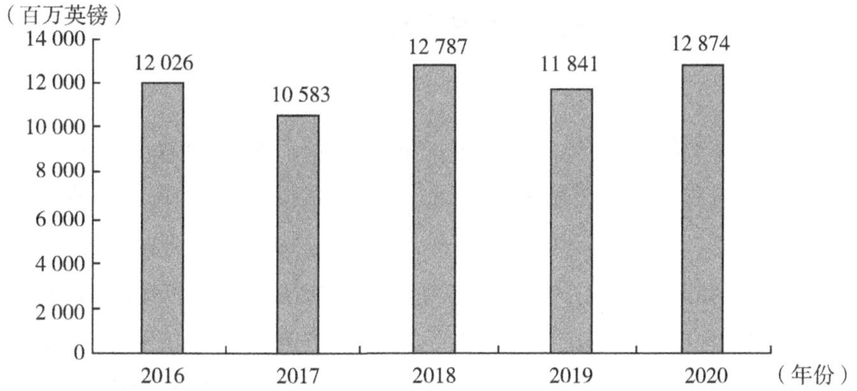

图 1－8 英国对中国直接投资（存量）（2016—2020 年）

资料来源：中国商务部. 对外投资合作国别（地区）指南——英国（2022 年版）[EB/OL]. http：//www. mofcom. gov. cn/dl/gbdqzn/upload/yingguo. pdf.

货币之一。伦敦在金融市场深度和流动性方面具有优势，在人民币国际化进程中一直发挥着重要作用，是世界上最大的人民币离岸外汇交易中心和世界第二大人民币离岸清算中心。

（二）近期中英经贸关系受到其他因素的影响

英国国内主张与中国“脱钩”的杂音不断。当前，英国国内主张与中国“脱钩”、遏制中国发展的杂音不断，使中英关系遭遇挫折和困难。同时，英方以国家安全为由，主张减少对中国依赖，对中国企业和投资项目严加审查，给双边经贸合作前景和企业投资信心带来不利影响。

英国《国家安全和投资法》规定对利用外资情况进行相关审查。2022 年 1 月 4 日，英国《国家安全和投资法》正式生效实施。依据该法，英国政府可以国家安全为由，对包括先进材料、人工智能、通信等在内的 17 个领域的投资并购开展调查并进行干预。对于自草案发布之日至正式生效实施之日期间进行或完成的投资并购，亦受该法管辖，即英国政府可以进行追溯调查，并依该法做出批准或干预的决定。

英国政府拒绝华为参与英国 5G 网络建设。2020 年 1 月，英国政府决定允许华为参与英国 5G 网络非敏感部分的建设，但将参与度限制在 35% 以内。但同年 7 月，在英国国内政客和美国政府的双重压力下，英国政府最终拒绝华为参与英国 5G 网络建设。

五、相关启示与建议

从英国在世界中的地位来看，其对世界的影响力和外溢效应不是很大，而且在逐渐降低。英国对世界的外溢效应主要体现在其世界金融中心的地位、对企业和人才的吸引力度、科技创新实力、国际规则制定特别是企业所得税和应对气候变化方面国际规则制定上的立场和影响力、加紧与美国在国防和经济上的捆绑等方面。这些对中国也都有或多或少的影响。为了防范英国经济和财政主要风险及其应对措施对中国的外溢，有效预判和应对相关风险提出如下建议：

（一）各国纷纷增加国防开支加大了世界安全的不确定性，我国也要有所行动

俄乌冲突的发生对同处于欧洲大陆的英国来说有着特殊的意义。因此，英国决定增加国防支出，而且准备在未来将国防支出提高到 GDP 的 2.5%。英国政府提议增加国防支出，在 2023/2024 财年和 2024/2025 财年为国防和国家安全优先事项增加 50 亿英镑的资金，两个财年中每个财年将增加国防支出 20 亿英镑。按照“Integrated Review Refresh”设定的目标，在财政和经济环境允许的情况下，英国政府希望在长期将 GDP 的 2.5% 用于国防，这比北大西洋公约组织目前的要求还要高 0.5 个百分点。不仅英国，很多其他主要经济体都不约而同扩大了国防支出占 GDP 的比重，这加大了世界安全的不确定性，我国要做好全面恶化的准备。

在俄乌冲突等地缘政治紧张局势中，世界经济分裂成若干集团风险的可能性在上升，这将对贸易（特别是重要矿产等战略物资）、资本、技术和工人的跨境流动以及国际支付造成更多限制。这种情况可能加剧大宗商品价格的波动，妨碍各方在提供全球公共品方面开展多边合作。这种由地缘政治紧张局势升级蔓延到经济等领域的争夺和斗争风险的上升，也是我国需要积极准备和应对的，团结一切有意愿的国家，建立稳固和长期的联盟至关重要。

（二）能源危机促使能源进口国加大能源领域支持力度，可能在气候变化领域对我国进一步施压

能源危机被视为英国新冠疫情暴发以来的最大成本。英国 2023 年春季预算加大了能源补贴力度，政府决定从 2023 年 4 月起将能源价格保证计划继续实施 3 个月。为了提高应对未来能源价格冲击的能力，政府将支持对能源体系的投资，通过创立“大不列颠核能”（Great British Nuclear）来支持新核能项目建设，决定为二氧化碳捕捉、利用和储藏（CCUS）提供 200 亿英镑的资金，以及将气候变化协议（the Climate Change Agreement）计划再延长 2 年。不仅英国，欧洲其他主要经济体也都采取了相关的措施，可以预见到欧洲发达经济体在节能减排方面的能力和技术将不断发展，气候变化方面将进一步巩固领先地位，必将给予我国更大压力，所以我国要充分利用后发优势，加大能源结构调整、设备更新改造、技术进步和人员培育的力度，争取尽快赶上。

（三）多国为吸引企业落户，积极开展税收竞争，我国也要有所应对，努力改善营商环境，用综合实力吸引企业

英国政府希望将英国建设成为欧洲最适合企业的落户地、最佳投资地和发展地。因此，政府希望英国的税收体系使英国成为世界上可以为企业提供最有竞争力平台的国家之一。在这个背景下，即使英国已经是七国集团中企业所得税税率最低的国家，英国政府仍提议更改资本投资免税额，增加对研发的支持，以及简化中小企业的税收体系。关于资本投资免税额改革上文已经介绍过。此外，2023 年春季预算中，财政大臣宣布了一项新的研发计划，从 2023 年 4 月 1 日开始实施，在每个财年，都将为英国的 2 万家中小企业提供价值约 5 亿英镑的支持。符合条件的亏损企业将可以向 HMRC（收入和关税总署）要求获得其每花费的 100 英镑研发支出中的 27 英镑。这是财政大臣促进经济增长和让英国成为世界上最适

合创立和发展商业的国家的计划的核心组成部分，计划的目的是改善营商环境、促进企业成功。除英国外，俄罗斯等国家也都为吸引企业来本国发展，加大税收优惠以刺激企业落户和投资。对于多国通过税收手段开展国际竞争，我国要有所准备和防范，评估不同国家企业营商环境的差异，努力改善营商环境，提供更完善的服务和为企业合法经营提供便利，根据形势适当考虑企业税费负担的减免。

德国：经济“技术性衰退”推升财政风险

德国是全球第四大经济体，同时也是欧洲最大的经济体。德国经济实力雄厚，是拥有高外贸依存度的工业国家。德国的汽车制造、电气工业、机械制造和化工产业等都处于世界领先地位，是全球制造业中最具竞争力的国家之一。正因如此，德国是中国在欧洲地区最重要的贸易伙伴之一，同时，2022 年中德双边贸易额达 2 980 亿欧元，同比增长 21%。中国连续七年成为德国最重要的贸易伙伴。中德两国的经济通过贸易得到紧密相连，缺一不可。

一、财政经济运行情况与财政可持续性分析

（一）德国第一季度经济增长接近停滞，甚至陷入衰退

2023 年第一季度，德国经济环比下滑 0.3%；2022 年第四季度，环比下滑 0.5%。德国 GDP 连续两个季度环比下滑，经济陷入了“技术性衰退”。然而，这只靴子落下的动静仍然比预计当中的要小。2022 年全年，德国实现了 1.9% 的正增长，比 IMF 在 2021 年秋季做出的预测要高出 0.4 个百分点，比疫情前的 2019 年还高出 0.7 个百分点。从内部来看，居民消费萎缩和政府支出减少是拖累德国经济增长的主要原因。2023 年第一季度，德国居民消费和政府支出分别环比下降 1.2% 和 4.9%。除高通胀因素外，插电式混合动力车与电动汽车补贴的退出，以及政府不再承担新冠疫苗接种和检测费用等，是影响第一季度经济数据下行的关键因素。从外部来看，在过去的几十年中，德国是全球化的重要受益者。两德统一以来，德国的国际贸易额几乎翻了两番，净人均收入增长了近 50%。但德国“进口低价原材料，加工出口高值商品”的增长模式严重依赖开放的国际市场、能

稳定供应低价原料和中间品的采购市场、有购买力的广阔销售市场以及高效可靠的国际物流。此次俄乌冲突带来的供应短缺、国际市场需求低迷，以及物流阻滞给德国经济带来了尤为沉重的打击。

（二）能源结构不断优化，通胀压力有所缓解

尽管第一季度高达 8.26% 的通胀率对经济运行带来的损害不可忽视，但通胀压力已经有所缓解。德国一直以来能源极大依赖国外进口，俄乌冲突爆发前，德国对俄罗斯天然气的依赖程度远高于英国和其他欧盟国家，2020 年德国能源进口依赖度高达 63.7%，因此对俄制裁后德国能源结构转型的阵痛无疑也更为剧烈。2022 年俄乌冲突以来，能源和食品价格大幅上涨，对通货膨胀产生了极大影响。在冲突压力下，德国不断减少能源对俄依赖度，在 2022 年成功摆脱对俄罗斯的能源依赖。如图 1 – 9 所示，2022 年，德国可再生能源占德国能源生产比重的 43.9%，近乎一半。再叠加 2022 年的百年不遇的暖冬因素，德国能源消耗小于预期，导致能源价格上涨低于预期。从这个意义上来看，德国其实已经在很大程度上缓解了能源去俄罗斯化和高通胀带来的后果，而且并没有出现失业率增加的现象。陷入了温和衰退的德国即使不能做到力挽狂澜，但并没有出现最坏的情况。如图 1 – 10 所示，德国 5 月的年通胀率降至 6.3%，为 2022 年 3 月以来的最低水平。

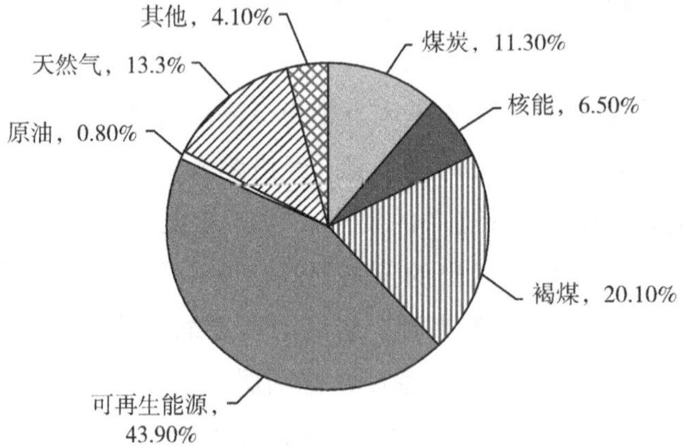

图 1 – 9　2022 年德国能源生产结构

资料来源：Jahreswirtschaftbericht 2022。

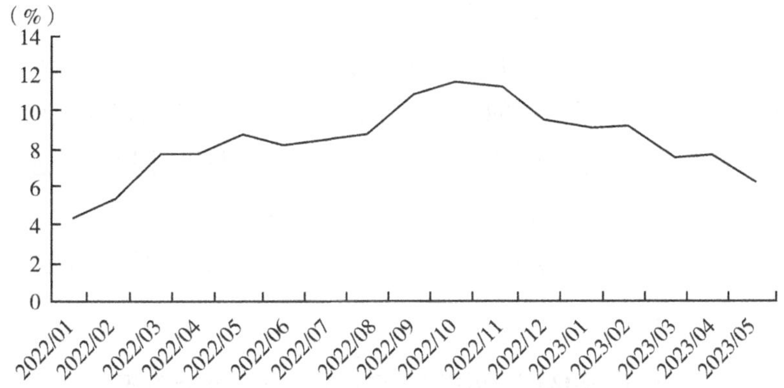

图 1-10　德国通货膨胀率月度变化情况

资料来源：德国联邦统计局。

（三）劳动力市场强劲复苏，技术型工人供不应求

德国劳动力市场在经历了两年的低迷后，在 2022 年实现了强劲复苏，年均约有 4 560 万人就业，超过了 2019 年创下的历史高点，成为 1990 年两德统一以来的最高纪录，当年失业率仅为 3.1%。2022 年均就业人数比前一年增长了 58.9 万人，同比增长 1.3%。2020 年，疫情阻止了德国持续 14 年多的就业上升趋势，当年就业人数减少了 36.2 万人，同比下滑 0.8%，2021 年，就业人数仅小幅增加 6.5 万人，同比增加 0.1%。这一部分可归因于劳动力市场往往滞后于经济增长，但更重要的是，这是因为劳动密集型服务部门仍受益于疫情后消费需求的反弹，2022 年以来，德国政府采取了一系列纾困和刺激措施，对于经济稳定和保持就业也具有积极的作用。虽然德国并未出现明显的失业问题，但这背后隐藏的是一个很可能会长期影响德国经济发展的负面问题。目前德国面临着暗淡的人口前景，劳动力供应将会收紧，劳动力市场呈现供不应求的局面，尤其是技术型工人非常短缺。

（四）财政逐步回归“正常化”，“债务刹车”得到重启

2023 年联邦政府财政预算收入为 4 306.8 亿欧元，其中税收收入为 3 581.3 亿欧元，比 2022 年决算数分别增长 6.9% 和 6.2%，该增幅比较保守，一方面是因为新冠疫情的影响尚未完全散去，德国制造业在短期内难以迅速复苏；另一方面主要是考虑到 2023 年联邦政府将采取提高个人所得税免征额和增加儿童补助金等支

持措施来帮助民众应对居高不下的通胀压力。

2023年德国联邦预算支出为4 763亿欧元（见表1－4），虽然与2022年决算数相比有0.9%的回落，但回落的幅度较小，这一方面是因为联邦政府为应对能源危机、降低居民能源和生活成本压力而出台的一揽子救助计划具有连续性，救助支出将一直持续到2024年春季；另一方面是在国际竞争日益激烈的全球背景下，德国未来几年将加大对气候保护、数字化和创新以及教育和研究的投资，也直接增加财政支出的压力。

表1－4 2021—2023年德国联邦政府财政经济运行情况

	2021年（实际数）	2022年（实际数）	2023年（预算数）
财政支出（单位：亿欧元）	5 566	4 807	4 763
财政收入（单位：亿欧元）	3 410	3 647	3 899
税收收入（单位：亿欧元）	3 135	3 372	3 581
赤字率（单位:%）	3.7	3.75	2
公共债务率（单位:%）	69.3	66.8	67
GDP增长率（单位:%）	2.6	1.9	0.2

资料来源：德国联邦财政部官网。

新冠疫情暴发后，德国2020—2022年暂停遵守"债务刹车"规定，三年的结构性赤字率分别为1.5%、5.92%和8.08%。在决定暂停"债务刹车"的法案中同时规定，2020—2022年超出"债务刹车"上限的债务余额将在2028—2058年分31年偿还。为避免债务进一步扩张，2023年德国重新执行"债务刹车"条款，联邦预算新增借款从2022年的1 389亿欧元回落到456.1亿欧元，比"债务刹车"中规定的最高限额少了600万欧元。

（五）中德贸易虽有波动，但仍持续增加

德国与中国的贸易额在2022年升至创纪录水平（见图1－11），中国连续第7年成为德国最重要贸易伙伴，两国之间的商品交易额约为2 980亿欧元，比2021年增长约21%。德国从中国进口了1 910亿欧元的商品，同比增长33.6%；主要包括电子电气产品、纺织品/服装、机械和化学产品。同时，德国对中国出口了1 068亿欧元的商品，同比增长3.1%，主要出口商品包括电气机械和设备、机械器具。德国对高科技等所谓战略行业的出口加强管制，这限制了德国对中国出口潜力的释放。同时，在俄乌冲突的背景下，欧洲生产结构被打乱，德国生产成本增

加，也会导致其对华出口收窄。尽管如此，中德两国贸易额仍然创下新高。目前在华德企已超过 5 000 家；2 000 多家中资企业在德经营生产。过去 50 年来，中德两国贸易规模增长近千倍，贸易额从 1972 年不到 3 亿美元增长至 2021 年 2 351 亿美元。2023 年开年，中德之间经贸合作的热度还在延续。2 月 8 日，总部位于德国巴登—符腾堡州，专业生产电动机、减速机和变频控制设备以及相关配套产品德企 SEW 率先在中国市场投资 1.5 亿美元，希望在中国天津打造“智能制造样板工厂”。

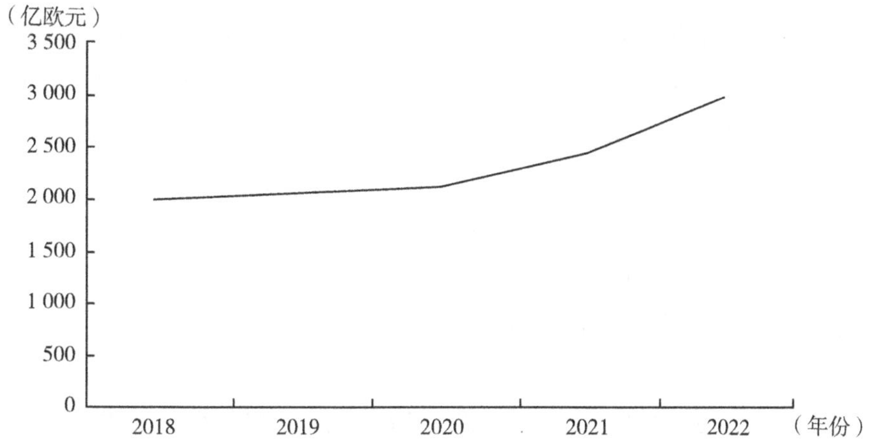

图 1－11　2018—2022 年中德两国贸易额

二、当前社会主要风险及在财政上的反映

（一）第一季度经济开局不利，德国经济下一步前景难言乐观

德国联邦银行估计，2023 年的高通胀将抑制德国经济。作为欧洲最大的经济体，德国经济仍在从过去 3 年的危机艰难地复苏。高通胀的影响削弱了公民的购买力。国际货币基金组织对德国经济的预期也并不乐观。在 4 月的预测中，IMF 预计德国经济 2023 年将下滑 0.1%，在发达经济体中只比英国好点。作为一个以制造业为主的出口大国，德国的经济很大程度上是和整个外部局势联系在一起的。俄乌问题长期不解决，一定也会对德国造成比较大的影响。

2022 年秋季，IMF 预测德国经济增长－0.3%，而在 2023 年春季预测中，将该数值提高两个百分点至－0.1%。而德国政府在 2023 年 4 月预测本国经济在

2023 年将实现 0.4% 的正增长。欧洲面临的滞胀风险正在增加，根据 IMF 的春季预测，德国通胀率在 2023 年将降为 6.2%，同比回落 2.5 个百分点，2024 年将进一步回落至 4.1%。逐渐减弱的通胀、上涨的工资和强劲的劳动力市场将在未来一段时间内增强人们的购买力，并推动消费成为重要的经济增长支撑。

（二）德国企业遭遇供应链瓶颈，拖累经济增长

近年来，新冠疫情、俄乌冲突及气候变化等因素导致全球供应链风险加剧，地缘政治竞争、技术脱钩和贸易保护主义日益重构着全球商业格局。受俄进口能源减少影响，德国汽车、运输等位于能源产业链的中下游行业生产成本大幅提高，工业生产活动显著放缓。在经济重新开放的过程中，德国工业又遭受了另一次打击。调查结果表明，约三分之二的德国工业企业受到了材料短缺的影响，并可能拖累德国经济增长。德国机械设备制造业联合会首席经济学家威彻斯警告，材料短缺致使许多公司不得不削减生产计划，而交付瓶颈可能导致严重后果，材料短缺对各行业的影响不同，但每个行业都会受到影响。

（三）“预算外”资金规模过大削弱了与欧盟财政规则的关联度和预算透明度

为保障“债务刹车”的顺利回归，德国联邦政府采用“预算外”特别基金形式，将未来年度的债务风险隐蔽化。例如 2022 年 2 月设立的总额为 1 000 亿欧元的特别国防基金，2022 年 10 月设立的 2 000 亿欧元的能源支持计划。

但是不纳入预算计划不代表不需要偿还。特别基金和联邦预算资金一样，通过税收或者发行债务来进行偿还。为缓和偿还债务的短期压力，2022 年 6 月 3 日，联邦议会决议提出，2020—2022 年超出“债务刹车”上限的债务余额将在 2028—2058 年分 31 年偿还，这种“寅吃卯粮”的债务模式限制了未来政府的支出空间，为未来政府埋下了风险隐患，更对德国财政可持续性提出严峻挑战。

（四）绿色转型、老龄化危机带来的结构性改革压力日益凸显，挤压德国财政空间

在全球竞争日益激烈的国际背景下，德国未来几年需要加大对气候保护、数字化和创新领域的投资力度，也直接增加了财政支出的压力。在现有政策前提下，

快速的人口老龄化将使每年用于养老金福利的公共支出增加约 2 个百分点。2007 年，德国将退休年龄提高到 67 岁之后，引入了慷慨的提前退休选择，允许至少有 45 年工作年限的个人退休而不损失养老金权利，这些措施大幅提高支出压力，减少公共投资和其他关键支出的财政空间。因此，如何在不减少老年人福利待遇的情况下，更好地平衡养老金福利的贡献者和接受者之间的负担分担，包括跨代分担，是一个极大的挑战。

三、2023年德国防范风险施政重点

俄乌冲突后，通货膨胀率居高不下，国内需求持续收缩。德国寻求减少对外部依赖，一方面主动跟俄罗斯能源脱钩，另一方面不断有声音提出“减少对华依赖”。减少对进口的依赖，成为德国国家安全战略的一部分。在此战略指导下，2023 年，德国联邦政府施政的关键词将是减负与投资。

（一）扩大财政支出规模，继续为企业和居民减负

根据德国联邦预算案，2023 年，德国联邦支出的 34.9% 将用于就业和社保。2022 年，为应对俄乌冲突危机和通货膨胀压力，德国联邦政府重启曾为应对新冠疫情而设立的“经济稳定基金”，并连续出台了三轮一揽子救助计划，总救助金额达 1 000 亿欧元，具体救助措施包括：为在俄乌冲突中受到制裁和严重影响的中小企业提供信贷优惠，解决流动资金短缺的问题，设置天然气、热力和电力价格上限，下调天然气增值税等。此外，2022 年 10 月，联邦政府最新宣布一项高达 2 000 亿欧元的能源支持计划，用于减轻德国居民和企业因为持续的物价上涨和能源成本上升导致的经济和生活压力，这个救助计划将持续到 2024 年春季。

（二）发布《国家安全战略》，增加国防预算

2023 年 6 月，德国政府出台首份全面的国家安全战略，将德国的国防预算提高到 GDP 的 2%。事实上，这一目标在 2022 年已经实现。2022 年 2 月联邦政府设立了总额高达 1 000 亿欧元的特别国防基金支出计划，以实现联邦国防军的现代化。该基金将分 5 年来使用，2023 年该基金拨款总额达 85 亿欧元。国防支出成为

联邦预算的第二大支出领域，2023年联邦国防开支将达到501亿欧元，占联邦总预算的10.52%，比2021年增加27.6亿欧元。

（三）出台结构性改革措施，提高全球竞争力

结构性改革是德国联邦政府未来十年的重点施政任务，为此联邦政府计划向现代化、数字化、气候中性的方向加大投资力度，并将投资支出提高到历史最高水平。2023年联邦政府计划投资额度高达715亿欧元，比2022年增加38.8%，比疫情前的2019年高出87.7%。此外，根据德国联邦中期财政规划，未来4年，联邦政府每年都会将投资支出稳定在500亿欧元以上，以保持财政政策的连续性和有效性。交通领域将成为未来四年的投资重点领域，尤其是市内交通方面，预计到2026年，交通领域的联邦投资额度将达到208亿欧元。

（四）发展全球市场多元化，维护供应链稳定

德国政府计划对华实施“去风险而非脱钩”战略，旨在通过多元化减少对中国的依赖。但是德国商界寻求的多元化并不是去中国化，而是“抓住中国市场的机遇”，进一步向印太、非洲和拉美地区拓展。中德两国都是全球自由经济秩序的受益者，经济相互依存是全球化的结果。德国作为北约成员国，一方面在意识形态上对中国进行打压，例如在《国家安全战略》中指责中国违背德国的“价值观以及利益”，另一方面在经济上强调加强对华协作，为世界注入更多的稳定性和确定性。因此，《国家安全战略》强调中德竞争，但是合作仍是基调。在开放的经济体系中，如何确保能源和原材料的供应安全，将是中德两国合作的核心议题。在应对气候变化、粮食安全等全球挑战方面，无论是现在还是未来，中德合作都具有重要的意义。

四、德国财政制度的最新举措和政策创新

（一）通过结构性减税为居民减负，缩小收入差距

与大多数国家一样，德国的个人所得税也采用累进税制。在通货膨胀的条件

下，雇主为劳动者加薪，原本是为了抵消物价上涨带来购买力下降，实际却使得劳动者名义收入增加，从而面临更高的税率。结果劳动者的加薪被更高的税金所抵消，实际购买力没有提升或者反而出现了下降，这在德国被称为“冷累进”效应。针对通货膨胀给中低收入者造成的名义收入与实际收入之间的差距拉大，德国政府通过减税为中低收入群体以及有子女的家庭减负。2022 年，德国财政部出台《通货膨胀补偿法》，核心在于针对国民的减税计划，即提高儿童福利和减轻居民税负。主要内容包括三点：一是增加儿童抚育津贴的发放额度，二是提高个人所得税的免征额，三是将适用最高边际税率的收入门槛从 58 597 欧元提高到 61 972 欧元。在对中低收入者减税的同时，德国政府正在计划对从战争或者危机中获得暴利的企业征收超额利润税，以缩小居民收入差距，同时缓解财政收入的紧张局面。

（二）建立联邦特别基金，为扩张性财政政策“买单”

为保障“债务刹车”的顺利回归，德国联邦政府采用预算外特别基金形式，将未来年度的债务风险隐蔽化。联邦特别基金是联邦财政中的独立部分，在联邦预算之外进行管理，用于完成联邦政府的具体专项任务，由联邦政府提出，经联邦议会批准通过后正式设立，例如“能源与气候基金”“数字基础设施基金”，以及 2020 年为应对新冠疫情的冲击成立的经济稳定基金（WSF）。特别基金与联邦预算资金一样，通常通过联邦预算收入或者发行联邦债券来筹集资金。但与联邦预算支出不同，特别基金采用当年立项，多年拨款的形式来实现，也就是说，特别基金只有在发生实际支出的时候才会逐笔拨付。例如 2022 年 2 月设立的总额为 1 000 亿欧元的特别国防基金将分 5 年来使用，2023 年该基金拨款总额达 85 亿欧元。而“债务刹车”的规则只适用于决定借债的那一年，而不涉及什么时候使用这笔债务资金。也就是说，2022 年尚处于“债务刹车”暂停阶段，所以，联邦政府在 2022 年借好债，而 2023 年使用这笔钱的同时，宣告已经成功回归“债务刹车”，相当于偷换时间概念。

（三）加大职业教育补贴力度，保障青年就业市场的稳定

中小企业是德国职业教育的重要参与主体，但同时也非常容易受到经济景气情况的影响而波动明显。根据德国联邦劳动署统计数据，2020 年，德国参与提供职业培训的企业数量为 419 700 家，占德国企业总数的 19.4%，比 2019 年减少

6 100家，降幅为1.4%。其中249人以下的中小企业占比为96.7%。为避免职业教育的萎缩，从2020年开始，德国政府加大财政补贴力度，通过提供职业培训奖金，对于那些在新冠疫情中依然保持学徒岗位数量，甚至提高培训岗位数量的中小企业，将给予2 000—3 000欧元的额外奖励。

五、启示与建议

（一）主动开展经常性沟通打消外部顾虑，提高开放的“连通性”

对外开放的本质是与世界建立连通性。德国近来接连发布了《国家安全战略》和《对华战略》等多个战略文件，企图限制某些领域的对华经贸往来以达到“去风险”的目的。但事实上，德国长期一直是中国的最大贸易伙伴。我们应当主动与欧盟等国家和地区开展多层面的经常性沟通，强调“去风险”就是“去机遇”的客观事实和合作共赢的经济发展客观规律。进一步扩大投资合作领域，特别是在新能源、应对气候变化、航空航天、数字化、绿色创新等方面，积极拓展新的合作项目。

（二）在财政规则之上设置例外条款，统筹财政规则的约束性和灵活性

严格遵守财政规则能够创造更大的财政空间，用于支持经济社会发展的薄弱环节，也可以用来应对充满不确定性的财政挑战和公共风险。但同时，财政规则应当具有足够的灵活性，以应对经济社会风险冲击和全球不确定性挑战。因此，很多国家都在财政规则的基础上设定了例外条款。德国“债务刹车”规则制定时也对例外条款的使用情境和补偿机制等做出了详细说明。例外条款的设计和使用应当明确、规范、透明，以维护财政规则的可信性。具体应当考虑以下几个要素：例外条款的触发情境，启动例外条款的法律流程和负责当局，适用例外条款的时间约束与恢复财政规则的程序安排等。

（三）坚持结构性改革，从教育源头化解青年就业难题

要认清就业市场供需错配的现状，即企业招不到合适的员工，就业者找不到

心仪的岗位。职业教育须根据企业用人岗位需求以及社会发展新动态及时进行调整与变革，除了培养学生一般的综合能力和通用能力，还应培养劳动者更多的关键能力，如创新能力、可持续性发展能力、信息技术应用能力、多种语言的沟通和阅读能力、动手操作能力等。以满足市场对人才知识结构的广度、创造性、复合性提出的更高要求。

法国：社会支出居高不下以致减债压力空前

法国在疫后实现了较为强劲的经济复苏，GDP 在 2021 年反弹 6.8%。2022 年受到俄乌冲突带来的供应链瓶颈和能源价格冲击的影响，法国采取了较高强度的能源价格控制和补贴措施，国内通货膨胀率远低于其他欧洲国家，全年经济增长 2.6%，CPI 年平均值为 5.9。然而，经济上的成绩以公共财政高强度支出所带来的市场扭曲和沉重的债务负担为代价。2023 年第一季度，法国 GDP 增速仅为 0.2%，第二季度反弹至 0.5%，经济增长的引擎仍部分受到抑制，如家庭消费受到了价格大幅上涨的影响，市场景气度持续走低。2023 年 8 月，法国商业景气度降至 2021 年 4 月以来的最低水平（综合指标 99），跌破长期平均水平（100），主要表现为制造业和服务业的商业状况有所恶化。其中，制造业景气度综合指标为 96，下降了 5 个点，表现为行业订单与产量都处在持续下降的状态，降至 2021 年 1 月以来的最低水平。此外，法国与欧元区其他国家公共债务水平的差距有扩大之势，且减债程度低于欧元区平均水平。IMF 年初预测法国 2023 年政府总债务水平将攀升至历史最高位（GDP 的 112%），据法国财政部最新数据，截至第一季度末，法国债务（马约定义下）增加了 634 亿欧元，达到 30 134 亿欧元，占 GDP 比重增长了 0.7%，达到 112.5%，公共财政可持续性堪忧。法国政府 4 月发布的公共财政路线图计划到 2027 年将公共债务率降至 108.3%，但由于卫生、教育、能源转型等方面投资需求庞大，法国政府削减公共支出的空间非常有限，且已经引发国内各种激烈的对抗，继而造成社会秩序的动荡。

一、当前法国财政经济运行情况与财政可持续性分析

（一）经济增长引擎受到抑制，主要经济指标低于预期

2021 年以来，法国宏观经济复苏态势整体强劲，消费、投资、就业和劳动力

参与率比大多数欧洲国家修复更迅速，公共消费和私人投资增长尤为强劲，当前仅制造业的产量恢复不及预期。根据IMF2023年7月发布的《世界经济展望》最新预测，法国GDP增速在2023年将大幅降至0.8%，再反弹修复至2024年的1.3%，未来两年都将低于欧元区平均水平（0.9%，1.5%）和发达经济体平均水平（1.5%，1.4%）。随着价格控制的放松，未来两年通货膨胀仍将持续，给法国财政政策带来巨大压力，主要经济指标详见表1－5。2023年第一季度，法国GDP增速仅0.2%，低于预期，经济增长的一些引擎受到了抑制，如家庭消费受到了价格大幅上涨的影响。2023年6月，法国通货膨胀水平同比上涨4.5%，第一季度失业率为7.1%，大幅高于其他主要欧洲国家。

表1－5　　法国主要经济指标（2019—2023年）

主要指标	2019年	2020年	2021年	2022年	2023年（预测）
宏观经济（百分比变化）					
实际国内生产总值	1.9	－7.9	6.8	2.6	0.7
国内需求	2.1	－6.7	6.6	3.1	0.5
对外收支（占GDP增长的比例）	－0.3	－1.0	0.0	－0.6	0.1
CPI（年平均）	1.3	0.5	2.1	5.9	5.0
公共财政（占GDP百分比）					
一般政府收入	－3.1	－9.0	－6.5	－5.0	－5.3
收入	52.3	52.4	52.6	53.4	52.8
支出	55.4	61.3	59.1	58.1	58.1
政府总债务	97.4	114.6	112.9	111.6	112.0
劳动力市场变化（百分比变化）					
就业	0.8	－0.3	1.7	0.4	－0.1
劳动力	0.1	－0.7	1.6	0.0	0.0
失业率（百分比）	8.4	8.0	7.9	7.5	7.6
国际收支（占GDP百分比）					
经常账户	0.5	－1.8	0.4	－1.5	－1.6
货物和服务贸易差额	－0.9	－1.8	－1.2	－1.7	－1.5
货物和服务出口	32.7	28.4	31.2	39.3	40.7
货物和服务进口	－33.6	－30.2	－32.4	－41.1	－42.2

资料来源：INSEE，IMF。其中公共财政收入栏目数据以法国经济财政部2023年4月最终修正数据为准，2023年数据为IMF预测数据。

（二）公共财政过度承压，财政状况恶化且债务前景“负面”

法国对2020—2022年连续冲击的财政反应整体迅速有效，但代价高昂，目标不明确且对经济运行有扭曲。2021年，由于收入和经济活动的强劲反弹，抵消了复苏和购买力措施带来的赤字增加（占GDP的1%），赤字缩小了2.5个百分点，最终修正值为6.5%。2021—2022年，财政的价格援助支出总额占GDP的2%，主要集中在家庭部门，通过非目标能源价格措施和现金转移进行。虽然法国在2022年实施了一系列包括延长能源价格控制、燃料价格退税、向能源密集型企业提供赠款、有针对性的部门支持、额外的有针对性现金转移、减税以及养老金、社会援助等在内的财政扩张措施，但由于税收收入尤其是企业所得税收入的大幅改善，公共赤字仍然继续收缩，下降至5%以下，为4.7%（临时值），政府总债务为GDP的111.6%，比2021年略有降低。

由于法国公共财政在过去3年过度承压，债务前景不容乐观。2022年底，标准普尔已将法国债务相关前景从“稳定”调整为“负面”，并在2023年6月初宣布维持“负面”评级不变。2023年4月底，国际评级机构惠誉宣布将法国信用评级下调一级。法国国内对控制债务的呼声较高，审计院的年度报告向预算支出施压。审计报告认为“2023年，法国是欧元区公共财政状况恶化最为严重的国家之一”，并强调迅速启动有效的公共支出审查以最终找到节流方案的必要性。法国债务负担如果增加到严重影响预算回旋空间的程度，欧元区分裂的风险也将上升。IMF预计法国2023年政府总债务为GDP的112%（见图1-12），但第一季度末，法国债务（马约定义下）增加了634亿欧元，达到30 134亿欧元（见表1-6），占GDP比重增长了0.7%，达到112.5%，公共财政可持续性堪忧。总债务规模依然处于历史最高位，财政空间在不断缩小，与欧元区其他国家的公共债务差距仍有扩大趋势。

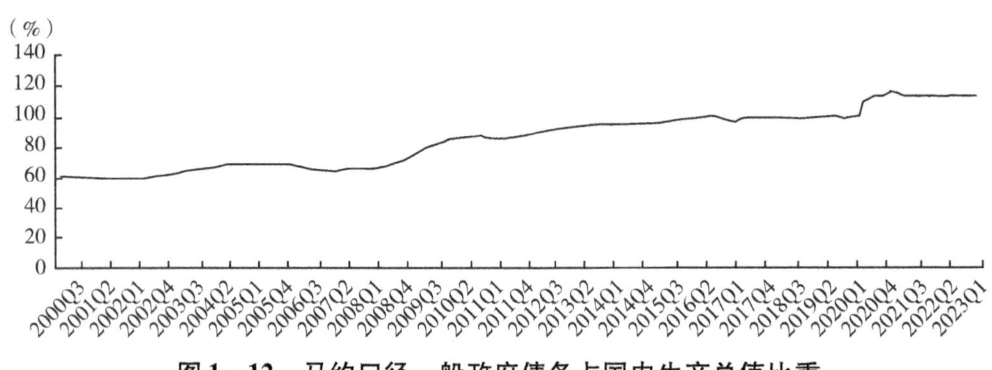

图1-12 马约口径一般政府债务占国内生产总值比重

资料来源：INSEE，IMF。

表 1-6 法国政府债务规模及结构（2022Q1—2023Q1） （单位：10 亿欧元）

	2022Q1	2022Q2	2022Q3	2022Q4	2023Q1
一般政府债务	2 912.50	2 918.60	2 958.60	2 950.00	3 013.40
% of GDP	114.80%	113.30%	113.60%	111.80%	112.50%
按部门分列					
政府	2 292.40	2 308.70	2 345.10	2 359.70	2 408.30
中央机构	75	71.4	72.4	74.6	71.8
地方政府	244.8	247.5	241.4	244.9	245.1
社会保障基金	300.2	291	299.8	270.9	288.3
按类别分列					
货币和存款	45.4	51.2	49.2	42.9	40.2
股票以外的证券	2 571.00	2 572.00	2 610.50	2 607.40	2 675.60
短期的	249.1	222.8	211.8	191.6	195.9
长期的	2 322.00	2 349.20	2 398.70	2 415.80	2 479.70
贷款	296	295.4	298.8	299.7	297.5
短期的	12	13.3	15.3	11.5	11.8
长期的	284	282.1	283.6	288.3	285.7

资料来源：INSEE。

（三）公共财政退出干预市场价格，从高度刺激转向正常化

基于公共财政的基本状况，法国国内及国际组织普遍认为，2023 年的财政立场应从过去的高度刺激转向正常化。公共财政不能持续干预市场价格，随着各项指标逐步趋稳，需考虑退出。2022 年，法国政府在“韧性计划”框架下出台多项措施，包括限制电价上涨幅度、冻结天然气售价、提供燃油消费折扣、为贫困家庭提供通胀补贴、为高能耗企业提供能源支持基金。法国经济和财政部估计相关财政支出约为 240 亿欧元，2022 年因天然气和石油价格上涨而遭受的实际收入损失（约为 850 亿美元）中，国家承担了 52%，企业负担了 42%，家庭仅支付 6%。得益于公共财政的缓冲，法国通胀虽然也逐月攀升，但情况始终好于欧元区大多数国家。在就业方面，法国自放松防疫封锁措施以来，净就业岗位增长一直保持强劲，失业率在 2022 年降至 7.3% 的历史最低水平。经济指标的趋稳给临时补贴政策的退出创造了有利窗口。法国政府已宣布 2023 年天然气和电价涨幅限制在 15%，而不是 2022 年实施的天然气价格冻结和电价涨幅不超过 4% 的限制。

二、当前经济社会主要风险及在财政上的反映

（一）法国当前经济失速的主因是消费疲软，外贸环境也面临恶化风险

长期经济增长乏力尤其是消费端疲软以及外贸急需拓展新的国际贸易伙伴是当前法国经济面临的首要风险。法国经济财政部认为，法国外贸经济环境可能恶化，原因是主要贸易伙伴德国已经陷入衰退，拓展新的国际贸易伙伴显得极为迫切，这也是法国积极强化与中国财经对话的主要驱动因素。从内需看，法国家庭单位消费可支配收入的购买力在 2023 年第一季度下降了 0.6%，但家庭消费基本稳定，在 2022 年第四季度下降 0.1% 之后，2023 年第一季度增长 0.1%。不过，食品消费再次大幅下降，在 2022 年第四季度下降 2.9% 之后，2023 年第一季度下降 2.7%。能源消费在 2022 年第四季度下降 8.0% 之后，2023 年第一季度增长 5.7%，抵消了食品消费的萎缩。从外贸看，2022 年第四季度，法国国内生产总值零增长，2023 年第一季度，国内生产总值增长 0.2%。2023 年第一季度，对外贸易为法国国内生产总值的增长贡献了 1 个百分点，商品进口的下降幅度远远大于出口。法国国内调查数据显示国内整体营商环境有持续恶化的风险。对商界领袖的双月调查数据显示，2023 年 6 月商业景气度再次恶化，该指数较上期下降了 2 个点至 92 个点，正在偏离其长期平均水平（100），来自国外的订购意向和交货情况有所下降。企业数据调查情况显示，2023 年第一季度，企业资不抵债比例正在快速上升，同比增加 43.6%。

（二）社会性支出水平“全球最高”，给经济发展带来沉重负担

几乎全球最高水平的社会性支出给法国带来了沉重的发展负担，又因国民具有较为激进的民意表达传统而极难改革。据 OECD 统计，法国社会保护（Social Protection）支出规模接近 GDP 的三分之一，详见图 1 - 13。法国的社会福利之所以难以削减，很大程度在于多党制和普选制以及民众习惯以“破坏和扰乱经济社会正常运行秩序”对政府的改革政策施压。一方面，维持高福利是政治家获胜的基石，普选制往往推高福利，进而引起福利水涨船高的恶性循环。另一方面，国家的债务危机又迫使近几届法国总统不得不削减福利，但以此激起的反政府运动

又容易使得政府对财税和社会保障的改革都付诸东流。

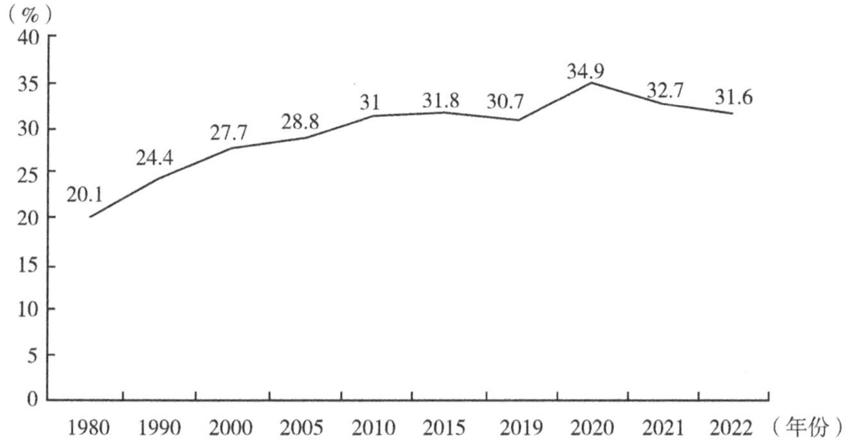

图 1－13　法国社会保护开支占 GDP 比重

资料来源：OECD。

（三）财政预算优先保障风险不断抬头的能源、国防和教育领域

2023 年法国的预算重点投向风险不断抬头的领域。首先，能源危机和供应链危机的深层矛盾并未解决，地缘政治风险不断上升，反映在欧洲各国财政支出的主要增量均是军费＋X（供应链重构、能源基建）。法国能源补贴从 2022 年的 240 亿欧元几乎翻倍至 450 亿欧元。其次，治理失业和减少教育不公平是法国公共财政的重要目标。为了降低失业率，在就业和培训方面，劳工部经费预算猛增 67 亿欧元，位列当前政府第三大支出。对国民教育的投入增加 36 亿欧元，增长 6.3%；科研领域增加 15 欧元，增长 5.1%；政府发展援助增加 8 亿欧元，增长 13.8%。最后，受到地缘政治冲突的影响，法国国防安全方面的支出也快速增加。国防开支增长 7.4% 至 439 亿欧元，并计划在未来继续年增 30 亿欧元军费直至达到 500 亿欧元。法国国防预算的增长呼应了马克龙 2022 年 7 月提出的“战争经济”政策，即通过对法国的国防工业投入更多资金以提振国家经济状况，并且增加法国对日渐紧张的欧洲局势的掌控能力。

法国 2023 年财政支出计划 15 640 亿欧元，相比 2022 年增加 2.8%（可比项减少 1.5%），各项目的变化情况如图 1－14 所示。预算减少的主要项目是新冠相关的医疗补贴，例如取消“应对健康危机紧急计划”约 33 亿欧元。预计法国 2023 年债券净发行量 2 700 亿欧元，相比 2022 年增长 3.8%。

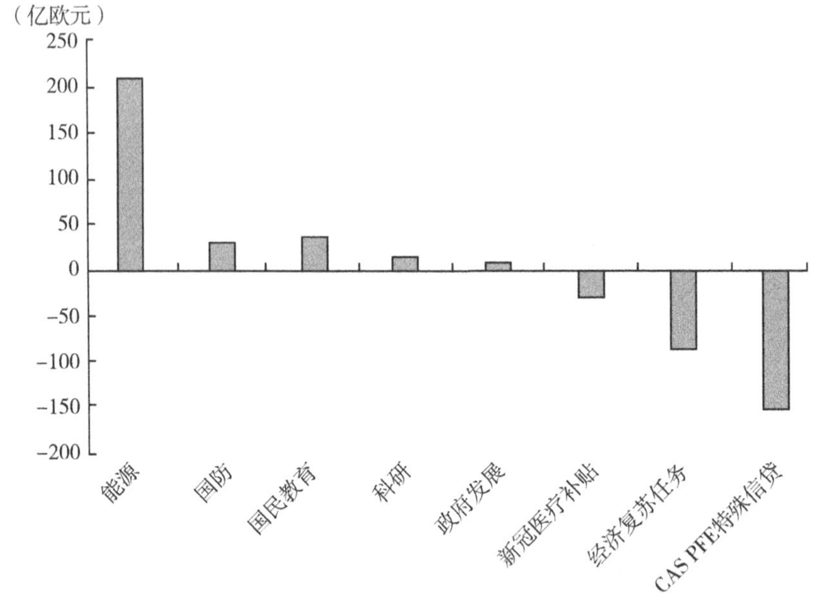

图 1－14　2023 年预算支出变化（与 2022 年比较）

资料来源：法国经济财政部。

分部门预算看，增量资金的投放主要集中以下部门：劳工部经费预算增加 67 亿欧元，生态转型部将额外获得 19 亿欧元经费（增加 7.6%），农业部则有 5 亿欧元（增加 15.6%），国防部将获得额外 30 亿欧元，而安全保障将额外投入 14 亿欧元（增加 9.5%）。

三、法国财政对冲和缓释风险的举措和可能的影响

（一）通过财政整顿和结构性改革控制赤字率是法国当前财政领域的主要改革方向

IMF 明确建议法国政府应利用疫情支持政策逐步退出的机会于 2023 年开始减少赤字，将财政赤字缩减规模控制在 GDP 的 0.25 个百分点。如果出现下行风险，应先发挥市场经济自动稳定器的作用。在具体的减债方面，法国政府计划在 2027 年使赤字率低于 GDP 的 3%，并从 2026 年开始减少债务规模，目标是将实际支出增长限制在 0.6% 以下。同时，对支出进行结构性改革，努力使当前支出合理化，为加快绿色和数字投资留出空间。近期批准的失业救济改革和即将到来的养老金

改革的实施都是结构性改革的核心措施，但还需要其他的配套性改革。

（二）提高财政可持续性的关键举措是加大社会领域的支出改革

一是实施包含延迟退休在内的养老金改革。政策目标包含：提高老年工人的就业率、延迟退休年龄和调整最低养老金水平，逐步整合特殊人群的养老金制度。当前的改革计划规定，以每年3个月的速度将最低退休年龄从62岁提高到64岁，于2027年起，退休人员只有在缴纳社会保险满43年的前提下才能领取全额养老金等。上述政策将逐步缩小法国退休年龄与其他欧洲国家之间的差距。除了提高退休年龄外，改革还计划将退休年龄与预期寿命相挂钩，并进行自动调整，进一步提高养老金的可持续性。同时，将全国分群体和行业的42个不同的养老金“碎片计划”统一起来，提高制度的公平性，降低行政成本，促进劳动力流动，内容详见专栏1-1。二是收紧失业救济政策。法国的失业率长期居高不下，失业救济支出给财政造成了巨大压力。该项支出的优化措施包括调整计算和累积福利的规则，收紧申领资格，阻止过度使用短期合同等。救济金收紧对象主要包括自愿辞职的工人、多次拒绝签订永久合同和定期合同的工人。三是优化其他税收优惠和补贴政策。法国国内部分补贴或税优项目不仅成本高昂，而且扭曲了市场价格和劳动力供给，如化石燃料和住房补贴、税收研发抵免等。据统计，当前研发税收抵免是法国最大的单一税收减免项目，规模占GDP的0.25%；化石燃料和住房相关的补贴支出占GDP的0.34%—0.5%；对家庭储蓄的税收减免约占GDP的0.25%。如果将上述补贴进行优化，能够实现GDP的0.5%—1%的增收。

◇ 专栏1-1

法国养老金改革方案

在人口老龄化背景下，法国养老金制度面临的最大问题是赤字严重，入不敷出。统计表明，2019年法国在职人口与退休人口之比为1.77，2040年该比例将进一步降至1.5，养老负担日益沉重。2019年，法国公共养老金开支为3 279亿欧元，占国内生产总值的13.5%，养老金赤字达180亿欧元。从20世纪90年代初起，法国便开始对养老金制度进行以增收减支，削减赤字为主的改革，以确保其在财政层面可持续。马克龙在第一任总统任上，便将养老金改革作为总体改革的一项核心措施提了出来，并于2019年12月开启，后在大规模的反对声中以及随后暴发的新冠疫情背景下而被迫搁置。再次当选总统后，他立刻重启养老金改革，于2022年10月下旬出台了相关方案。改革主要包括如下内容：

1. 延长退休年龄

法国的法定退休年龄长期为60岁，是欧洲退休最早的国家之一。2010年，时任总统萨科齐顶着压力进行了改革，以每年延长4个月的方式，将1955年之后出生者的退休年龄逐步延至62岁，同时允许18岁之前开始职业生涯者、从事艰苦职业者等“特殊”人群提前退休。尽管如此，法国仍然是欧盟内退休最早的国家之一，和挪威、瑞典和希腊一起成为欧洲仅有的四个法定退休年龄低于63岁的国家。

马克龙在第一任期的养老金改革也涉及退休年龄。当时他提出的方案是从2027年起将64岁设为基准年龄，早于基准年龄退休者的养老金适当削减；反之则适当增发，鼓励延迟退休以实现节流目的，但此方案因遭到反对而暂停。这一次，马克龙明确提出要延长退休年龄，即从2023年起直到2031年，将法定退休年龄从现行的62岁延至65岁，只在某些特殊情况下允许64岁退休。

2. 改革特殊制度

法国共有42个退休制度，不同制度之间存在管理机构不一、缴费水平不一、退休年龄不一、福利待遇不一的现象。特别是几个大的特殊制度整体上存在比“总制度”缴费时间短、退休时间早、福利待遇高的特权。在上次（2019年）的改革中，马克龙曾计划将42个制度简化、整合成一个统一的制度，以确保社会公平并提升管理效率。不过在“公平”之后还隐藏着“减赤”的深层动机——将42个制度整合在一起意味着精简机构，降低管理成本；更意味着取消特殊制度及其福利特权，节约支出，因为“特殊制度”赤字巨大，常年靠其他制度的转移支付和国家财政予以补足。2019年的改革因遭到交通部门等相关利益群体的反对（后者举行了大罢工）而暂停。这一次，为减少改革的阻力，马克龙转变了思路，不再冒着触犯相关利益群体的风险、强行并轨42个制度，而是沿着“新人新办法、老人老办法”的思路，提出如下解决方案——关闭现有几大特殊退休制度的入口，使相关行业如巴黎运输公司等的新入职者不再享有各自的制度，而是统一归口“总制度”，这意味着让原有“特殊制度”在消化完现有退休人口后自动退出历史舞台。

3. 兼顾社会公平

为避免或降低人们对改革的抵触和反对情绪，增加改革的合法性，政府同时提出了一些其他措施来兼顾“公平”，首先，是提高最低养老金，马克龙原计划提高到每月 1 100 欧元，考虑到近期的通胀因素，又追升至 1 130 欧元。此外为凸显劳动的价值，鼓励劳动，打击不合理的“不劳而获”，最低养老金的额度特意设置在老年低保线（953 欧元/月）之上。政府预计最低养老金的提高将使大约 25% 的新退休者尤其是女性退休者获得更高的养老金。其次，为改善老年人的就业状况，减少老年人就业歧视，改革提出要鼓励企业雇用老年人，但政府尚未给出具体举措。

为确保改革顺利进行，法国政府开始借助媒体造势并引导国民认知，如推迟退休年龄是大势所趋，法国是经合组织国家中为数不多的在 65 岁之前退休的国家，有些欧盟国家比如荷兰已将退休年龄和人口预期寿命挂钩。法国财政部长则公开表示，要想应对财政赤字危机，确保养老金制度可持续，在不进行结构性改革的前提下，只有三种方式可供选择，即提高缴费水平、降低退休金标准和延长退休年龄，换言之，民众只能“三选一”，而延长退休年龄是其中最为有效的方式。政府预计到 2027 年，改革将使养老金开支节省 90 亿欧元左右。蒙恬研究所的预测表明，到 2032 年，改革的总收益是 270 亿欧元——收入约增加 70 亿欧元，支出将减少近 200 亿欧元。然而，工会和议会中的部分反对党特别是极左翼对上述改革方案表示反对，他们认为应该在提高老年人就业率上下功夫。但马克龙表现出了将改革进行到底的决心。

（三）加大培育新兴产业财政支出的同时对外积极开拓贸易伙伴

在促进经济增长方面，法国把发展新兴产业提到了国家战略的层面，同时对外积极开拓贸易伙伴。根据 2021 年 10 月提出的“法国 2030 愿景”，法国拟通过 5 年内投资 340 亿欧元来提振本国产业的竞争力。投资重点领域包括半导体等电子元器件、核能、绿氢、工业脱碳、医药健康、农业数字化、电动和混动汽车、外太空探索等。财政支持法国产业政策主要集中在三个方面，即：加速生态转型，增强战略自主，建设具有竞争力的主权数字经济。在加速生态转型方面，法国复苏计划已动员 12 亿欧元支持减少工业部门的温室气体排放。同时，“2030 愿景”将投资 56 亿欧元，通过部署创新和颠覆性解决方案来实现工业减碳目标。计划于 2023 年 7 月之前通过的气候能源规划法（LPEC）也将支持海上风电、光伏、能源网络和可再生能源等工业部门的发展。此外，法国政府设立了一个名为“可持续旅游”的 5 000 万欧元基金，支持酒店和餐饮业的生态转型。在增强战略自主方面，法国政府向具有战略意义且出口受严重影响的法国企业投放6 800万欧元的资助，间接保护5 500个直接工作岗位。“2030愿景”关注提升绿色科技、数字化—电子—机器人、食品—农产品以及健康等领域的旗舰项目的发展。例如，氢计划项目将通过32亿欧元的投资建设10个超级工厂。有570亿欧元公共财政资金将用来支持意法半导体和格罗方德的联合工厂，以加强法国在芯片半导体领域的自主性。2022年3月欧盟27国领导人和政府首脑在凡尔赛举行会议，将能源、原材料、健康、农产品、半导体和数字化6个产业定位为欧盟的自主战略产业。在这个框架下，法国计划支持大约50家不同规模的公司参与其中，预算约为80亿欧元。例如，投资9亿欧元在上法兰西地区建法国第一家电池超级工厂，吸纳2 000人就业。

此外，法国政府也关注外国公司在法投资和收购对于法国战略自主的影响，并在财政上做出反应。法国于2020年启动法国科技主权公共基金，用来预防开发关键技术的初创企业和中小企业的股权受到外国资本的影响和减少核心技术的丢失。2022年该基金进行了七项投资，金额超过2亿欧元。在建设具有竞争力的主权经济产业方面，法国政府认为云技术是数字主权问题。法国国家云战略是“法国2030愿景”的高附加值项目，该计划共计投资近18亿欧元，其中法国公共资金6.67亿欧元，欧盟公共资金4.44亿欧元以及6.8亿欧元的私人投资。法国政府认为人工智能（AI）将提高所有经济部门的竞争力，因此致力于培养出具有全球影响力的人工智能科创企业，并希望加速这些技术的应用。2021年11月，法国国家人工智能战略调动了15亿欧元的公共资金，优先考虑针对中小型企业在人工智能方面的培育孵化。乌克兰危机使得法国政府意识到优化航空领域技术和学术研究的重要性。为此，法国在欧盟层面和国内层面的研究项目注入资金支持。欧洲航天局（ESA－欧洲航天局）部长级会议决定投入170亿欧元资助2023—2025年计划，其中包括来自法国的32.5亿欧元。

四、最新财政经济形势及政策措施

（一）在激烈的社会抗议中坚定推进养老金改革

养老金改革在法国引发了大规模的社会抗议活动，但马克龙政府仍坚定地推行相关改革。民调显示，68%的法国人反对退休改革，只有28%的人认为，养老金亏空问题必须经改革解决。据法国劳工部估计，若将民众退休年龄延后至64

岁，并延长缴费期，法国每年养老金缴费额将增加177亿欧元，从而使养老金系统在2027年实现收支平衡。为了增强养老金制度的可持续性，缓解社会领域不断高涨的支出压力和与之相关的债务风险，法国政府“冒天下之大不韪”继续推行养老金改革，并计划在2023年执行新法。

（二）通过外交积极寻求外贸新增长点

近年来，法国国内重拾“戴高乐主义”，认为涉及国际社会的重大事务，法国应具有独立自主的对外方针，不做超级大国的“附庸”，一切决策和行动都要符合法国实际，以自身利益为出发点和归宿。“对华对台”政策曾经是法国历史上“戴高乐主义的硕果”。马克龙上半年访华既是该主义的延续，也是国内经济发展的客观现实需要。根据中国海关的贸易数据，自2016年起中法双边货物进出口额从471亿美元翻番至2022年底的812亿美元。中法经贸的互补性较强，在农业和食品、航空航天、民用核电、高铁汽车、高档化妆品和服装等领域有着传统的深入合作，同时在绿色经济、医疗卫生、旅游文化、应对气候变化、保护生物多样性等新领域也有交集。2023年1—8月，中法进出口贸易总规模为3 725.8亿人民币，累计比2022年同期增长4.4%，其中进口规模增长16.6%。中国在法国国际贸易中的地位不断提高。2023年以来，法国的进出口贸易状况短期有所改善，但整体营商环境有持续恶化的趋势。2023年5月，法国的贸易余额为－92亿欧元，进口和出口均增长4亿欧元，分别达到605亿欧元和513亿欧元。但对商界领袖的双月调查数据显示，商业景气度再次恶化。与2023年5月相比，该指数的指标下降了2个点到92个点，正在偏离其长期平均水平（100）。与5月相比，来自国外的订购意向和交货情况有所下降。2023年7月，批发商对订单意向的预期再次下降，延续了1月开始的下降趋势，下降至2020年以来的最低水平。原料农产品和活动物批发贸易、信息和通信设备贸易以及“其他专业批发贸易”大幅下降。与国外交货相关的余额也再次下降，并远离其长期平均水平。国外销售量余额再次下降，特别是本月国内货物贸易和“其他工业设备”贸易。因此，法国当前通过积极的外交，拓展新的贸易伙伴，寻求经济增长的新支撑。

（三）以青年教育就业为抓手缓解种族对抗和社会分裂

法国社会治理面临诸多难以破局的顽疾。社会冲突频发，每一届政府都坐在社会问题的“火山口”上，偶发的社会事件就会造成激烈的社会对抗和暴乱事件，对经济社会的基本面造成负面冲击。2023年，法国总统马克龙宣布，政府每年将为职业高中教育额外拨款10亿欧元，并通过为学生提供实习报酬等多种方式，继续推进职业高中教育改革。从2023年9月开始，法国政府将向参加职业高中实习的学生提供每周50至100欧元实习津贴，每个学生高中阶段的实习津贴总额可高达2 100欧元。职业高中最后一年的时间安排将更具弹性，让希望毕业后直接进入职场的学生能够大幅增加实习时间，并为打算继续求学的学生提供4周的强化课程学习。法国就业局将加强与职业高中的合作，政府将在每所职业高中设立与企业联系的办公室，帮助学生就业。担负额外任务和加班工作的职业高中老师每年最高可领取7 500欧元的税前津贴。此前，法国政府明确提出将“加强法国年轻人职业生涯指导”作为2023年的重点工作。此举被认为是法国以青年问题为抓手，解决移民、种族、宗教、网络社交、少年管教、贫富差距、社会分化等一系列社会问题的一项治本之策，详见专栏1－2。

◇ 专栏1－2

法国青年失业及治理手段

法国的整体失业率较高，常年徘徊在8%—10%的水平，15—24岁青年组失业率尤高，高于所有其他年龄组，是全国平均失业率的2倍余，在OECD国家内属于较高水平。2020年，法国无/低学历者的失业率接近15%，远高于大专及以上学历者（5%）。该差距在15—24岁青年组中更加明显：2021年数据显示，毕业1—4年后，无/低学历青年人的失业率是大专及以上学历的4倍。这首先在于无/低学历者更难进入劳动力市场；其次在于在经济低迷、就业加倍困难的年份，高学历者往往“降级”就业，对低学历者构成了“挤出”（劳动力市场）效应。

法国治理青年就业主要通过二类政策工具。

1. 加强职业教育、鼓励企业雇用实习生

青年就业难题在法国持续了30余年，但没有一项治理措施起到改善作用，如社会党政府（2012—2017年）曾出台“代际合同法案”，由国家财政出资为青年人创造就业岗位。但专家指出，这些岗位大多存在于政府机关等公共部门，可有可无，治标不治本。2018年，马克龙政府在“一个青年、一个解决方案”的失业治理框架下，于2020—2022年投资数十亿欧元，鼓励企业招收学徒，和青年人签订“学徒”或曰“实习”合同。该措施效果显著，仅2021年一年，法国就签署73万份学徒合同，是2019年的两倍余，在历史上首超德国。这也是近些年法国青年失业率大幅下降的主要原因。但法国审计署对该措施持保留态度，指出学徒合同的大量增加主要来自大专以上学历者（在2019—2020年新增的15.7万名学徒工中，一半以上来自大专以上学历者），对原本就在劳动力市场占有相对优势的大学生等高学历群体而非低学历青年有利，且成本高昂，给财政造成了不小的压力，建议降低资助水平，优先改善低学历者的就业状况。此外，马克龙拟对职业教育进行改革，在借鉴德国经验的基础上，大幅增加实习时间（增加到占总课时的至少50%），但引发职业教育系统的强烈抗议，抗议者认为改革无异于让“学生成为老板的剥削对象”。

2. 个性化的就业帮扶

2022年3月，法国启动了青年就业合同计划（Contrat d’engagement jeune），旨在每年帮助50万名符合条件的年轻人——16—25岁经济困难、缺乏职业规划和信心的青年尤其是“尼特族”青年就业，前提是青年本人要有参与培训计划的意愿和准备。具体内容包括：由国家或地方就业部门提供专业顾问，陪伴入选的年轻人开拓职业生涯，为其量身打造个性化的培训方案，在为期12—18个月的时间里，给予每周至少15—20小时的培训，直到其成功进入劳动力市场；同时视具体情况给与每月最高可达500欧元的津贴，来保障其基本生活。

3. 鼓励创业

在振兴经济的整体框架下，法国还有众多鼓励年轻人创业的举措：如18—25岁年轻人创业头一年免社保缴费；可申请无息小微贷款；可获得免费创业咨询（在市场调研、商业计划、融资渠道等方面获得帮助）；大学生创业可享受奖学金、学杂费减免、社保缴费减免等优惠措施；可用创业项目替代必不可少的社会实习等。2020年，法国41%的创业者不足30岁。

五、相关启示和建议

（一）加快新兴领域和关键领域的产业发展，扩展财政活水之源

建设具有竞争力的主权经济，降低涉及主权安全产业的对外依赖性。2020—2022年，法国国内曾兴起了一轮关于产业和经济主权的讨论，如参议院的《重塑

经济主权的五大层面》和法国国际关系研究所的《如何在供应链全球化时代加强主权?》等。法国总统马克龙也多次强调维护和强化国家经济主权的重要性，并在其首个任期内出台了旨在支持法国工业复兴的“法国2030”（France 2030）等投资计划。法国实施的一系列吸引制造业回流、支持高新技术产业发展、加大研发创新力度的政策，对于提升其工业企业的市场竞争力，并降低对国际供应链的依赖，增强经济结构的稳定性，同时重塑并强化其地缘政治竞争力具有关键意义。当前，我国的关键产业面临更加严峻的外部环境，需要把握好产业扶植过程中“市场+政府”的结构配比，充分调动财政、金融、内资、研发的力量，增强主权经济的控制力和自主性。

（二）将社会整合目标纳入产业经济布局，增强社会和国家的凝聚力

社会领域的政策往往具有较强的支出刚性，因此要把握好政策的“度”，即增长速度、实施力度和政策精度，积极发挥其社会黏合和社会稳定的积极作用。2017年马克龙总统上台后重视经济工作，支持工业复兴和科技初创企业发展，失业率出现下降趋势。2022年第四季度法国的失业率降至2008年以来最低水平。另外，将生产线布局在法国本土各地，有利于提升区域产业的协作水平，加强不同地区之间的经济联系，推动老工业基地复兴和欠发达地区发展，促进社会公平。为黏合社会各方、强化国家凝聚力，具有强大社会整合力的工业成为重要选项。近十年间，法国社会撕裂的现象愈发明显，不同地域、不同阶层之间意见分化严重，极左、中间、极右党派呈现三足鼎立态势，正是社会意见撕裂的写照。我国应当加强社会领域的治理能力，着力破除“三个二元”，以强大的产业基础和完善适度的社会保障体系增强社会的凝聚力和稳定性。

（三）社会领域改革难以一蹴而就，更需要未雨绸缪

社会领域的改革由于涉及核心“奶酪”，往往面临极大阻力，尤其是“一老一小”问题。1995年，法国政府要改革养老金制度，遭遇全国性大罢工，导致法国交通瘫痪一个月，最后政府只能被迫放弃。2010年，时任法国总统萨科齐计划把退休年龄从60岁提高到62岁，再次遭遇大罢工，虽然政府最后实现了改革，但这也成了萨科齐未能连任法国总统的原因之一。当前，虽然养老金制度不只有退休年龄这一内容，为了安抚反对者，马克龙政府增加了新的改革项目，比如将最低养老金从当前的每月约6 700元人民币（916欧元），增加到约8 800元人民币

（1 200 欧元），但仍然阻力空前。20 世纪石油危机发生后，法国失业率长期居高不下，影响经济健康发展和社会和谐稳定。法国曾是 OECD 和欧盟成员国中青年失业问题最严重的国家之一，2016 年青年失业率高达 24.7%，几乎酿成严重的社会和政治危机。2020—2022 年，法国政府投资数十亿欧元，鼓励企业招收学徒，和青年人签订学徒/实习合同。该措施短期效果显著，2021 年法国青年失业率降至 15.9%，改善到近 20 年以来的最好水平。目前，法国政府推出的职业教育改革是想从人力资本投资的源头上提升青年就业力，从根本上解决就业问题。当前，我国也同样面临延迟退休年龄推行压力大、青年失业率激增等社会领域的治理难点，要从法国艰难的社会改革历程中汲取经验教训，做好政策路径的长期规划并引导好国民预期，凝聚社会共识并坚定地推进。

俄罗斯：油气收入锐减威胁财政安全

俄乌冲突已持续一年多，战争与制裁对俄罗斯财政的影响逐渐显现，油价下跌、油气收入锐减成为俄罗斯财政面临的主要风险因素。2022年底，俄罗斯有超过1/3的联邦主体政府收入大幅下滑，其中5个联邦主体的收入全面崩溃。进入2023年后，俄罗斯联邦财政收支缺口逐月递增，至5月赤字规模已增至3.4万亿卢布，是全年计划赤字的1.2倍。在这种情况下，俄罗斯将当前反危机措施的重点放在稳定预算、平衡贸易以及尽可能稳定通胀等方面。从中长期来看，中俄关系将是俄罗斯东方政策的主要方向。当前俄罗斯所面临的财政经济风险及其应对措施，对中俄合作以及我国应对复杂国际局势具有一定启示意义。

一、当前俄罗斯财政经济运行情况与财政可持续性分析

（一）俄经济表现好于预期，但仍存在陷入长期经济危机的风险

2022年2月，俄乌冲突爆发，西方国家开始对俄罗斯经济实施全面围堵制裁。然而，在一系列反危机与反制裁措施之下，俄罗斯的经济表现好于预期。从全年来看，俄GDP总量为92.2万亿卢布，同比下滑2.1%，远好于国际组织对于俄罗斯经济将会崩溃的预测。与此同时，尽管俄乌冲突与西方制裁对俄罗斯经济造成巨大压力，但各项经济指标表现好于预期。据初步统计，2022年俄罗斯农业生产同比增长10.2%，建筑业同比增长11%，固定资产投资同比增长7.8%；同年，批发贸易同比下降14.5%，零售贸易下滑6.7%，工业生产小幅下滑0.6%；此外，俄罗斯人口实际可支配收入同比降幅仅为1%。2014年克里米亚事件以来，俄罗斯人口实际可支配收入仅在2018年、2019年与2021年实现了正增长，其余年

份均为负增长，其中 2017 年下降幅度最低，为 -0.5%，其次为 2022 年的 -1%（见表 1-7）。

表 1-7　2020—2022 年俄罗斯的宏观经济指标　（单位：年增长率，%）

年份	2020 年	2021 年	2022 年
进出口	-14.8	39.2	—
工业生产	-2.1	6.4	-0.6
农业生产	1.3	-0.4	10.2
建筑业	0.2	12.7	11
批发贸易	—	5.9	-14.5
零售贸易	-3.2	7.8	-6.7
家庭最终消费	-4.9	7.2	—
固定资产投资	-0.5	7.7	7.8

资料来源：俄罗斯统计年鉴，Российский статистический ежегодник。

2023 年第一季度，俄罗斯 GDP 同比下滑 1.8%。IMF 在全球经济展望报告中指出，2022 年的高油价支撑了俄罗斯当年的经济活动，但 2023 年以来国际油价下跌，俄罗斯出售的石油价格将面临大幅收缩，其财政状况会更加复杂。2022 年，俄罗斯经济下跌 2.1%，2023 年经济的复苏也只是基础效应。从中长期看，其潜在增长率将远低于战争前的水平，IMF 预计俄罗斯总产出在中期可能会下降 7%。

（二）联邦财政收支缺口扩大，财政风险有所上升

2023 年以来，俄罗斯财政面临严峻形势，收支缺口扩大趋势明显。在国际油价回落以及西方国家限价令制裁的影响下，2023 年第一季度俄罗斯联邦财政月度收入均不及上一年，增长动力明显不足；然而，第二季度的月度净收入开始反超 2022 年，尤其在 6 月和 7 月，俄联邦财政收入明显高于 2022 年同期水平（见图 1-15）。整体来看，2023 年 1—7 月，俄罗斯联邦财政收入由 1 357 亿卢布增至 14 525 亿卢布，累计扩大 9.7 倍；与 2022 年同期相比下降 10%，但与 2021 年同期相比增长了 10%。其中，作为重要来源的油气收入受到巨大冲击。2023 年 7 月，俄罗斯联邦油气收入为 41 929 亿卢布，同比下降近 41.4%，其占财政总收入的份额也减少近 18 个百分点，截至 5 月不足 30%。另外，俄罗斯联邦财政支出增速明显加快。2023 年 1—7 月，俄联邦财政支出由 30 063 亿卢布增至 173 415 亿卢布，累计扩大 4.8 倍，月平均增速为 35.8%，与 2022 年同期相比增长了 14%。

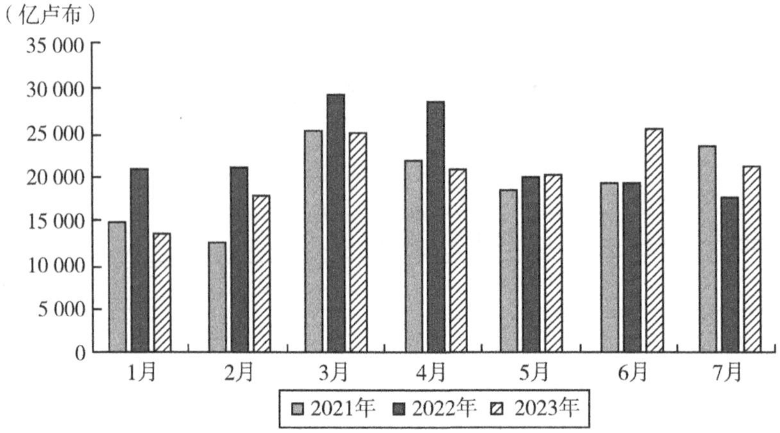

图1－15 近3年俄罗斯1—7月联邦财政月度净收入情况

资料来源：https：//minfin. gov. ru/ru/document?id_4 = 80042 – kratkaya_ezhemesyachnaya_informatsiya_ob_ispolnenii_federalnogo_byudzheta_mlrd. _rub. _nakopleno_s_nachala_goda。

鉴于此，由于收入增速放缓，支出却大幅上升，俄罗斯联邦财政缺口迅速扩大。2023年7月，俄罗斯联邦财政赤字已经增至28 169亿卢布，已接近全年预算计划赤字的水平。2023年以来，俄罗斯联邦财政缺口逐月递增，并于4月达到峰值30 494亿卢布，之后开始回落，但仍存在巨大缺口。与前3年的预算情况相比，明显有所恶化。即使在疫情暴发的2020年，7月联邦财政赤字为13 952亿卢布，仅为2023年同期的1/2（见图1－16）。

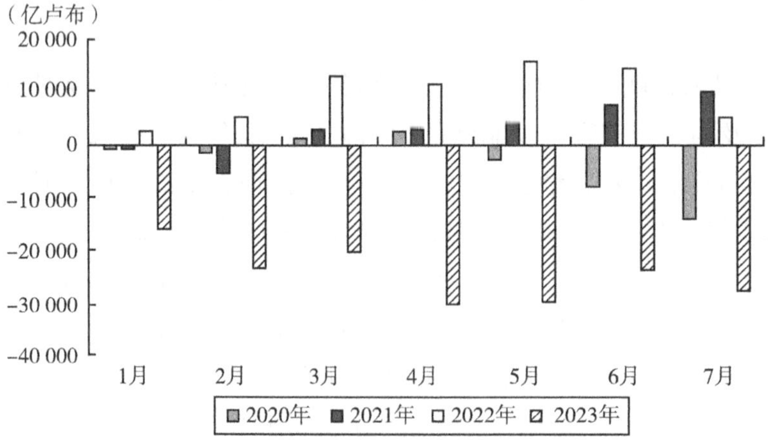

图1－16 俄罗斯联邦财政盈余/赤字情况

二、当前经济社会主要风险及在财政上的反映

作为典型的资源型国家，石油与天然气出口税收入一直是俄罗斯联邦财政收入的重要来源。多年来，俄罗斯利用丰富的油气收入补充财政储备基金，为稳定国家财政与经济发挥了不可替代的作用。俄乌冲突后，西方国家将俄罗斯的能源收入作为重要打击对象。石油禁令与限价令措施被推出后，全球市场平衡预期被打破，国际油价开始下跌，俄罗斯石油出口受到限制，其油气收入随之遭遇严重冲击，成为导致联邦财政失衡的主要风险因素。

（一）制裁之下能源价格进入下跌周期

从2022年3月初开始，西方国家陆续宣布对俄罗斯实施全方位制裁，其中石油、天然气等能源领域是制裁重点。2022年12月5日，欧盟禁止进口俄罗斯的海运原油，七国集团等对俄罗斯的原油实施最高限价；2023年2月5日，欧盟禁止进口俄罗斯的海运成品油，七国集团等对俄罗斯的成品油实施最高限价。至此，美国、英国、欧盟和七国集团等，对俄罗斯的石油制裁，形成了一个完整的闭环。欧洲迅即开始减少对俄罗斯石油与天然气的进口，并重新构建排斥俄罗斯的以美、澳、中东、北非为主的新的能源供应链。国家能源供求很快达成了新的平衡，开启了石油、天然气价格的持续下跌周期。

为了获取所需的石油出口收入，俄罗斯不得不大幅打折出售国内石油。2021年，乌拉尔原油与布伦特原油的平均差价为2.85美元/桶，到2022年底，两者的差价扩大至33.28美元/桶。截至2023年6月28日，乌拉尔原油价格为56.4美元/桶（见图1-17），比同期布伦特原油价格低17.9美元/桶。尽管俄罗斯乌拉尔原油与布伦特的差价有所缩小，但乌拉尔石油的出口价格在一年中几乎减半。2022年5月，乌拉尔石油的交易价格为85.76美元/桶，12月为63.42美元/桶；至2023年6月，乌拉尔石油的价格跌至55.84美元/桶，同比下滑35%，比2022年底下跌了12%。

（二）油气收入跌至基准水平以下

能源市场价格的波动对俄罗斯的油气收入产生了巨大冲击。随着油价下跌，

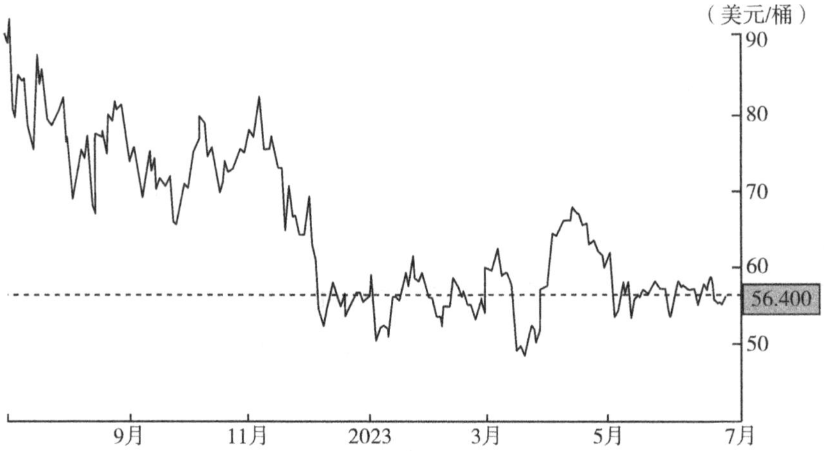

图 1－17 近一年俄罗斯乌拉尔原油价格变动情况

资料来源：https：//zh. tradingeconomics. com/commodity/urals－oil。

俄罗斯油气收入形势迅速恶化。根据预算规则，俄罗斯将油气收入分为两个部分：一是基准水平以下的基本油气收入，是确保预算支出所需的最低油气收入水平；二是超出基准水平的超额油气收入，通常被积累在联邦预算稳定基金中。2000 年以来，油气收入一直是俄罗斯联邦财政收入的重要组成部分，在联邦财政总收入的比重平均超过 40%。超额油气收入也成为俄罗斯补充联邦预算稳定基金的主要资金来源。

然而，2023 年以来，俄罗斯的油气收入已跌至基准水平以下，不仅没有获得超额收入，还造成基本财政收入的短缺。1—5 月，俄罗斯联邦财政征收了 2. 9 万亿卢布的石油和天然气税收收入，同比减少 50%；同期，俄联邦预算草案计划的基本油气收入为 3. 3 万亿卢布，超出实际油气收入 4 193 亿卢布；期间，除 3 月以外，其他月份的油气收入均未达到基准水平。而在 2022 年 1—5 月，俄罗斯的超额油气收入为 2. 9 万亿卢布，2021 年同期为 0. 6 万亿卢布，具休见表 1－8。

表 1－8 俄罗斯油气收入 （单位：亿卢布）

	2021 年 1—5 月	2022 年 1—5 月	2023 年 1—5 月
油气收入	31 289	56 580	28 531
基本油气收入	24 952	27 599	32 724
超额油气收入	6 337	28 981	－4 193

资料来源：https：//minfin. gov. ru/ru/statistics/fedbud/oil?id_57 = 122094 － svedeniya_o_formirovanii_i_ispolzovanii_dopolnitelnykh_neftegazovykh_dokhodov_federalnogo_byudzheta_v_2018 －2023_godu。

（三）卢布遭遇大幅贬值

2023 年以来，卢布大幅贬值约 25%，与土耳其里拉、阿根廷比索成为表现最差的三大新兴市场货币，且汇率波动最为剧烈。2023 年 8 月 9 日，俄罗斯中央银行宣布，自 8 月 10 日起至年底，俄罗斯将不在国内市场购买外汇，以减少金融市场的波动。至于何时恢复国内市场外汇购买业务，俄罗斯央行称将根据金融市场的实际情况决定。与此同时，俄罗斯央行将继续出售与国家福利基金相关的外汇，以便将其投资到被允许的金融资产中。8 月 14 日，卢布兑美元汇率一度跌破 100 关口，跌至 16 个月以来的最低点。8 月 15 日，俄罗斯央行宣布召开紧急会议，将利率由 8.5% 上调至 12%。但此次加息产生的效果不甚明显，8 月底卢布汇率反弹至 95.98 的水平。

卢布贬值反映出西方制裁的影响。有分析指出，推动卢布汇率下跌的主要原因是俄罗斯巨额贸易顺差的收窄，外汇不足导致俄罗斯货币短缺，卢布加速下跌。其中，最为直接的原因是能源价格下跌以及出口量减少所导致的油气收入锐减。除此以外，在西方制裁的背景下，外国公司决定退出后频频撤资，也造成俄罗斯资本外流严重。当前，俄罗斯正在讨论恢复部分资本管制以遏制卢布暴跌，俄罗斯央行表示，卢布面临的压力来自出口量下降、政府借贷增加导致国内进口需求增长等因素，目前卢布的疲软不会对俄罗斯金融稳定构成威胁。

三、俄罗斯财政防风险的施政重点

（一）石油出口开始转向替代市场

面临西方国家的能源制裁，俄罗斯逐渐完成了将石油出口从西向东、从欧洲向亚洲的改道。2023 年，俄罗斯计划将对欧洲过半的石油出口调往亚洲。俄副总理亚历山大·诺瓦克表示，2023 年俄罗斯将把之前出口到欧洲的 1.4 亿吨石油产品转向亚洲，这一规模相当于对欧洲出口总量的 60%，仅 8 000 万—9 000 万吨将出口到西方。目前，印度和亚洲市场已成为俄罗斯最大的石油贸易伙伴。2023 年 3 月，中国和印度占俄罗斯海上石油出口总量的 91%；俄罗斯的原油、石脑油和燃料油出口，集中在亚洲和中东少数几个国家，而柴油出口则转向更加多样化的市场，包括沙特阿拉伯、土耳其、巴西、埃及和摩洛哥等。

除此以外，中东国家正在成为俄罗斯石油出口的新市场。随着西方市场对俄罗斯原油和成品油的关闭，新的贸易路线开始逐渐显现。一些坐拥最大石油储量的国家，正在进口俄罗斯的柴油、石脑油和燃料油。2022 年，俄罗斯对阿联酋的石油出口达创纪录的 6 000 万桶，比前一年增加 3 倍。2023 年 2 月，俄罗斯开始向沙特阿拉伯出口燃料，平均每天的出口量约 10 万桶，而在俄乌冲突爆发前，这一数字几乎为零。

随着俄罗斯逐渐找到石油出口的替代市场，在经历短暂的冲击后，石油出口逐渐恢复至战前水平。根据国际能源署的数据，2022 年 12 月，俄罗斯石油出口数量为 780 万桶/天，环比下降 20 万桶/天；2023 年 2 月进一步下降至 750 万桶/天。不过，2023 年 3 月，石油出口数量开始恢复，当月出口量大幅增至 810 万桶/天；4 月继续增长到 830 万桶/天，达俄乌冲突以来的最大值。

（二）计划加征部分税收以提升非油气财政收入

一是俄罗斯计划对企业的超额利润一次性征收“战争税”（也称“暴力税”）。俄罗斯联邦财政部制定了针对企业超额利润的征税草案，2023 年 6 月 5 日，该草案已获得政府立法活动委员会的批准，并将在下次政府会议上审议。① 该法案针对企业超过 10 亿卢布的超额利润，一次性按利润的 10% 征收战争捐款。并同时许诺，如果在 2023 年预缴，可以获得 5 折的优惠。俄罗斯财政部长西卢阿诺夫表示，这项税收将仅仅影响小部分获得暴利的企业，即对 2021—2022 年的税前利润超过平均利润的企业，应当征税。并称，该法案可以为预算带来约 3 000 亿卢布的额外收入，这部分资金将用于建设基础设施、教育、医疗等领域。

二是俄罗斯计划向离开俄罗斯的自由职业者征收 30% 的个人所得税。2023 年 4 月 24 日，俄罗斯政府向国家杜马提交了税法的一揽子修正案，等待杜马审议通过。如果通过，将于 2024 年 1 月 1 日起生效执行。该法案提议，对一年内在俄罗斯境外停留超过 183 天的自由职业者征收 30% 的个人所得税。俄乌冲突以及局部动员行动引发了俄罗斯的移民浪潮，《福布斯》的消息称，俄罗斯局部动员开始后的短短两周内，就有 70 万人离开俄罗斯境内。② 而这一税法修正案，正是针对这

① Правительство одобрило законопроект о налоге на сверхприбыль. В чем главный плюс такого налога. https：//rg. ru/2023/06/06/esli – rost – vyshe – srednego. html. 2023 – 06 – 06.

② 30% НДФЛ за фриланс：кто из уехавших россиян рискует платить больше. https：//www. forbes. ru/finansy/488255 – 30 – ndfl – za – frilans – kto – iz – uehavsih – rossian – riskuet – platit – bol – se. 2023 – 04 – 24.

部分离开的俄罗斯公民。

（三）增加联邦预算稳定基金使用力度

自 2022 年 10 月以来，俄罗斯连续每月使用预算稳定基金（国家福利基金）为联邦财政赤字供资，总额达 3.4 万亿卢布。近一年，由于俄罗斯缺乏超额油气收入为国家福利基金补充资金，在高频率使用与汇率波动之下，该基金的规模有所收缩。与 2022 年初相比，2023 年初的基金规模下降 23%。尽管如此，截至 2023 年 5 月，俄罗斯国家福利基金的储备资金为 12 万亿卢布，仍高达 GDP 的 8.2%，是同期俄罗斯联邦财政收入的 1.3 倍。根据俄罗斯联邦 2023—2025 年预算草案，未来国家福利基金将是弥补联邦财政缺口的主要资金来源。

四、中国与俄罗斯合作与贸易形势

（一）中俄进出口贸易稳步增长

近年来，中俄贸易发展迅速，进出口总额稳步上升。据官方数据（见图 1 - 18），2018—2022 年，中国与俄罗斯进出口总额由 7 076 亿元逐步增至 12 761 亿元，累计扩大 80.3%。2023 年 1—7 月，中俄进出口额达 9 320 亿元，同比增长 46.3%；其中，中国对俄罗斯出口同比增长 86.3%，自俄罗斯进口同比增长 23.1%。中国商务部表示①，中方愿进一步拓展中俄地方间贸易投资合作。俄中边境地方间经贸合作富有成果，且潜力很大，俄方正加大投入，改造现有口岸，不断提高过货能力，积极改善远东地区营商环境，努力为中方企业赴俄远东投资兴业创造良好条件。

（二）俄财政部将与人民币进行互换操作以解决货币短缺问题

2023 年 8 月 18 日，俄罗斯卫星通讯社援引俄罗斯《消息报》报道，俄罗斯财政部制定了一份政府令草案，允许联邦国库开展人民币掉期交易。草案指出，

① 资料来源：https://baijiahao.baidu.com/s?id=1775024109171213495&wfr=spider&for=pc.

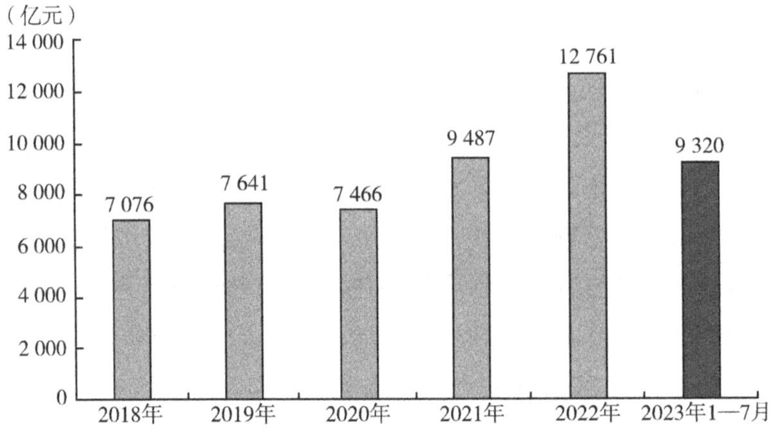

图1-18　2018—2023年中俄进出口变化趋势

资料来源：中国海关总署官网，http：//www. customs. gov. cn/customs/302249/zfxxgk/2799825/302274/302277/4899681/index. html。

在当前的经济形势下，需要采取这样的措施最大限度地扩大预算收入。俄罗斯财政部积累了大量人民币，俄国内银行则会周期性遭遇人民币流动性不足的问题，因此，俄财政部将通过货币互换向商业参与者提供以卢布为担保的人民币。俄罗斯财政部表示，启动人民币掉期交易将便于在不增加风险的情况下管理暂时闲置资金。在确定该交易的规模和期限时，将以能确保俄货币和外汇市场不受其影响为准。目前，俄联邦国库局只能与美元和欧元进行掉期交易，但2022年的制裁使这种交易机会逐渐消失。彭博社分析师表示，美元已不再是俄罗斯联邦交易最多的外币，2023年2月，俄罗斯人民币月交易量首次超过美元。在2022年，俄罗斯财政部就开始以人民币而非美元进行市场交易，且俄罗斯国家福利基金约60%的资金以人民币持有。有预测显示，到2023年底，俄罗斯人民币交易量有可能超过美元和欧元的交易总量。

五、启示与建议

从中长期来看，中俄关系将是俄罗斯东方政策的主要方向。在信息政策、货币、金融等领域的合作当中，中国和俄罗斯对于维护信息主权等问题上达成了一般原则。由此，俄罗斯当前面临的财政经济风险及其应对措施，对中俄合作以及我国应对复杂国际局势具有一定启示意义。

（一）中俄在能源领域加强合作或有助于加快“去美元化”进程

俄乌冲突重塑了全球油气供应格局，国际能源市场亟须建立新格局，构筑新平衡。欧洲极力摆脱对俄依赖，美国快速增加对欧出口实现俄罗斯油气替代，欧洲能源供应逐渐实现“俄退美进”的新局面。与此同时，俄罗斯资源丰富、出口内在动力强劲，面对欧洲战略调整亟须寻找新市场，或将形成“东移南下”的新格局。俄罗斯石油公司首席执行官谢钦称，俄罗斯石油以较低的单位运营成本、财务稳定性和高度整合而著称，其天然气可以完全转向亚太地区，且向东部建设新的天然气管道为开发东西伯利亚的丰富资源提供了机会，并表示，到 2025 年，全球天然气需求增长的一半以上将来自亚洲国家，主要是中国和印度。为此，有必要尽快建立一个新的国际支付和结算系统，形成新的支付机制和创建新的供应链将有助于减少风险。目前，中国和俄罗斯在信息政策、货币、金融等领域的合作当中，对于维护信息主权、寻求美元替代品等问题上达成了一般原则。面对复杂的国际能源环境，中俄两国可以在公开、公平的原则基础上，深化在油气和新能源领域的合作，创造新平台、新机遇。

（二）与西方国家强化“挂钩”关系

面对复杂的国际形势，中国应尽最大努力强化与西方国家的合作关系。面临极限制裁，俄罗斯与西方经济脱钩趋势明显。整体来看，俄罗斯经济与西方经济的融合度相对较低，其能源和资源自我保障能力较强，西方经济脱钩对其影响相对较小。然而，中国与欧美经济的融合度远高于俄罗斯，西方与我脱钩对我们的影响巨大。例如，我国与欧盟、德国保持密切的产业联系与投资，与美国的贸易额高达数千亿美元。鉴于此，中国与美欧经济脱钩的做法既无必要也无可能，不仅如此，应力争与西方国家保持最为紧密的经济往来与联系，要进一步强化与西方的“挂钩”关系。

（三）重视财政风险的防范与应对

俄罗斯运用资源优势及由其所带来的丰富财政储备，有效抵御了制裁的风险。在经历了数次危机和多年制裁之下，俄罗斯一直较为重视财政风险的防范与应对，这种意识也使其在此次困境中，成功避免了财政与经济的剧烈波动。多年以来，俄罗斯将超额石油与天然气税收收入储备起来，用于弥补必要时的财政支出，对于缓解危机导致的财政收入骤减，发挥着不容忽视的缓冲与调节作用。目前，我国的预算稳定调节基金规模偏小、尚未形成长期稳定的筹资来源，导致其难以有效发挥财政储备与调节功能。由此，应进一步重视预算稳定机制建设，明确预算稳定调节基金使用方向，利用各地优势建立长期筹资渠道。此外，应不断强化跨年度预算管理的宏观风险管理功能。2022 年 12 月，俄罗斯采用“提前拨款”的支出模式，提前支出 2023 年的部分项目费用，目的是限制 2023 年的财政支出水平，从而将联邦预算赤字控制在 2% 的目标范围之内。这种跨年度预算平衡管理在一定程度上提高了预期，进而增强财政经济应对不确定性的信心，这种做法也具有一定的启示意义。

日本："岸田经济学"成为风险催化剂？

根据世界银行的统计，日本2019—2022年的GDP增长率分别为－0.4%、－4.3%、2.1%和1%。日本2023年第一季度年化增长率为2.7%，超出之前预测的1.6%。日本2023年第一季度的通胀率为2.8%，仍高于央行2%的目标。日本经济在经历了20多年的停滞后，正显示出温和复苏的迹象。其滞胀的特点是低通胀或彻底通缩、长期利率低迷、政府债务上升和长期财政赤字，以及其在全球出口中所占份额的下降。货币政策一直高度宽松，其特点是低利率和负利率以及央行资产负债表的扩张。

一、日本财政运行情况和财政可持续性分析

由于人口老龄化，社会保障费用持续膨胀，再加上俄乌冲突后防卫力度加大，日本2023财年的一般收支预算为114万亿日元（约8 700亿美元），首次超过110万亿日元，连续11年创下历史新高（如表1－9所示），主要是解决通货膨胀和加强国家国防能力的资金。超过三分之一的总收入将由政府债券支付，发行35.6万亿日元的新政府债券，债券依赖率（即债务与收入之比）为31.1%。占总支出约三分之一的社会保障支出增长1.7%，达到36.9万亿日元的历史新高。随着日本继续采购美制战斧巡航导弹和其他武器，国防开支比上年增加了26.4%，达到6.8万亿日元，如果算上国防建设基金，则增长了89.4%。2023财年日本政府债务预计将攀升至1 068万亿日元，尽管利率仍维持在极低水平，但加息将使利息支付负担更加沉重，具体见图1－19、图1－20。

表 1－9　　日本 2023 财年预算框架　　单位：10 亿日元

支出	2022 财年预算（初始）	2023 财年预算	变动额
一般支出	67 374. 6	72 731. 7	5 357. 1
社会保障支出	36 273. 5	36 888. 9	615. 4
非社会保障支出	26 101. 1	30 842. 8	4 741. 7
国防开支（不包括国防建设资金结转）	5 368. 7	6 788. 0	1 419. 2
国防建设资金结转（暂称），将根据《财政资源保障法》（暂称）设立基金	—	3 380. 6	3 380. 6
新冠应急基金和应对原油和大宗商品价格飙升的措施	5 000. 0	4 000. 0	－1 000. 0
经济紧急情况应急基金（包括乌克兰危机的影响）	—	1 000. 0	1 000. 0
地方交付税补贴等	15 882. 5	16 399. 2	516. 6
国家偿债支出	24 339. 3	25 250. 3	911. 1
合计	107 596. 4	114 381. 2	6 784. 8
收入			
税收收入	65 235. 0	69 440. 0	4 205. 0
其他收入	5 435. 4	9 318. 2	3 882. 8
其中用于国防建设的收入	—	4 591. 9	4 591. 9
其中《财政资源保障法》的收入	—	1 475. 0	1 475. 0
政府债券发行	36 926. 0	35 623. 0	－1 303. 0
建设公债	6 251. 0	6 558. 0	307. 0
特别赤字融资公债	30 675. 0	29 065. 0	－1 610. 0
合计	107 596. 4	114 381. 2	6 784. 8

注：2023 财年预算债券依赖率为 31. 1%。

（一）日本 2023 财年预算重点

日本 2023 财年预算的定位是在历史转折点上，为未来开辟道路，应对日本面临的国内外重大问题，重点有三方面。

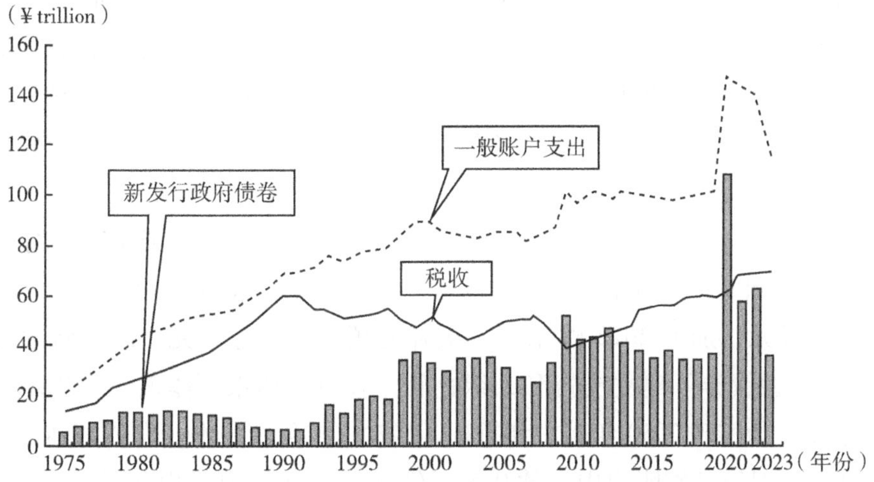

图 1－19　日本 1975—2023 财年政府收入、支出和债务

注：上方虚线为一般账户支出，下方实线为税收，柱状图为新发行政府债券，单位为万亿日元。

资料来源：nippon. com，根据日本财政部数据整理，2021 财年及之前数据来自决算，2022 财年数据来自修订预算，2023 财年数据来自初步预算草案。

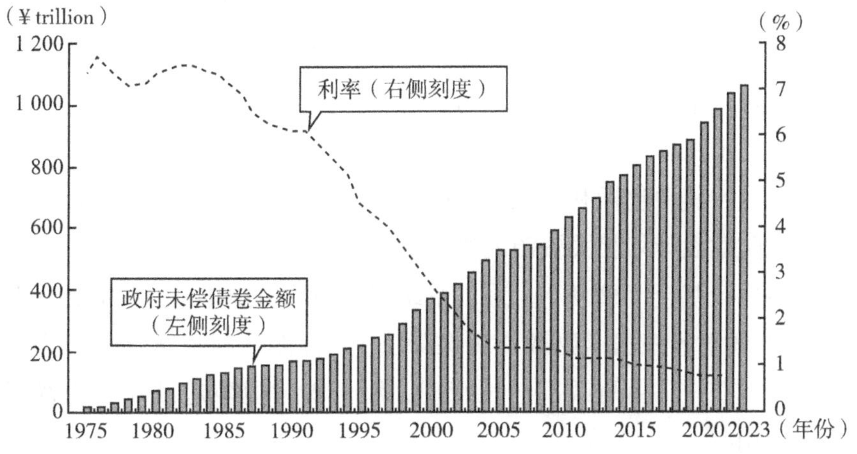

图 1－20　日本 1975—2023 财年政府债券发行和利率

注：虚线为利率，用右侧刻度，柱状图为政府未偿债券金额，用左侧刻度，单位为万亿日元。

资料来源：nippon. com，根据日本财政部数据整理，2021 财年及之前数据来自决算，2022 财年数据来自修订预算，2023 财年数据来自初步预算草案。

一是安全和外交。为了在未来 5 年内大幅加强防卫能力，制订了 43 万亿日元的国防建设计划，以维持稳定的防御能力。为确保为迎接广岛 G7 首脑会议和东盟—日本友好合作 50 周年，开发适应性强的"新时代现实主义外交"。日本外务省2023财年的预算拨款为7 560亿日元，比上年增加485亿日元。

二是儿童相关政策。将于2023年4月成立“儿童和家庭机构”，加强对儿童和育儿的支持。生育和育儿的一次性津贴将从42万日元增加到50万日元。是有史以来涨幅最大的一次。其他措施还包括提供更容易获得关于怀孕、分娩和育儿的咨询，向已提交怀孕或分娩通知的家庭提供约10万日元的经济支持。

三是数字转型（DX）和绿色转型（GX）。在制定“数字田园都市国家构想综合战略”的基础上，对数字田园都市国家构想的推广实施补贴，资金量为2023财年1 000亿日元，加上2022财年第二次补充预算800亿日元。政府将通过发行“绿色经济转型债券”建立支持私人绿色转型投资的体系，体现“促进增长的碳定价”愿景。为实现2050年碳中和目标，启动支持创新技术开发或清洁能源汽车引进。在能源对策特别账户中拨款0.5万亿日元，加上2022财年补充预算的1.1万亿日元，总共有1.6万亿日元的支持。

（二）日本新国防建设计划的资金来源

2023年预算中，国防建设支出由非税收入提供资金，增加了45 919亿日元。根据《新国家安全战略》等，将确保防卫费支出6.8万亿日元（不包括结转国防建设基金），远远超过2022年的水平，增加了1.4万亿日元。作为国防建设计划的第一年，国防力量，特别是防御能力、防空导弹综合防御（IAMD）和基础设施等优先领域得到了根本性的加强。根据加强海上保安厅能力的政策，日本海上保安厅将得到加强，其中包括利用无人驾驶飞机等新技术（2 631亿日元）。

确保新国防建设计划相关资源的细节：

一是国防建设基金（暂称）。为了系统稳定地分配国防建设所需的非税收入等，计划在2023财年根据《财政资源保障法》（暂称）制定新基金框架。国防建设基金属于一般账户，由财政部部长管理，用于支付国防建设计划的费用，方可按预算规定使用。

二是非税收入。2023财年将从非税收入中获得约4.6万亿日元用于国防建设。其中1.2万亿日元用于满足2023年的需求，超出的约3.4万亿日元将转至国防建设基金，用作2024财年的财政资源。非税收入中，约1.5万亿日元来自《财政资源保障法》，包括从2023财年外汇基金结转转出约1.2万亿日元，财政投资贷款特别账户结转财政贷款基金账户存款0.2万亿日元，从预计未使用的国立医院组织和日本社区卫生保健组织存款中返还国库0.1万亿日元。

（1）特别账户的结转。来自外汇基金的结转，包括2022财年的估计盈余和

2023 财年的预估盈余共约 3.1 万亿日元。来自财政投资贷款项目资金结转，财政贷款基金及投资账户的结转约 0.6 万亿日元。

（2）将因 COVID－19 预算而积累的未使用存款和资金归还国库。从国家医院组织和日本社区卫生保健组织预计未使用的存款中返还国库约 0.1 万亿日元，中小企业和区域创新组织将预计未使用的 COVID－19 资金归还国库约 0.2 万亿日元，将与临时贷款应急基金有关的预计未使用的贷款资源归还国库约 0.1 万亿日元。

（3）出售国有财产的收入。出售政府在东京千代田区的大型综合楼群 Otemachi Place 的国有部分约 0.4 万亿日元。

三是利用结算盈余。近 10 年（2012—2021 年）结算盈余的平均水平约为每年 1.4 万亿日元。《财法典》规定的使用限额约为一半，即每年 0.7 万亿日元，从 2023 年到 2027 年的累计金额约为 3.5 万亿日元。

四是政府支出改革。在非社会保障支出方面，政府将继续现在改进政府支出的工作，能够增加约 1 500 亿日元，确保财政资源约 2 100 亿日元，作为国防建设计划增加开支的一部分。

（三）日本《2023 年经济财政管理和改革基本政策》

2023 年 6 月，日本内阁通过了《2023 年经济财政管理和改革基本政策》草案（以下简称《基本政策》），进一步明确了政府重振经济的计划，阐明了政府 2023 年及以后的主要目标和政策，促进了政府与企业、工会和其他利益相关者之间的沟通。生产力、工人技能和国内生产成为政策重点。日本的终身雇佣和工龄工资结算模式将进行进一步改革，劳动力将更具流动性，从而提高生产率。政府支持高新技术、数字和绿色产业，使其成为经济增长的动力。更加重视吸引外国直接投资和海外人才。将出台与儿童有关的政策。政府的政策很可能导致公共开支大幅增加。实现预算基本收支盈余的最后期限可能会进一步延长。财政限制将使文件中提出的许多政策难以奏效。

从"扩大未来投资，实现结构性工资增长"的副标题就可以看出 2023 年《基本政策》的总体目标。政府希望工资上涨和扩大国内投资成为常态，创造高收入的中产阶级，在文件中被称为"实质性中产阶级"。重点包括劳动力市场改革、促进投资、与儿童有关的支助以及重新振兴地方社区和小企业。

一是劳动力方面，基本政策寻求改变终身（长期）雇佣做法，以改善劳动力流动性。提高工人技能和再培训将使劳动力转向增长型行业，是确保工资继续上涨的先决条件。《基本政策》设想扩大政府在教育和职业培训方面对工人的财政支持，以提高他们的技能。资金将直接拨给受益人，而不是通过雇主间接拨给。将考虑贷款制度来帮助支付生活费用。对失业福利制度的改革将使自愿退休人员与非自愿退休人员在再培训计划上享有平等的权利。经修订的就业规则将鼓励私营企业重新考虑减少自愿退休人员与非自愿退休人员的退休福利。在日本的终身雇佣模式中，退休福利的税率在为雇主工作20年后会下降，这阻碍了工人跳槽。改变这一税收规则有助于释放劳动力。二是工资方面，政府希望鼓励公司将工资与工作而不是任期挂钩。政府还希望扩大上调工资的企业范围，包括中小企业，甚至是亏损企业。可以考虑税收和其他激励措施。政府还可以进一步提高平均最低时薪，目前每个月为1 004日元（合7美元）。三是投资方面，《基本政策》设想2027年日本国内私人投资从2022年的98万亿日元增加到115万亿日元。希望到2030年日本的外国直接投资（FDI）达到100万亿日元，2021年为40.5万亿日元。

政府促进关键部门经济活动的计划重点是促进绿色和数字企业的转型，支持初创企业，并通过加强日本的出口能力来增强供应链弹性。政府希望给私人投资者提供政策和投资支持。鼓励钢铁、水泥、化工、造纸和汽车制造等行业的公司设定绿色目标，例如在使用非化石燃料方面。一是旅游业。旅游业是可以获得早期收益的部门。基本政策重新提出了把日本变成“旅游国家”的目标。2023年3月通过入境旅游推广计划。日本政府的目标是提高外国游客的消费支出，在未来几年达到每年5万亿日元。2023年后第一季度为1万亿日元。二是儿童相关支持。日本的出生率正在下降，6月，政府通过了一项计划，在2024—2026年加快实施补救政策。《基本政策》重申先前公布的措施，如延长子女津贴的领取期限、取消受惠家庭的收入上限，以及减少家庭的医疗和教育开支。政府承诺在不增加家庭税收和其他财政负担的情况下实现所有这些目标。《基本政策》预计，到21世纪30年代初，与儿童养育有关的预算支出（总体或每个儿童）将增加一倍。三是振兴目标。根据《基本政策》，政府2023年将编制全面计划以发展“国家数字生命线”，为全国人民提供技术支持。该计划将从2024年开始实施，同时开发无人机和无人驾驶、自动驾驶的常规路线。加快数字基础设施建设和人力资源开发，在2022—2026年，大约230万数字技术专家将加入劳动力队伍。

政府希望小型企业得到加强，以支持地区经济。国家支持将有助于创建和扩大具有高增长潜力的中型企业，这些企业有望最终成为地区经济的支柱。支持中小企业，特别是酒店业和旅游业的中小企业在疫情后重建的措施也在酝酿之中。

但是，日本政府目前的目标是在2025财政年度实现预算基本平衡盈余。然而，《基本政策》并没有包括对实施其政策的预算成本的估计，《基本政策》也没有明确融资来源。以国际标准衡量，日本17%的投资占GDP的比例很低，但促进投资，尤其是外国直接投资缺乏关键政策的细节。

二、日本当前经济社会主要风险

（一）劳动力短缺和通胀加薪问题

2022年，日本出生的婴儿数量降至80万以下，这是自120多年前有记录以来的第一次。日本15—64岁的劳动年龄人口连续12年下降，占总人口的比例为59.39%。不包括外国人的劳动力为7 173万人，减少47.2万人。日本总务省的劳动力调查显示，在15岁以上人口中，进入劳动力市场的劳动力人口2022年平均为6 902万人，比上年减少5万人。对日本来说，扩大接受外国人支撑劳动力市场是无法回避的主题。

自20世纪90年代日本资产泡沫破灭以来，日本的工资几乎没有上涨，但由于通胀影响，员工正面临着不断上涨的生活成本压力。与此同时，伴随着日益加剧的劳动力短缺，许多小公司在利润紧缩的情况下，仍开始提高薪酬。日本商工会议所3月的调查显示，近60%的日本中小企业（SME）计划2023年提高工资，其中约20%企业的目标是提高4%或更多，无法提高基本工资的企业也试图用更高的奖金来补偿员工。

不断上升的通胀和日益加剧的劳动力短缺，促使日本小型企业效仿大型企业提薪，此举可能会引发更广泛的工资上涨，并鼓励日本央行逐步取消其大规模货币刺激措施。在3月结束的企业与工会年度工资谈判中，大型企业提出2023年将加薪3.8%，这是日本30年来的工资最大涨幅。人们关切小型企业是否会效仿此举，日本每10名工人中就有7名工作于小型企业。日本央行（BOJ）官员表示，小型企业工资谈判的结果将在6月公布，是决定日本能否逐步取消大规模货币刺激措施的关键。

据日本瑞可利职业研究所最新预测，到2040年，日本劳动力供应缺口预计将超过1 100万人。到2040年，日本1971年至1974年"第二次婴儿潮"出生者步入老年。届时由于结构性少子老龄化，除东京的所有道府县均将出现劳动力缺口；东京与地方的贫富差距可能进一步扩大。预测结果显示，劳动力不足率在18个道府县超过20%。其中，最严重的是京都39.4%，其次为新潟34.4%和长野33.5%。

劳动力缺口归咎于 15 岁至 64 岁人口急剧减少，估算数据显示这一年龄段人口到 2040 年将跌破 6 000 万人。为应对劳动力减少趋势，瑞可利建议日本全面推进机械化和自动化，同时发挥高龄劳动力的作用。

（二）日本出现巨额贸易逆差

日本持续的巨额贸易逆差引发关注。在截至 2023 年 3 月底的 2022 财年，日本贸易逆差创下 21.73 万亿日元新高。最新数据显示，2023 年 5 月日本贸易逆差额为 1.37 万亿日元，自 2021 年 8 月起连续 22 个月呈现逆差。

日本贸易逆差存在出口疲软、依赖进口的结构性原因，日本进口依存度居高不下，能源、食品、原材料等严重依靠进口。在 2022 财年进口中，化石能源类进口额超过 35 万亿日元，食品进口额约为 10 万亿日元。有日本财务省官员表示，日本维持基本生存，每年就要有约 45 万亿日元流向海外。由于海外需求低迷，短期内日本出口仍将承压，贸易逆差预计还将持续一段时间。

第一，能源价格飙升压过了日元贬值。近两年日元一直持续贬值，日元贬值有利于出口。到 2023 年 5 月，日本出口也确实连续 27 个月保持了增长。但是，出口增长没有对冲掉能源价格上涨的影响。在日本出现贸易逆差的 2021 年，两件事刺激了油价上涨。一是沙特自主大幅度减产，二是美国受极端天气影响页岩油产量锐减。受此影响，国际油价全年涨幅达到了 40% 以上，加上受疫情影响需求下降，日本出现逆差无可避免。2022 年俄乌冲突爆发后，情况更糟。因岸田内阁积极配合美欧对俄制裁措施，2022 年日本自俄进口石油减少了 56.4%，煤炭减少了 41.3%，有色金属矿石减少 38.8%。其中，只有自俄进口液化天然气增加了 4.6%。

第二，“岸田经济学”出了问题。从全球来看，这两年全球制造大国、出口大国都面临与日本类似的出口困境，如韩国、德国。岸田内阁上台后，一方面继承了“安倍经济学”，即无限宽松的货币政策、扩张的财政支出和鼓励民间投资的“三支箭”；另一方面，岸田内阁在继续强化日美安保体制的同时，在经济上也开始选择与美国捆绑。2022 年推出了经济安保战略，学习美国以保证国家安全为由，强化了政府对于重大基础设施、尖端技术产业的干预，配合美国建立所谓的“弹性供应链”，导致原有的产业模式和市场都陷入了动荡。日本单方面宣布将从 2023 年 7 月开始，对 23 种半导体设备实施禁令，包括光刻设备、清洗设备、刻蚀设备等。这项禁令主要针对中国，是美国 2022 年 10 月对中国的半导体禁令的配套动作。但中国是日本半导体产品的主要市场，2022 年日本 30% 的半导体制造设备出口中国，达 8 200 多亿日元，远超对美出口。2022 年，日本靠海外投资收益弥补贸易赤字，海外投资收益大幅增加，达到了35.56万亿日元，维持住了经常项目的总体顺差。

（三）芯片"脱钩"是日本经济面临的真正危险

日本的芯片脱钩政策已于2023年7月23日正式实施，以遏制关键技术对华出口，显然会增加日本与其近邻之间经贸合作的复杂性。作为严重依赖对外贸易的国家，日本需要仔细权衡其经济能否承受"脱钩"的后果。中国是日本十多年来最大的贸易伙伴。

日本确实拥有规模可观的经济和发达的制造业基础，但其长期低迷的经济表现最近让许多人担心，日本经济可能即将放弃世界第三大经济体的桂冠。此外据报道，2022年日本的经常账户盈余为11.4万亿日元，与前一年相比大幅下降47%。芯片脱钩政策不仅会让日本经济复苏弱化，还会引发自身产业链的混乱。就半导体行业而言，尽管日本在半导体原材料方面具有竞争优势，但应该注意的是，技术发展必须与市场需求紧密结合。以日本为例，失去具有强大购买力的市场，意味着技术创新的动力会越来越弱。

日本国际协力银行的调查结果显示，日本制造业2021财年的海外生产比重为33.8%，海外销售比重为36.3%。其中，日本的电子工业和汽车工业对海外市场的依赖程度较高，海外销售比例约为45%。中国是日本制造商最重要的市场，这不仅是因为日本在中国的投资回报率相对较高，还因为中国客户的需求不断增长。中日贸易的互补性决定了，如果日本为了迎合美国而切断中国的技术供应链，那么日本经济也将遭受重大损失。

三、日本经济风险对中国的影响及应对

（一）日本财政经济的最新举措

2021年9月，岸田文雄提出"新资本主义"，是资本主义的升级版，是更强劲、更可持续的资本主义。其四大政策支柱是加大对人、科技创新、创业以及绿色、数字产业的投资，加速新技术的传播，使劳动力市场更加灵活，进一步改善公司和公共部门的治理，使财政基本收支高于净利息支出，提高财政效率。岸田

还提出“数字田园都市国家构想”，力图通过普及数字技术，引发新变革，缩小地区间差距。“鼓励技术创新”是岸田产业政策方面的标志性举措，重点是半导体、量子科学、人工智能、网络通信、生物、宇宙及海洋这七大领域。2023年6月举行的内阁会议上，岸田指出日本正面临着结构性变化和挑战，积极的趋势是目前有着过去30年来最大的工资涨幅，以及对企业部门的巨大投资兴趣。为了创造符合日本新时代的社会经济，2023年的大政方针定为“加速新资本主义，扩大对未来的投资，实现结构性工资增长”，首先推进人力投资、结构性工资增长和劳动力市场改革。其次，从根本上加强儿童和生育政策，扭转出生率下降的趋势。最后，培育解决社会问题的创业企业和国内投资企业，形成增长和分配的良性循环。今后将以此为基础具体制定预算和结构改革，并迅速付诸实施。

在税收方面，2022年和2023年的税收改革主要体现在四方面，一是促进工资增长的税收措施，大公司雇员工资总额增加3%以上，可获增加金额15%的税收抵免，工资总额增加超过4%，再加10%的税收抵免。教育和培训费用增加超过20%，再增加5%的税收抵免。员工工资总额增加1.5%以上的中小企业可申请增加金额15%的税收抵免，工资总额增加2.5%以上的，再增加15%的税收抵免，教育培训费用增加10%以上的，再增加10%的税收抵免。二是促进开放式创新活动，鼓励大型企业和初创企业合作促进开放式创新的措施延长2年，并放宽了条件。大幅扩大开放式创新“研发型创业企业”范围，鼓励各类创业企业开展联合研究和合同研究。对企业聘用博士和具有一定经验的研究人员，在研发税收抵免制度中建立新的优惠待遇。加快地方5G技术相关投资的措施延长3年至2024财年，但税收抵免将在3年内逐步从15%降至3%。三是为加强防卫能力，确保财政资源的税收措施，为确保2027财年的防卫预算达到1万亿日元，将在2024年或之后的适当时间实施以下措施：对企业所得税征收4%—4.5%的附加税，考虑到对中小企业的影响，从所有企业的税基中扣除500万日元。对个人所得税征收新的1%附加税。将东日本大地震重建特别所得税税率下调1%，并延长征税期限，确保重建资金总额。烟草税方面，考虑到对国内烟农的影响，并确保可预见性，逐步提高相当于每支烟3日元的烟草税。为了使极高收入者充分负担税收，对高收入者实行新的最低税负，从2025年起生效。四是在养老金方面，从“资产收益翻番”和“从储蓄转向投资”的角度，大幅扩大日本个人储蓄账户（NISA）并使其永久化，提高了年度投资限额，延长了非税持有期，提高了免税限额总额。

在对外经济合作方面，2023年6月29日，第八次日韩财政部长对话在东京举行，就当前全球和地区经济形势、加强双边和多边合作等广泛问题交换了意见。会议重申解决中低收入国家债务脆弱性问题的紧迫性，支持G20以可预测、及时、有序和协调的方式改进"共同框架"的实施。同意支持和鼓励多边开发银行开展改革工作，转变业务模式，更好地应对跨境挑战。会议认为迫切需要解决高度集中的清洁能源产品供应链中存在的脆弱性，支持中低收入国家在供应链中下游发挥更大作用，迅速建立并实施增强韧性和包容性的供应链伙伴关系。日本国际协力银行与韩国进出口银行将加强合作，在第三国特别是在印度—太平洋地区开发高质量的基础设施项目，建立多样化和弹性的供应链。同意恢复100亿美元双边货币互换安排，以加强地区金融安全网。

（二）日本财政经济风险对中国的影响及应对

日本的公共债务风险一直以来都是其财政经济的首要风险，公共债务与GDP之比从1990年的约60%增加到2019年的约240%，翻了两番，疫情后更已达到260%左右，其中养老金、医疗保健和长期护理支出的占比最大。但由于日本债务绝大部分是内债，内债相比于外债，更容易控制和管理，更不容易引发违约风险或者信用危机。内债可以通过印钞来解决，虽然会导致通货膨胀或者货币贬值，但对于日本来说不是大问题，因为日本经济一直处于通货紧缩状态，而且日元在国际市场上仍然保持着较强的信誉和竞争力。日本财政的债务依赖率在2020年达到峰值73.5%，2021—2023年逐步下降至46%、34.3%和31.1%。从中期来看，日本应在稳定债务和面对日益加剧的人口压力的情况下，逐步重建财政缓冲、进行财政整顿，日本的债务风险暂时不会对我国造成影响，但仍需密切观察。

日本外交上对美国的亦步亦趋，也体现在日本的海外直接投资上。美国是日本海外投资的最大目的地，其次是澳大利亚。从表1－10可以看出，2020—2022年，日本对美国的投资净流入占日本海外投资总额的比重分别高达44.6%、39.5%和34.8%，远超中国的占比7.4%、5.9%和5.2%。

表1－10　日本2019—2022年对外直接投资主要目的地及占比（单位：百万美元）

地区	2019年		2020年		2021年		2022年	
	金额	占比	金额	占比	金额	占比	金额	占比
美国	51 410	19.9%	66 907	44.6%	82 874	39.5%	61 025	34.8%
澳大利亚	10 525	4%	13 726	9.1%	7 326	3.5%	10 095	5.8%
中国	12 021	4.7%	11 074	7.4%	12 285	5.9%	9 185	5.2%
总额	258 276		150 103		209 891		175 557	

注：数字为净流入投资。

日本的贸易逆差问题对中国的影响是日本有可能在一段时间内加大海外投资力度，以增加海外投资收益来维持经常项目的平衡，但由于其最大的投资地是美国，而我国的最大海外投资地是东南亚国家，因此暂时不会形成投资目的地的争夺，但从趋势看，日本有可能进一步缩减对我国投资占其日本海外总投资的份额，那么中国的应对之策应当是加大力度吸引其他国家的投资，同时缩减对日本的投资。

从日本最新对外经济合作政策来看，芯片脱钩政策已于 2023 年 7 月 23 日正式实施，今后还要进行清洁能源供应链重组，其用意就是摆脱在电动车、太阳能电池、锂电池等设备上对中国的依赖。日本芯片管制确实会对中国的芯片产业造成冲击，从具体内容看，23 种设备涵盖 6 个类别，涉及 4 项光刻或曝光类产品，3 项刻蚀类产品，11 项薄膜类产品，1 项热处理类产品，3 项清洗类产品，还有 1 项测试类产品。几乎占据我国芯片制程的全过程，等于将芯片制程的中高端设备悉数囊括。此次管制也将给日本企业带来明显的“阵痛”，影响企业设备投资，冲击企业创新热情，失去中国市场甚至有可能让日本尚存的芯片优势再次“败走滑铁卢”。在芯片禁令的影响下，中国巨头华为向日本 30 家电信企业发出了最后通牒，要求这些日本电信企业向华为缴纳专利费，开始了一系列反击行动。同时中企通过采购其他国家的光刻机等芯片制造设备进行替代，减少对日本的依赖。中国商务部也宣布，决定自 2023 年 8 月 1 日起对镓、锗相关物项实施出口管制。在清洁能源供应链方面，我国应相机抉择、随机应变，保持国家间相关合作和谈判的渠道和频率，尽力保持现有技术和出口优势。此外，日本加强国防力量的举措也值得引起注意，日本不惜挪用税收以外的其他收入，并对企业所得税和个人所得税征收附加税来填补增加的国防支出，要警惕其国防支出增加带来的地区冲突风险。

（三）中日经贸关系趋势及其影响

日本是中国重要的贸易伙伴，是中国第五大贸易伙伴、第三大贸易对象国、第二大出口对象国、第二大进口来源国。中国是日本最大贸易伙伴、出口对象国和进口来源国。2020 年，中国再次成为日本最大的出口市场，日本对中国的出口额占日本出口总额的比重超过 20%，这一趋势在 2021 年继续保持，日本自中国的进口额占日本进口总额的比重接近 25%。中日两国在供应链上相互依赖的程度很深，2022 年 1 月 1 日生效的 RCEP 本应强化中日供应链合作，实现更多贸易创造与投资创造。RCEP 中的投资规则将对中日供应链产生强化效果，其投资章节规定各国均采用负面清单方式，对制造业、农业、林业、渔业、采矿业领域投资做出较高水平的开放承诺，将促进中日之间的外商投资活动，增强中日供应链的韧性，加速中日两国供应链整合。

2021 年中日贸易总额 3 714 亿美元，同比增长 17.1%。其中中国对日出口 1 658.5 亿美元，同比增长 16.3%；中国自日进口 2 055.5 亿美元，同比增长 17.7%。2021 年，中国企业对日直接投资流量 7.6 亿美元。2021 年，日本对华实际投资 39.1 亿美元。截至 2021 年底，中国在日本的直接投资存量为 48.8 亿美元，占中国在发达经济体直接投资存量的 1.7%，按照中国设立境外企业数量计算，日本在所有国家和地区排名第七位。中国企业及资本在日本的投资形式相对多元，主要包括设立子公司、设立研发机构、并购或者建立商业合作等。

2022 年中日双边贸易额达 3 574 亿美元，同比下降 3.8%。其中中国出口金额为 1 729 亿美元，同比增长 4.3%，自日本进口规模为 1 845 亿美元，同比下降 10.2%。截至 2023 年 5 月，日本累积在华投资设立企业 55 805 家，实际使用金额 1 300 亿美元，在我利用外资总额国别中排名第二。截至 2022 年底，我国对日本直接投资累计约 50 亿美元，主要涉及制造业、金融服务、电气、通信、软件等领域。日本在 IT 技术特别是半导体制造设备、电子零部件等硬件方面拥有强大的技术储备和丰富的知识底蕴。在科技创新领域，中日两国特别在 5G、AI、区块链、大数据、智能机器人、新能源汽车等领域合作潜力巨大。

2023 年 1—6 月，中日货物贸易继续呈同比下降趋势，日本向中国出口下降的趋势更剧烈，如表 1－11 和图 1－21 所示。但在总量下降的情况下，日本向中国出口占其总出口的份额反而略有上升，日本从中国进口占其总进口的份额略有下降。2023 年 8 月 24 日，日本将福岛核电站的核污水排放入太平洋，中国采取了全面禁止进口日本海产品的反制措施，但是农林水产品在日本对华出口总额中所占的比例仅为 1% 左右，禁止日本海产品出口中国，对日本经济的影响甚微，但事件对中国 1.5 万亿元产值的海产品影响很大，涉及千万人就业、数千亿元产值。核污水排海会影响中国的渔业产业，导致渔民收入下降、渔业市场萎缩、渔业安全风险增加。核污水排海会影响中国的旅游业和贸易业，导致旅游收入减少、贸易额下降、贸易摩擦加剧。此外，如果核污水排海引发了其他国家对中国进出口商品的质量和安全的担忧和质疑，那么中国贸易业将面临市场萎缩和贸易壁垒的威胁。

总的来看，日本在进出口方面都仍旧依赖中国的大市场和丰富的产品，存在着刚性需求。但中日经贸关系未来会面临十分复杂的局面，进一步走弱的可能性较大。需要更加精细地权衡、协调和选择，以保证中国的经济利益不受损害。

表1－11　　2023年1—6月中日货物贸易同比趋势　　（单位：%）

	1月	2月	3月	4月	5月	6月
日本从中国进口	－2.3	－6.5	－5.5	－2.8	－4.3	－6.4
占日本总进口百分比	23.8	21.0	21.4	21.5	21.5	21.7
日本向中国出口	－27.7	－24.2	－22.9	－19.7	－17.6	－17.4
占日本总出口百分比	14.8	16.1	16.7	16.9	17.1	17.2

注：数据仅包括中国大陆。

资料来源：日本贸易振兴机构（JETRO），https：//www.jetro.go.jp/en/reports/statistics.html。

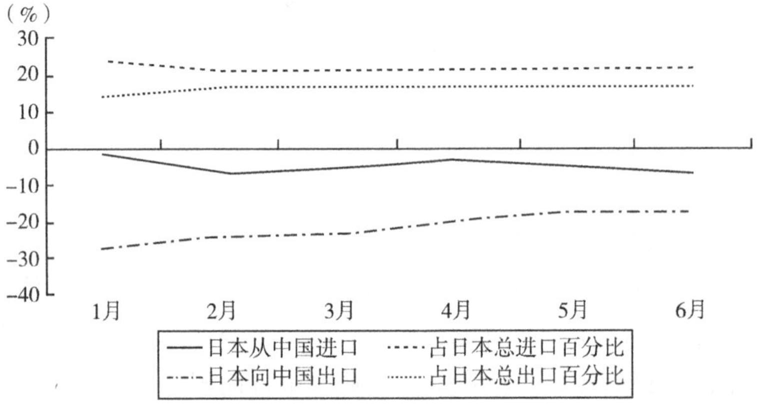

图1－21　2023年1—6月中日货物贸易同比趋势

巴西：与中国“政经双热”利好巴西财经发展前景

一、当前经济财政形势

（一）农业部门蓬勃发展推动了巴西经济回暖

据巴西地理统计局2023年6月1公布数据，2023年第一季度巴西国内生产总值（GDP）约为2.56万亿雷亚尔，比2022年最后一季度增长了2%，比上年同期增长4.0%。[①] 从生产端来看，这一结果主要得益于农业部门的蓬勃发展，农业在巴西经济中的比重接近8%，农业增幅达21.6%，是自1996年第四季度以来的最高增幅。预计2023年巴西谷物、豆类和油菜籽的产量将达到3.054吨，其中大豆产量将达到1.482亿吨，玉米产量预计达1.228亿吨，小麦将达到1 060万吨。与2022年同期相比，工业产业上涨了1.9%，其中采矿和采石业增加了7.7%、建筑业上涨1.5%；服务业增长了2.9%，其中信息和通信上涨6.8%，运输、仓储和邮寄上涨5.1%，金融活动、保险和相关服务增长4.6%，其他服务活动4.3%，房地产活动增长2.8%，贸易上涨1.6%，行政、国防、公共卫生和教育以及社会保障均上涨0.4%。就国内需求而言，家庭消费增速放缓，比上一季度下降0.4%，支出增长0.2%；政府消费增速稳定维持在0.3%的水平，而固定资产形成总额下降3.4%。整体来看，卢拉政府实施的行动和政策为经济复苏创造了有利的环境，如提高可支配收入的政策和新财政框架的实施等。

---

① GDP grows 1.9% in Q1, leveraged by Agriculture: https://agenciadenoticias.ibge.gov.br/en/agencia-news/2184-news-agency/news/37055-gdp-grows-1-9-in-q1-leveraged-by-agriculture, 2023-06-17.

（二）财政责任和公共债务可持续性是巴西的关键风险点

不断扩大的财政赤字和沉重的公共债务负担是巴西自2015—2016年衰退以来最严重的问题，疫情进一步加剧困难。在这种背景下，重返财政整顿之路是巴西面临的主要挑战。然而，卢拉总统决心实施更具扩张性的财政政策，增加社会支出和投资，这可能会使财政状况进一步恶化。

由于财政巩固和GDP复苏缓慢，公共债务下滑到新冠疫情前的水平，2022年公共债务与GDP的比率接近90%，而2020年的峰值为98.7%。不断增加的财政赤字，加上中期增长有限，将迫使公共债务比率再次走向上升趋势。如果没有一个可信的税收改革和财政巩固计划，到2026年，公共债务可能达到GDP的100%。沉重的债务负担将拖累私人投资和通胀，并在财政刺激结束后削弱增长势头。本币和本币公共债务的很大一部分是减轻公共债务可持续性风险的一个因素。

（三）未来经济下滑的前景值得谨慎

根据世界银行颁布的《世界经济展望》①，2023年巴西经济增长将急剧放缓，GDP增长率预计为0.8%，投资也将大幅收缩，财政政策前景的不稳定性将进一步阻碍商业信心和投资，出口增长放缓。2023年4月6日国际货币基金组织颁布的《世界经济展望报告》显示，2023—2024年巴西GDP增速预计分别为0.9%和1.5%。② 根据巴西应用经济研究所研究报告，由于受到不利的外部环境、国内货币紧缩和不确定性增加等因素的影响，预计经济活动将会放缓。2022年11月24日巴西经济部发布的《联邦税务风险报告》③ 指出，国民生产总值下滑是巴西联邦政府面临的主要宏观经济财政风险。根据巴西地理统计局最新公布数据，在农业反弹和强劲劳动力市场的帮助下，2023年初巴西实现了比经济学家预测要好得多的结果，然而高借贷成本的压力正在削弱其经济增长的势头。2023年5月，巴西基准利率为13.75%，6年来最高的利率正在给商业和消费者信心带来压力。尽

---

① The World Bank Group, Global Economic Prospects: https://openknowledge.worldbank.org/server/api/core/bitstreams/254aba87-dfeb-5b5c-b00a-727d04ade275/content, 2023-01-29.

② World Economic Outlook Projections: https://www.imf.org/en/Publications/WEO/Issues/2023/04/11/world-economic-outlook-april-2023, 2023-06-03.

③ Relatório de Riscos Fiscais da União: https://www.tesourotransparente.gov.br/publicacoes/relatorio-de-riscos-fiscais-da-uniao/2022/114, 2023-02-11.

管年度通胀率从 2022 年高峰期的 12% 下降到 4.07%，接近巴西央行 2023 年 3.25% 和 2024 年 3% 的目标，政策制定者担心价格将在今年晚些时候再次上涨。① 卢拉政府试图通过减税和为穷人提供现金减免等措施来缓解高借贷成本的影响，并呼吁对货币政策进行重大改革。但独立于行政部门的货币当局拒绝了卢拉的要求，也没有提供任何可能放松货币政策的迹象。

（四）中国被认为是解决巴西当前经济民生困境的有效方案

2022 年，在新冠疫情袭扰、俄乌冲突升级、美联储持续大幅收紧货币政策、美国不断加码对中国的技术封锁、全球产业链供应链面临断链风险等多重不利因素影响下，世界经济高频震荡。2023 年世界经济将面临进一步加深的“滞胀”和衰退风险，其表现有可能比 2022 年“更糟糕”。② 根据国际货币基金组织预测，2023 年全球经济可能增长 2.7%，发达经济体增长仅 1.1%，新兴国家则增长 3.7%，而巴西的增长幅度只有 1.0%。在此背景下，许多巴西经济学家认为，2023 年巴西经济增长的前景，很大程度上取决于中国经济的复苏和增长速度。③ 自 2018 年起，中国与巴西双边贸易连续 4 年突破 1 000 亿美元。④ 中国已连续 13 年成为巴西的最大贸易伙伴，而巴西是中国在拉美地区的最大投资国。

二、面临的主要风险

2023 年 1 月 6 日卢拉正式宣誓就职。与 20 年前卢拉第一次担任总统时不同，卢拉新政府面临内忧外患。对内，前总统博尔索纳罗支持者发动了一场震惊世界

---

① Brazil's Economic Growth Bounces Back Under Lula and Defies High Interest Rates：https：//www. bloomberg. com/news/articles/2023 – 06 – 01/brazil – s – economy – bounces – back – under – lula – and – defies – high – rates，2023 – 06 – 25.

② 巴西经济学家眼中的 2023 年世界经济大趋势：http：//www. xinhuanet. com/globe/2023 – 01/10/c_1310686345. htm，2023 – 01 – 10.

③ Global inflation will fall in 2023 and 2024 amid subpar economic growth：https：//www. imf. org/en/Publications/WEO/Issues/2023/01/31/world – economic – outlook – update – january – 2023，2023 – 01 – 31.

④ Manual Técnico do Plano Plurianual 2024 – 2027：https：//www. gov. br/economia/pt – br/assuntos/planejamento – e – orcamento/plano – plurianual – ppa/arquivos/manual – do – ppa – 2024 – 2027. pdf，2023 – 02 – 20.

的严重暴动，巴西政治局势两极分化凸显；巴西贫困问题和失业问题凸显，截至2023 年 2 月巴西失业人数 920 万人，失业率为 8.6%。[①] 对外，欧亚集团（Eurasia Group）发布的《2023 年全球十大风险》[②] 认为，通胀冲击波、俄乌冲突、中国政策的不确定、新的颠覆性技术等风险，将对卢拉政府的执政能力和长期政治变革等构成重大挑战，尤其是通胀风险对全球金融环境造成的冲击[③]，几乎未给财政政策调整留下空间。在极为复杂的国内外多重因素影响下，巴西面临的最大挑战是不稳定的财政状况和日益恶化的社会不平等。

（一）消除饥饿与社会不公，仍是巴西新一届政府的巨大挑战

巴西社会是以高度的社会不平等及数量惊人的生活在恶劣环境下的穷困人口为特征，而其中数以百万计的人生活在赤贫线以下，没有足够的能力购买食物。[④] 经济的长期畸形和政府管理的缺位，使得巴西一面存在规模巨大的穷人群体，面临饥饿和营养不良的困境，一面又是世界第三大粮食生产和出口国。2022 年巴西重返联合国饥饿地图，据预测 2.15 亿的居民中有 4.1% 正处于极度饥饿状态。[⑤] 2022 年 6 月 8 日，巴西粮食营养主权与安全研究网络（Brazilian Research Network on Food Sovereignty and Security）团队发表一份关于饥饿问题的深度报告，研究团队抽取了巴西全国 577 座城市 12 745 户样本家庭，对其在 2021 年 11 月至 2022 年 4 月的饥饿情况调查发现，58.7% 的巴西人生活在"粮食不安全"状态下，这意味着 1.253 亿巴西人间或性受到饥饿影响（占总人口的 75%），约 3 300 万巴西人

---

① Continuous PNAD: unemployment rate is 8.6% and underutilization rate is 18.8% in the quarter ended in February, https://agenciadenoticias.ibge.gov.br/en/agencia - press - room/2185 - news - agency/releases - en/36587 - pnad - continua - taxa - de - desocupacao - e - de - 8 - 6 - e - taxa - de - subutilizacao - e - de - 18 - 8 - no - trimestre - encerrado - em - fevereiro - 3, 2023 - 03 - 31.

② Ian Bremmer, Cliff Kupchan, Eurasia Group's Top Risks 2023: https://www.eurasiagroup.net/files/upload/EurasiaGroup_TopRisks2023.pdf, 2023 - 02 - 04.

③ 全球通胀冲击波始于 2021 年，2022 年在全球蔓延，2023 年将会对全球经济和政治产生强烈的连锁反应。它将成为全球衰退的主要驱动因素，增加金融压力，并在各地引发社会不满和政治不稳定。详见《2023 年全球十大风险》第 11 页。

④ Hunger and extreme poverty: the challenges for Brazil: https://aamazonia.com.br/hunger - and - extreme - poverty - the - challenges - for - brazil/?lang = en, 2023 - 03 - 20.

⑤ DOES RISING HUNGER LEAD TO INCREASED FUNDING FOR HUNGER PROGRAMS?: https://www.actionagainsthunger.org/app/uploads/2023/02/02.22.23_Hunger - Funding - Gap - Report - Winter - 2023.pdf, 2023 - 03 - 30.

（占总人口的15.5%）每天在挨饿。① 根据2022年12月巴西地理统计局发布的报告，2021年巴西共有贫困人口6 250万人，占总人口比重为29.4%，其中极端贫困人口1 790万人，占总人口比重为8.4%。分地域来看，巴西北部和东北部地区贫困程度更高，贫困人口超过当地总人口的40%，其中逾半数极端贫困人口和约半数贫困人口居住在巴西东北部。② 为解决低收入人群和弱势人群的贫困问题，博索纳罗政府设立了“巴西援助计划”（Auxilio Brasil），取消了“家庭补助金计划”（Bolsa Familia），它将惠及1 700万人，并保持每月平均300雷亚尔的补贴标准。③ 目前，政府最大的困境是获得足够的资金来源来实施这项新的援助计划，如在债务问题上对宪法进行修改的提案，旨在上限内释放部分资金用于援助金支出和所得税改革（IR）。2023年1月，卢拉上台后，重启了“家庭补助金计划”。2023年3月20日，巴西政府正式宣布将向2 119万个前期核准的贫困和极度贫困家庭支付总计约140亿雷亚尔（约合人民币183亿元）的“家庭补助金”。按计划，每个巴西贫困家庭从本月开始将获得每月平均670雷亚尔（约合人民币879元）的政府补贴。此外，家庭中每名6岁以下的儿童再额外获得150雷亚尔（约合人民币197元）的补助。

（二）受通胀冲击和央行独立性影响，货币政策调控空间有限

自2022年8月以来，巴西的名义利率已升至13.75%（实际利率约为6%）的惩罚性高位，虽然由于全球大宗商品的繁荣和福利支出支撑着强劲消费，尤其是大量的选举前刺激支出帮助提振了2022年的经济增长，但是，随着高实际利率的负面影响逐渐渗透到经济中，以及全球原材料需求放缓，巴西的经济增长率可能在2023年跌破1%④。与此同时，巴西的消费者价格指数由2022年4月的12.1%放缓至12月的5.93%，受燃料通胀下降的影响显著。据预测，通胀趋势将

① Hunger spreads in Brazil：6 out of 10 families do not have full access to food：https：//mstbrazil.org/content/hunger－spreads－brazil－6－out－10－families－do－not－have－full－access－food，2023－01－20.

② Síntese de indicadores sociais：uma análise das condições de vida da população brasileira：2022 / IBGE，Coordenação de População e Indicadores Sociais：https：//www.ibge.gov.br/en/statistics/social/population/18704－summary－of－social－indicators.html，2023－04－02.

③ http：//www.jb.com.br/economia/2021/10/1033507－auxilio－brasil－devera－ser－de－rs－300－por－mes－para－17－pessoas.html，2023－02－13.

④ Stéphane Monier，Lula wins Brazilian presidency，faces polarised Congres：https：//www.lombardodier.com/contents/corporate－news/investment－insights/2022/october/lula－wins－brazilian－presidency－.html，2023－02－03.

在2023年继续，卢拉政府将不得不应对全球通胀浪潮的次生影响。另外，巴西联邦政府2021年2月颁布的第179号补充法案（Complementary Law No. 179）①，明确了巴西央行行长的任期固定为四年，意味着卢拉新政府在其任期的头两年不能任命新董事，现任央行行长坎波斯·内托（Campos Neto）在2024年之前可以自由捍卫其通胀目标②。综上，巴西中央银行（BCB）会谨慎下调基准Selic利率，以确保通胀率维持在3%的目标范围内。可见，货币政策操作的空间有限，卢拉新政府货币政策调整将严重受限。

（三）债务高企，财政政策调整处处受限

2022年大选之前，博尔索纳罗为争取选民，曾推出了慷慨的财政刺激计划，包括给非正规工作劳动者发放每月600雷亚尔（约合人民币773元）的补贴。博尔索纳罗的支出计划还给巴西2023年的预算留下了相当于GDP的1.7%的缺口，卢拉必须找到资金来填补这一缺口，否则或将不得不削减健康和教育支出，并削减让2 200万巴西贫困人口维持日常生活的现金转移项目。选举中，卢拉承诺解决住房问题，改善公共基础设施，改革税收，并消除饥饿。巴西新财政部长费尔南多·哈达德（卢拉的长期盟友）表示，上述措施预计将产生2 430亿雷亚尔（合475亿美元）的筹资需求，2023年的预计赤字将达到2 320亿雷亚尔。随着选举后支出增加，大宗商品收入减少，财政盈余会逐渐消退。国际货币基金组织指出，巴西政府债务总额占GDP的比例呈先降后升趋势，公共债务与GDP之比在2020年达到近99%，2022年触底，2023年起又逐步上升，预计到2026年公共债务占GDP的比重将增加到100.08%③。综上，巴西疲软的经济增长势头和更高的社会支出，将导致未来公共债务继续上升。加之，高通胀会进一步推高政府的借贷成本，削弱人们对长期宏观经济稳定的信心，使得新政府在处理债务负担方面的回旋余地更小。国会中的中间派政党也会设法限制卢拉的财政政策，使他无法推动支出上限或税收制度的大规模改革。

---

① COMPLEMENTARY LAW No. 179 OF 24 FEBRUARY 2021：https：//www. bcb. gov. br/content/about/legislation_norms_docs/complementary_law_179_24february2021. pdf，2022－05－08.

② Victor Mendez－Barreira，BCB independence and Brazil's Inflation Battle：https：//www. centralbanking. com/central－banks/monetary－policy/7897816/bcb－independence－and－brazils－inflation－battle，2023－02－05.

③ International Monetary Fund，Fiscal Monitor—Helping People Bounce Back：https：//www. imf. org/en/Publications/FM/Issues/2022/10/09/fiscal－monitor－october－22，2023－02－05.

（四）社会分裂难弥合，施政举措推出道阻且长

2023年初，博尔索纳罗支持者发动了一场震惊世界的严重暴动。事实上，在过去10年间，巴西一直处于扰攘不安的局面①。2013年，巴西爆发20年间最大规模抗议活动。2014年以来，“洗车行动”以空前力度揭露腐败丑闻，震撼巴西政商两界。另外，从席位构成来看，卢拉面临的是右翼和中间力量占优势的参议院和众议院②。基于此，卢拉向国会提交的任何改革方案，如果想让国会批准，都必须争取一部分反对党和在野党议员的支持，这无疑增加了其执政难度。那么，巴西的政治局势的两极分化，财政支出发生根本性变化的概率较小，政府债务前景是否会改善，很大程度上取决于大宗商品价格的走势。

三、主要政策举措

（一）加速增长计划

“加速增长计划”（Programa de Aceleraç˜ao do. Crescimento，PAC）③ 创立于2007年，巴西政府旨在通过吸引资金用于推动公路、港口、机场等基础设施建设，并在交通运输、数字化、城镇水利设施建设、能源转型领域加大投资等，分阶段推动国家经济增长。如第一阶段（2007—2010年），PAC计划以决定性的方式为巴西增加就业机会和创造收入等方面取得了一定成效，但投资建设的污水处理厂瘫痪、用于各市医疗卫生和住房领域的资金存在违规行为等。2020—2022年，

---

① 王鹏．巴西骚乱背后，卢拉能推动“联盟总统制”改革吗？［EB/OL］．https：//baijiahao.baidu.com/s?id=1755319960173159343&wfr=spider&for=pc，2023-02-05.

② 在众议院513席中，劳工党及其联盟党即左翼只占141席（27%），右翼自由党（博尔索纳罗所属的党）等占249席（49%），中间派和无党派人士占123席（24%）。在参议院81席中，左翼占13席（16%），右翼占36席（44%），中间派和无党派人士占32席（40%）。详见：徐世澄．巴西骚乱凸显复杂政治局面，特朗普右翼势力的支持耐人寻味［EB/OL］．https：//www.guancha.cn/xushicheng/2023_01_11_675269.shtml，2023-02-06.

③ Daniele Silva Rodrigues，Núlbia De Araújo Santos，Walmer Faroni，GROWTH ACCELERATION PROGRAM（PAC）：A DESCRIPTIVE STUDY OF ACTIVE AND PASSIVE WASTE：https：//www.researchgate.net/publication/324012337_GROWTH_ACCELERATION_PROGRAM_PAC_A_DESCRIPTIVE_STUDY_OF_ACTIVE_AND_PASSIVE_WASTE，2023-04-01.

PAC计划及其升级版（PAC2代）所支持的领域部分因缺乏资金而被迫停工。卢拉新政府承诺将进一步实施PAC计划。如图1-22所示，PAC计划支出规模呈倒U型，并于2014财年达到峰值576.98亿雷亚尔，未来几年该计划需要的预算支出规模将呈快速上升趋势。该计划的重启对我国相关领域投资介入有一定的导向性。

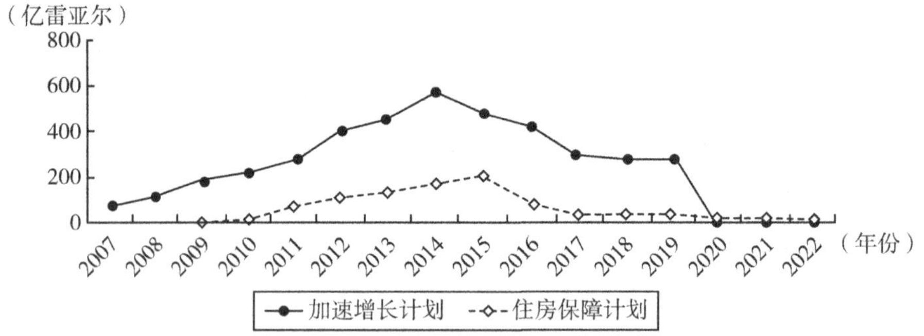

图1-22 卢拉新政府重启的部分支出计划

资料来源：Central Government Fiscal Balance - Brazil - Annual，https：//www. gov. br/tesouronacional/pt - br/estatisticas - fiscais - e - planejamento/estatisticas - fiscais - do - governo - geral，2023 - 02 - 20.

（二）“我的家　我的生活”住房保障计划

“我的家　我的生活”（Minha Casa，Minha Vida，MCMV）计划是卢拉总统于2009年3月创建的一项住房保障计划，2020年被博索纳罗（Jair Bolsonaro）政府推出的“黄绿房子”住房保障计划所取代，由于预算大幅缩减，最贫困家庭被移出“黄绿房子”计划。① 2023年2月卢拉政府重启了“我的家　我的生活”计划，最贫困家庭被重新纳入受益者范围，并计划将50%的补助房供给这类家庭，补助金可达房产价值的85%至95%②。该计划将受益家庭分为六组：城市家庭中月收入不超过2 640雷亚尔者为城市一组；2 640.01雷亚尔至4 400雷亚尔者为城市二组；4 400.01雷亚尔至8 000雷亚尔者为城市三组。农村家庭中年收入不超过31 680雷亚尔者属农村一组；31 680.01雷亚尔至52 800雷亚尔者属农村二组；52 800.01雷亚尔至96 000雷亚尔者属农村三组。巴西政府希望将50%补助房提供给城市和农

① PROJETO DE LEI ORÇAMENTÁRIA（PLOA）PARA 2023：https：//www12. senado. leg. br/orcamento/documentos/estudos/tipos - de - estudos/notas - tecnicas - e - informativos/nota - tecnica - conjunta - 5 - 2022 - subsidios - a - apreciacao - do - ploa - para - 2023 - pl - no - 32 - 2022 - cn，2023 - 02 - 20.

② Minha casa，minha vida 2023：veja o que muda nas regras，renda，prazo：https：//www. setpar. com. br/blog/minha - casa - minha - vida - 2023/，2023 - 02 - 28.

村一组家庭。“我的生活　我的家”是卢拉政府和城市部的绝对优先事项，现已重启了里奥拉戈、查帕迪尼亚等五个城市 5 562 套住房的建设工作。据预测，2026 年卢拉任期结束时将为受益家庭提供 200 万套补贴住房。

（三）扩大的巴西援助计划

巴西援助计划（Programa Auxílio Brasi，PAB）[①] 根据 2021 年 12 月 29 日第 14284 法案[②]创建，取代了 2004 年 1 月 9 日第 10836 号法案规定的家庭援助金计划（Programa Bolsa Família，PBF），是联邦政府的一项收入转移支付计划，旨在帮助贫困家庭和极端贫困家庭（见表 1－12）。具体包括：幼儿福利适用于家庭成员中有 0—36 个月大的婴幼儿的家庭，符合条件的家庭每位成员可领取 130 雷亚尔的补贴；家庭组建津贴适用于家庭成员中有孕妇或孩子年龄在 3—21 岁的家庭，符合条件家庭每人可获取 65 雷亚尔的补贴；消除极端贫困的福利，受益家庭每位成员可获取家庭人均月收入加上经济福利后的补贴标准；儿童公民援助，根据法律条款，如果家庭将儿童全日制或兼职到授权的幼儿教育日托中心托管，日托家庭每月可获取 300 雷亚尔的补贴，半托家庭每月可领取 200 雷亚尔的补贴；初级科学启蒙奖学金，根据法律规定，授予在全国范围内与基础教育主题相关的学生和科学竞赛中脱颖而出的受援助计划资助的学生或家庭，每次可获得 1 000 雷亚尔的补贴；农村生产性包容援助，鼓励获取援助计划的家庭消费健康绿色食品，每月补贴 200 雷亚尔；城市生产性包容援助，向正式就业的援助计划受益家庭，以正式就业证明每月领取 200 雷亚尔的补贴。按照每个家庭最低 600 雷亚尔的补贴标准测算，2023 年用于扩大巴西援助计划的预算资金规模约为 412.5 亿雷亚尔。[③] 卢拉新政府预计，该项现金补贴计划会持续上升，2024 年将增加至 858 亿雷亚尔，到 2030 年将增至 965 亿雷亚尔。[④]

---

① PROGRAMA AUXÍLIO BRASIL：https：//www. saofranciscodosul. sc. gov. br/programa－auxilio－brasil，2023－03－20.

② LEI N°14.284，DE 29 DE DEZEMBRO DE 2021：HTTPS：//WWW. IN. GOV. BR/EN/WEB/DOU/－/LEI－N－14.284－DE－29－DE－DEZEMBRO－DE－2021－370918498，2023－03－22.

③ Congresso Nacional promulga PEC que aumenta o valor mínimo do Auxílio Brasil para R$ 600：https：//www. gov. br/cidadania/pt－br/noticias－e－conteudos/desenvolvimento－social/noticias－desenvolvimento－social/congresso－nacional－aprova－pec－que－aumenta－o－valor－minimo－do－auxilio－brasil－para－r－600，2023－04－01.

④ Relatório de Projeções Fiscais：https：//sisweb. tesouro. gov. br/apex/f?p＝2501：9::::9：P9_ID_PUBLICACAO：45670，2023－04－10.

表1－12　　巴西援助计划和家庭援助金计划的区别

<table>
<tr><td colspan="2"></td><td colspan="3">家庭援助金计划（PBF）</td><td colspan="3">援助计划（PAB）</td></tr>
<tr><td rowspan="2">人均家庭收入</td><td>极端贫困</td><td colspan="3">89雷亚尔</td><td colspan="3">100雷亚尔</td></tr>
<tr><td>贫困</td><td colspan="3">178雷亚尔</td><td colspan="3">200雷亚尔</td></tr>
<tr><td colspan="2" rowspan="5">福利</td><td>基础福利</td><td>极端贫困家庭</td><td>89雷亚尔</td><td colspan="3"></td></tr>
<tr><td rowspan="2">变动福利</td><td>孕妇、哺乳期妈妈及年龄在15岁以下的儿童和青少年</td><td>41雷亚尔</td><td>幼儿福利</td><td>3岁以下儿童</td><td>130雷亚尔</td></tr>
<tr><td>年龄在16—17岁的青少年</td><td>48雷亚尔</td><td>家庭组建福利</td><td>孕妇、哺乳期妇女和3—21岁的青少年</td><td>65雷亚尔</td></tr>
<tr><td>消除极端贫困</td><td colspan="2">确保收入水平高于89雷亚尔底线的超额补贴</td><td>消除极端贫困</td><td colspan="2">确保福利水平高于100雷亚尔</td></tr>
<tr><td colspan="3"></td><td>过渡性补偿福利</td><td colspan="2">对受益PBF的家庭福利减少额的补偿</td></tr>
</table>

（四）制定出台新财政框架

2023年3月30日，巴西财政部长费尔南多·哈达德（Fernando Haddad）、规划预算部部长西蒙娜·特贝特（Simone Tebet）以补充法案的形式向国会递交了新财政框架（Novo Arcabouço Fiscal，NAF），该框架旨在贯彻落实卢拉总统倡导的“将最贫困人口纳入预算，将最富裕人口纳入征税范围”的财政规则，将财政调整举措与为关键社会政策保留预算相结合，上述规则将取代支出上限规则，平衡财政责任和社会责任，平衡收入和支出，鼓励投资，使联邦政府的财政回归到盈余状态。[①] 同时，要执行消除饥饿和社会赔偿等政策。新框架的“财政锚”是基于年度基本预算盈余目标（不包括债务利息支出），计划每年增长0.5%。具体目标如下：一是控制财政赤字，寻求财政盈余。根据提案，巴西财政将追求“初级财

① Brazil's new fiscal rules include the poorest in the government budget and foresee a surplus for 2025，https：//www. gov. br/planalto/en/latest－news/brazil2019s－new－fiscal－rules－include－the－poorest－in－the－government－budget－and－foresee－a－surplus－for－2025，2023－03－30.

政目标”（Meta de Resultado Primário），即在不考虑债务利息的情况下，实现财政收入和支出之间的平衡。巴西政府计划到 2024 年的财政目标是零赤字（即初级财政赤字占 GDP 的比重为 0，可在正负 0.25% 的区间浮动），2025 年实现占 GDP 的 0.5% 的财政盈余（可在 0.25%—0.75% 的区间浮动），2026 年实现占 GDP 的 1% 的财政盈余（可在 0.75%—1.25% 的区间浮动）。二是扩大财政支出，保障社会福利。新财政框架提案的重点在于设立新的财政支出增长额度，使得财政支出的实际增长预计将高于通货膨胀水平，但低于财政收入的增幅，以改善财政的收支平衡和稳定公共债务。根据提案，当政府的财政收支在目标范围内时，财政支出的增长限额可达前一年财政收入增长额的 70%。考核周期是当年的 7 月到次年的 6 月。但是，当政府财政支出低于预期的目标区间，下一年的财政支出控制在财政收入增长量的 50% 以内。三是增加公共投资，刺激经济增长。新财政框架为公共投资增长提供了两个保障措施，即设定了最低投资限额。综合上年投资和通胀水平，对联邦政府每年的公共投资设定了一个底数，旨在允许政府进行优先投资，如健康、教育和公共安全领域；开展奖励性投资（Bônus Para Investimento）。如果政府在 2024 年的目标达成值高于 0.25% 的区间上限，则财政盈余可用于公共投资。2023 年 8 月 22 日，巴西众议院以 379 票赞成、64 票反对的投票表决结果通过了巴西新财政框架的基本文本，待总统卢拉签署后生效。该法案的通过将为卢拉政府实现 2024 年预算计划与新财政规则保持一致铺平道路。

（五）为大中型农产品生产企业提供农村信贷计划

巴西政府每年推出一次农业作物计划，通过发放较低利率的贷款来支持国内的农业生产。2023 年 6 月 27 日，巴西联邦政府在总统府高原宫举行的仪式上，推出了 2023—2024 年农作物计划，农业部拟发放贷款额将比 2022—2023 年的 2 827 亿雷亚尔上浮约 27%，贷款额度达 3 640 亿雷亚尔。① 其中，2 720 亿雷亚尔将用于成本支出和营销方面的信贷，其余 920 亿雷亚尔用于投资信贷。卢拉总统期望通过该项农业计划，改善与农牧业行业的关系。该行业在去年的大选中多数支持前总统博索纳罗。

① Lula announces Agribusiness Plan of R$ 364 billion for large and medium - sized rural producers: https: //bnn. network/breaking - news/lula - announces - agribusiness - plan - of - r - 364 - billion - for - large - and - medium - sized - rural - producers/, 2023 - 07 - 19.

（六）推动落实税收改革法案

2023年7月7日，巴西众议院经过两轮全体投票，通过了2019年第45号宪法修正案[①]替代版本。该法案将全面改革消费税，并对财富税进行部分改革。根据计划，该税收改革法案自2026年开始实施，政府拟用8年时间将现有的五种间接税ISS、ICMS、IPI、PIS和Cofins合并为两种增值税——州/市商品和服务税（IBS）和联邦商品和服务贡献税（CBS）以及联邦选择性税；计划从2029年开始，利用50年的过渡期，实现税基从商品的生产地转移到商品的消费地。[②]据悉，本轮税制改革将减轻制造业和贸易企业的税负，提高服务业的谁付成本，更多地惠及巴西较富裕和人口较多的州。关于间接税改革方案的讨论已历经30多年，这也是卢拉促进经济增长计划的关键一步，被称为民主时期的首次税收改革。

（七）启动了两项家庭债务再谈判计划

自2000年以来，家庭负债增加一直是巴西经济的一个显著特征。巴西全国商品、服务和旅游业贸易联合会（the Brazilian National Confederation of Commerce of Goods，Services，and Tourism，CNC）近期发布的数据显示，巴西负债家庭从2020年的66.5%上升至2022年的77.9%，2023年6月达到峰值78.5%，相应的家庭债务违约率也不断攀升。在此背景下，巴西政府启动了两项家庭债务再谈判计划，即“发展巴西”计划（Desenrola Brasil）[③]和“再谈判”计划（Renegocia!）。具体来看，“发展巴西”计划是根据2023年第1176号《临时措施》[④]创建的，是联邦政府为方便民众重新和银行谈判债务而设立的家庭债务再融资计划，由财政部负责实施。该计划于7月17日正式开启，分三阶段实施，预计惠及7 000余万人。前两阶段仅涉及2019—2022年底签订的银行债务，只要月收入介于2 640雷亚尔

---

① Constitutional Amendment Bill（PEC）No. 45/2019：https：//www. camara. leg. br/proposicoesWeb/fichadetramitacao?idProposicao =2196833，2023 -07 -19.

② Brazil's House of Representatives approves tax reform bill：https：//www. mattosfilho. com. br/en/unico/house - representatives - approves - tax - reform/，2023 -07 -19.

③ Bnamericas，Brazil launches debt renegotiation program for individuals：https：//www. bnamericas. com/en/analysis/brazil - launches - debt - renegotiation - program - for - individuals，2023 -09 -12.

④ MEDIDA PROVISÓRIA N°1. 176，DE 5 DE JUNHO DE 2023：https：//www. planalto. gov. br/ccivil_03/_Ato2023 -2026/2023/Mpv/mpv1176. htm，2023 -09 -12.

（最低工资两倍）至 20 000 雷亚尔之间的人均有资格参与，预计可为 3 000 万人重新谈判高达 500 亿雷亚尔的债务。第三阶段于 9 月开始，涵盖月收入低于最低工资两倍的借款人或联邦政府社会计划的注册受益人超过 5 000 雷亚尔的逾期债务。“再谈判”计划于 7 月 24 日至 8 月 11 日实施，是在巴西司法和公共安全部支持下，由国家消费者秘书处联合领导的债务再谈判计划。为避免过度负债，重新谈判的债务包括银行债务及欠公用事业公司的债务，但房地产、农村信贷或赡养费相关的债务不包括在内。上述两个计划，不仅为低收入家庭提供了再谈判债务的机会，也希望短期去杠杆和提振消费对经济增长产生积极影响。

四、巴中双边关系及其对我国的影响

（一）巴西与我国的双边关系

1. 双边贸易关系。中国与巴西于 1974 年正式建交，1991 年签署了双重征税协定（DTA），1993 年建立战略伙伴关系。2009 年，中国取代美国成为巴西最大的贸易伙伴，并一直保持至今，而巴西是中国的第九大贸易伙伴国。2021 年巴西对华出口额占其出口总额的 31.3%，对华进口额占其进口总额的 22.8%。根据中国海关总署数据，2022 年中巴双边贸易额达 1.14 万亿元（约 1 715 亿美元），同比增长 8.1%。其中，中国对巴西出口额达到 4 128 亿元，同比增长 19.3%，而中国对巴西的进口额达到 7 294 亿元，同比增长 2.6%（见表 1 – 13）。

表 1 – 13　　2022 年中巴主要的进出口商品　　（单位：10 亿美元）

中国从巴西进口的主要商品		中国出口到巴西的主要商品	
商品类型	进口额	商品类型	出口额
油料种子和含油果实；杂粮、种子和水果；工业或药用植物；稻草和草料	31.8	电机设备及其零部件；录音机和播放器、电视影像制品及此类商品的零部件	18
矿石，矿渣及矿灰	18.8	机器、机械设备、核反应堆、锅炉以及相关零部件	8.9
矿物燃料、矿物油及其蒸馏制品；沥青物质；矿物蜡	16.9	有机化工原料	7.7
肉类及食用内脏	10.4	其他化工产品	3.2

续表

中国从巴西进口的主要商品		中国出口到巴西的主要商品	
商品类型	进口额	商品类型	出口额
木浆或其他纤维材料制成的纸浆；回收的（废料和废料）纸或纸板	3.3	化肥	2.4
糖及糖果	1.7	钢铁	2.0
钢铁	1.5	塑料及其塑料制品	1.95
棉花	1.1	铁道、有轨电车以及相关零部件	1.95

资料来源：International Trade Centre（ITC）Trade Map，https：//www. china－briefing. com/news/china－brazil－relations－areas－of－strengthening－trade－commerce－investment－cooperation。

农业是中巴两国最重要的合作领域之一，中国对巴西肉类、水果、谷物、蜂蜜等农产品的进口高度依赖。根据中国海关的数据，2022 年中国从巴西进口了 5 440 万吨大豆，占大豆进口总量的 59.7%；进口牛肉达 110 万吨，占牛肉进口总量的 41%。与此同时，中国对巴西主要出口的是电机和设备等，价值达到 180 亿美元。根据 2023 年 2 月中国—巴西商业委员会（CEBC）发布的一份报告，到 2030 年，巴西对中国的出口预计将增加到 1 034 亿美元，主要出口包括铁矿石、铜、药品、电力设备、非有机化工产品和木制品。

2. 双边投资关系。中国—巴西商业委员会相关研究显示，2007—2020 年中国对巴西累计投资额达 661 亿美元，占中国对拉美国家投资总额的 48%。其中，76% 投向了能源领域，尤其是电力领域。近年来，中国在巴西的投资趋向多元化，更多资金流向农业、金融、信息技术、石油、电力、新能源、基础设施等领域。中国最近在巴西的一些大型投资项目包括：国家电网巴西控股公司承建的 500 千伏席尔瓦尼亚输电特许权项目；中车长春轨道客车股份有限公司在圣保罗设立的智慧城市科技文化交流中心；中广核巴西能源控股公司 LEB 和 TN 风电项目；中国国家电力投资公司投资运营的里约热内卢阿库港的天然气项目（GNA）；多家中国金融机构在巴西开展的融资服务项目。

3. 中巴贸易跨境人民币结算。巴西于 2019 年首次将人民币纳入国际储备货币行列。截至 2022 年底，人民币占巴西国际储备比例达 5.37%，超过欧元 4.74% 的比例，成为巴西第二大国际储备货币。2023 年 2 月 9 日，中国人民银行与巴西中央银行达成协议，将在巴西建立人民币清算安排机制，将使两国的公司和金融机构能够进一步促进世界第二和第十二大经济体之间的双边贸易和投资。3 月人民币清算所设立。4 月 12 日中巴首笔跨境人民币结算成功办理，为经贸往来与金融合作注入新活力。

4. 中巴开启“政经双热”新周期。过去10年，巴西乃至拉丁美洲对中国的依赖是结构性的，中国对大宗商品的需求大幅增长，肉类、大豆和其他初级产品生产商是中国重要的战略合作伙伴。2023年4月12—15日，卢拉总统带队访华期间，中巴双方签署了15项双边协议和谅解备忘录，涉及农业、采矿、可再生能源、数字经济以及信息通信技术（包括5G和网络安全）；地球资源卫星计划（CBERS）方面的合作。具体来看，为便利农产品贸易，推动通关手续数字化，中巴双方签署了《动物源产品电子证书合作工作计划》《巴西山核桃、芝麻出口协定书》等；为恢复航天合作，重启了《地球资源卫星06号合作发展补充议定书》《2023—2032年中国国家航天局与巴西航天局航天合作规划》，扩大月球、深空探测等领域合作。除双边协议外，中巴企业还签署了30多项商业协议，涵盖可再生能源、金融、木材和纸浆、农业、物流、车辆、金融和采矿、电信、制药、住房和基础设施开发以及环境保护。如中兴通讯与巴西电信公司签署了加强巴西南部5G网络覆盖协议等。在新双边协定背景下，巴西对中国通信技术、基础设施建设、可再生能源、物流体系等领域的需求将增加。

（二）对中国的影响

1. 对特定农产品及高附加值产品的需求将持续增长。巴西是中国在拉美乃至全球最大的农产品进口供应国。由于中美贸易摩擦，近年来巴西对华出口日益以大豆为主。除大豆外，巴西也是中国第一大牛肉、鸡肉、食糖、纸浆、皮革进口市场，也是中国第二大猪肉、豆油、棉花进口市场。随着中国经济社会的发展和居民膳食结构和消费需求的不断升级，预计中国市场对巴西生产出口的肉类、水果等特色农产品及高附加值产品的需求将持续增长，加工产品也将继续增加。

2. 对基础设施等领域的投资增加。巴西已成为中国全球第二大基础设施相关直接投资的目的地。自2015年以来，中国企业收购了近21家巴西企业，收购金额接近210亿美元。2017年，中国投资占巴西基础设施投资总额近30%。支出的增长推动了中国机械、设备和运输车辆的出口。根据商务部2021年9月公布的《2020年度中国对外承包工程统计公报》，2008—2020年中国对巴西的工程承包项目占其合同总额的13.9%。其中，2020年工程承包合同额为325 022万美元，已完成163 649万元。2022年，中国企业在巴西承包工程新签合同额达18亿美元，完成营业额16.6亿美元。费利佩认为，随着新能和互联网、5G技术的发展，中巴企业合作有望在更多的领域实现突破，如在数字经济、绿色经济、高科技等新兴领域拓展合作，进一步形成传统贸易与新型贸易齐头并进的局面。

3. 延续双边经贸合作的高效率，推进巴西加入“一带一路”倡议。对华合作的“红利”是决定拉美对华态度的关键因素。21世纪以来中巴经贸关系经受住国际金融危机、新冠疫情冲击等严峻考验，始终保持高效的合作节奏。从目前来看，经济民生问题是考验卢拉政府的最大挑战，由此可以预测，强化与中国经贸合作势必成为巴西的优先议程。在拉美25个建交国中，巴西是尚未与中国签署“一带一路”合作协议的四个国家之一。最近几年，卢拉和劳工党对“一带一路”倡议都持高度认可态度，也表达出了加入“一带一路”的意愿，释放出制订对华长期合作规划的政策思路。在这种局面下，中国可主动推进双边层面的“一带一路”战略对话，努力促成巴西加入“一带一路”合作。

印度：经济和财政状况明显改善

印度农业基本自给；工业形成较为完整的体系，自给能力较强。医药、汽车零配件、钢铁、化工等产业水平较高，竞争力较强。汽车、电子产品制造、航空和空间等新兴工业近年来发展迅速；20世纪90年代以来，服务业发展较快，已经成为支柱产业。印度是全球软件、金融等服务业重要出口国。印度整体经济实力逐步上升，世界银行（WB）统计数据显示，印度2022年以美元计量的GDP接近3.4万亿美元，居世界第五位，排在美国、中国、日本、德国之后；以购买力平价（国际元）计量的GDP接近11.9万亿国际元，居世界第三位，仅次于中国和美国。而且印度经济增长较快，是世界主要经济体中增长率较高的国家之一。近些年来，印度外贸（包括货物贸易和服务贸易）进出口总额每个年度基本上超过1万亿美元，略有逆差。①②

一、印度财政经济运行形势分析

（一）经济复苏早，经济增长率高③

受到新冠疫情的冲击，2021财年④印度经济出现萎缩。但是之后就呈现稳步

① 中国外交部．印度国家概况［EB/OL］．［2023-07］．https：//www.mfa.gov.cn/web/gjhdq_676201/gj_676203/yz_676205/1206_677220/1206x0_677222/.

② 除非特别说明，印度部分印度的国别数据来自印度财政部网站的有关报告，由于与国际组织和其他国家的数据存在口径上的差异，不能直接比较。

③ The Ministry of Finance of India. Economic Survey 2022-23［EB/OL］．［2023-01］．https：//www.indiabudget.gov.in/economicsurvey/doc/echapter.pdf.

④ 2021财年从2020年4月到2021年3月，通常被称为2020/2021财年。

前行的态势。2022财年，印度经济实现复苏，GDP超过2020财年的水平，经济复苏走在了很多国家的前面。2023财年一开始，印度经济呈现快速增长的态势，迅速回到疫情发生前的增长轨道上。多家国际机构预测2023财年印度GDP增长率的结果处于6.6%—7.3%，平均值为6.9%，预测印度将成为增长率最高的主要经济体。2023财年，印度的经济增长主要由私人消费和资本形成拉动。这也刺激了就业，城市失业率出现下降。

2022年第二季度，印度整体债务占GDP比重为170%，其中家庭为36%，非金融私营部门为88%，政府为82%。与2008年第二季度相比，印度整体债务占GDP比重下降了7个百分点，同期其他经济体的该比重都是上升，有的还上升了很多。这从侧面说明印度经济的复苏和增长形势较好。

（二）财政状况稳定向好①②

印度联邦政府收支呈现下降态势。2022/2023财年，印度联邦政府总支出和总收入（调整的估计数，下文简称RE）略超过41.87万亿卢比，约占GDP的15.3%，比2021/2022财年的实际数多3.93万亿卢比，但占GDP比重下降0.7个百分点（见表1-14）。2023/2024财年，联邦政府总支出和总收入（预算估计数，下文简称BE）略超过45.03万亿卢比，占GDP的约14.9%。

表1-14 印度联邦预算概览（2021/2022财年—2023/2024财年）

（单位：千万卢比）

	2021/2022财年实际数	2022/2023财年预算估计数	2022/2023财年调整估计数	2023/2024财年预算估计数
1. 经常性收入	2 169 905	2 204 422	2 348 413	2 632 281
2. 税收收入（中央净收入）	1 804 793	1 934 771	2 086 662	2 330 631
3. 非税收入	365 112	269 651	261 751	301 650
4. 资本性收入	1 623 896	1 740 487	1 838 819	1 870 816
5. 贷款的回收	24 737	14 291	23 500	23 000

① The Ministry of Finance of India. Budget at a Glance 2023-2024 [EB/OL]. [2023-02]. https://www.indiabudget.gov.in/doc/Budget_at_Glance/budget_at_a_glance.pdf.

② The Ministry of Finance of India. Economic Survey 2022-23 [EB/OL]. [2023-01]. https://www.indiabudget.gov.in/economicsurvey/doc/echapter.pdf.

续表

	2021/2022 财年实际数	2022/2023 财年预算估计数	2022/2023 财年调整估计数	2023/2024 财年预算估计数
6. 其他收入	14 638	65 000	60 000	61 000
7. 借款和其他负债	1 584 521	1 661 196	1 755 319	1 786 816
8. 总收入（1 +4）	3 793 801	3 944 909	4 187 232	4 503 097
9. 总支出（10 +13）	3 793 801	3 944 909	4 187 232	4 503 097
10. 经常性账户支出	3 200 926	3 194 663	3 458 959	3 502 136
其中11. 利息支出	805 499	940 651	940 651	1 079 971
12. 创造资本性资产的援助性拨款	242 646	317 643	325 588	369 988
13. 资本性账户支出	592 874	750 246	728 274	1 000 961
14. 实际的资本性支出（12 +13）	835 520	1 067 889	1 053 862	1 370 949
15. 经常性赤字（10 －1）	1 031 021	990 241	1 110 546	869 855
占 GDP 比重（%）	4. 4	3. 8	4. 1	2. 9
16. 实际的经常性赤字（15 －12）	788 375	672 598	784 958	499 867
占 GDP 比重（%）	3. 3	2. 6	2. 9	1. 7
17. 财政赤字 [9 －(1 +5 +6)]	1 584 521	1 661 196	1 755 319	1 786 816
占 GDP 比重（%）	6. 7	6. 4	6. 4	5. 9
18. 原发性赤字（17 －11）	779 022	720 545	814 668	706 845
占 GDP 比重（%）	3. 3	2. 8	3. 0	2. 3

资料来源：The Ministry of Finance of India. Budget at a Glance 2023 －2024 [EB/OL]. [2023 －02]. https：//www. indiabudget. gov. in/doc/Budget_at_Glance/budget_at_a_glance. pdf.

印度联邦政府财政赤字逐年下降。疫情发生的首个财年，即 2020/2021 财年，印度联邦政府财政赤字占 GDP 的比重为 9. 2%；2021/2022 财年下降到 6. 7%；2022/2023 财年，该指标（RE）的目标值与预算估计数相同，为 6. 4%；2023/2024 财年，该指标（BE）下降至 GDP 的 5. 9%（见图 1 －23）。

印度联邦政府债务基本稳定。印度联邦政府债务占 GDP 的比重在过去的 10 个财年中基本稳定，在 2021 财年疫情发生的首个财年有明显的上升；2022 财年，联邦政府债务占 GDP 比重从上一财年的 59. 2% 下降到 56. 7%（见图 1 －24）。

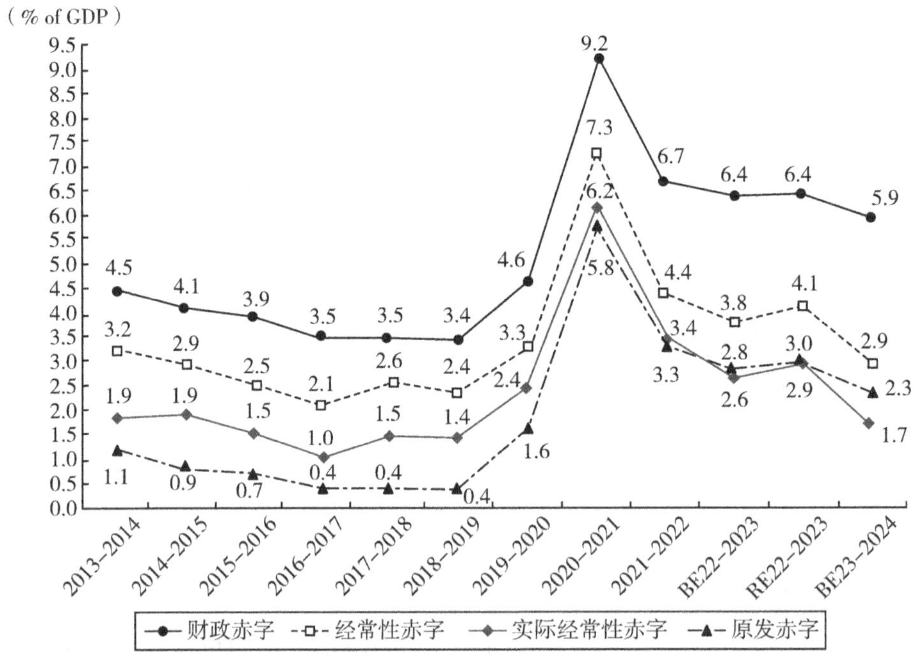

图1-23 赤字变化趋势（2013/2014财年—2023/2024财年）

资料来源：The Ministry of Finance of India. Budget at a Glance 2023-2024 [EB/OL]. [2023-02]. https://www.indiabudget.gov.in/doc/Budget_at_Glance/budget_at_a_glance.pdf.

注：横轴中的BE代表相应财年的预算估计数，RE代表相应财年的调整估计数。

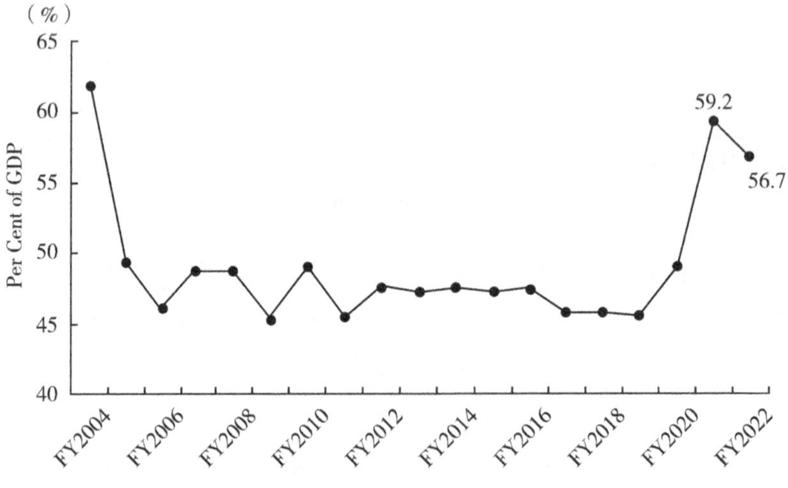

图1-24 印度联邦政府债务占GDP比重（2004财年—2022财年）

资料来源：The Ministry of Finance of India. Economic Survey 2022-23 [EB/OL]. [2023-01]. https://www.indiabudget.gov.in/economicsurvey/doc/echapter.pdf.

二、印度当前经济社会主要风险及在财政上的反映[①]

（一）通货膨胀的挑战

印度与欧洲国家一样，也面临控制通货膨胀的挑战。发生在欧洲的冲突（俄乌冲突）必将影响到对2023财年经济增长和通货膨胀的预期。2022年1月，印度零售价格的通货膨胀率已经攀升至印度央行印度储备银行的容忍范围之上。直到10个月后的2022年11月，该指标才回到6%的目标区间上限之下。在这10个月里，国际大宗商品价格的上涨导致印度零售价格上涨，而当地的天气状况，如过热和非季节性降雨，也使得食品价格居高不下。政府和印度储备银行为抑制通胀采取了多种措施，印度政府削减了产品税（Excise Duty）和关税，并限制出口，而印度储备银行与其他国家的央行一样，提高了回购利率，并压缩了过剩的流动性。随着全球商品价格的下降，直到2022年11月，通货膨胀才回到控制目标的上限之内。

（二）币值稳定的挑战

其他国家货币政策的收紧，对卢比币值稳定提出挑战。随着美国货币政策的收紧，美元相对于很多货币都升值了，对卢比来说也是如此。卢比还算是表现较好的一种货币。但是，卢比的温和贬值还是增加了印度国内通货膨胀的压力，而且扩大了经常性账户的逆差。全球大宗商品的价格可能不会再继续上涨，但是仍然高于冲突前的水平。这将进一步扩大印度经常性账户的逆差。随着印度经济的增长，经常性账户的逆差也将不断扩大。印度认为，2023财年，印度有足够的外汇储备为经常性账户逆差提供资金，并干预外汇市场，管理卢比币值的波动。由于美联储可能会进一步提高政策性利率，印度货币卢比还将继续面临贬值的挑战。

---

① The Ministry of Finance of India. Economic Survey 2022 – 23 [EB/OL]. [2023 – 01]. https://www.indiabudget.gov.in/economicsurvey/doc/echapter.pdf.

三、印度财政防风险的施政重点[①]

2023/2024财年印度财政政策战略的前提是：即使面对全球性的不利因素和不确定性的挑战，仍然要扩大增长的势头，同时还要实现财政整顿和提高政府支出的质量。

（一）税收政策

印度未来中期整体的税收政策是将税收结构合理化并扩大税基。实现这一目标的方法是消除渗透在税收结构中的税收累退，并修订税收豁免措施。此外，将采取措施扩大税基、放松对纳税人的税收依从约束、促进供应链正常化和增进商业经营的便利性。2023/2024财年，税收收入占GDP比重（BE）为11.1%。

（二）支出政策和投资政策

财政规则的目标是修正扭曲的刺激，控制过度支出，目的是承担财政责任和实现债务可持续。因此，为实现上述目标，支出的指导原则是监督和减少顺周期财政政策。另外，为促进持续的经济增长，支出的质量十分重要。

2023/2024财年，政府将预算支出的优先事项放在那些可以支持经济增长、创造就业和社会福祉的支出上。增加铁路、公路和高速路、国防、医疗、教育、乡村发展和社会福利支出的决定，就是在这种背景下做出的。2023/2024财年，联邦政府资本性账户支出（BE）接近10.01万亿卢比，比2022/2023财年的调整数增长37.4%。2023/2024财年，联邦政府包括资产形成的援助性拨款的实际的资本性支出（BE）接近13.71万亿卢比，比2022/2023财年的调整数增长30.1%。这反映出，联邦政府通过投资基础设施建设，推动经济增长的意图。[②]

---

① Ministry of Finance of India. Statements of Fiscal Policy as required under the Fiscal Responsibility and Budget Management Act, 2003 [EB/OL]. [2023-02]. https://www.indiabudget.gov.in/doc/frbm1.pdf.

② The Ministry of Finance of India. Budget at a Glance 2023-2024 [EB/OL]. [2023-02]. https://www.indiabudget.gov.in/doc/Budget_at_Glance/budget_at_a_glance.pdf.

（三）赤字政策

就目前来说，财政赤字是“财政整顿”唯一可操作的目标。2022/2023 财年，政府仍然将（联邦政府）财政赤字（RE）的目标值保持在预算估计数上，即 6.4%。在 2023/2024 财年，随着预算的资本性支出超过 10 万亿卢比，联邦政府财政赤字（BE）仅下降至 GDP 的 5.9%。在 2021/2022 财年预算讲话中曾承诺过，政府将更深入地贯彻财政整顿。因此，到 2025/2026 财年，联邦政府财政赤字占 GDP 的比重将会低于 4.5%。

（四）借款政策

印度政府债务的主要特征之一是外债占债务总量的比重在下降，而且所占比重较低。为发展项目筹措的外部借款仅限于来自精挑细选的合作伙伴的多边或双边贷款，因此不会受到资本流动逆转的影响。政府将继续更多地依赖于从国内资本市场借款。

印度政府债务违约风险仍然很低，因为 2022 年 1 月 17 日计算的待偿还债券的加权平均期限接近 16.95 年。而且，在未来 5 年内将到期的证券仅占证券总额的 30%。

印度政府中长期债务管理战略是降低政府中长期借款的成本，办法是发行合适的证券以及通过延长期限和回购证券来控制违约风险。并通过控制浮动利率债务的规模降低利率风险，以及通过发行本币债务来管理汇率风险。

四、印度与中国的经贸关系①

中国和印度都是拥有十几亿人口的发展中国家和新兴经济体，都面临艰巨的发展任务和广阔的发展前景。中印两国和睦相处、携手合作，不仅事关世界三分之一人口的未来和福祉，也对亚洲乃至全球和平繁荣具有重要意义。

---

① 中国商务部．对外投资合作国别（地区）指南——印度（2022 年版）[EB/OL]．http：//www.mofcom.gov.cn/dl/gbdqzn/upload/yindu.pdf.

（一）中印双边和多边协定

2016年10月，中印双方签署产能合作协议，涵盖基础设施、能源、制造业等领域。

印度与孟加拉国、韩国、老挝、斯里兰卡、中国、蒙古国签有《亚太贸易协定》（Asia Pacific Trade Agreement，APTA）。

此外，中国和印度在金砖国家、上海合作组织等多边机构框架内还保持着密切合作。

（二）中印货物贸易关系对印度尤为重要

根据印度商工部数据，2021/2022财年，美国超越中国，重新成为印度最大贸易伙伴，中国下降到印度的第二大贸易伙伴。2021/2022财年，印度前十大进口来源地排在第一位的是中国，前十大出口市场中国排在第三位。

根据中国海关统计，2021年中印货物贸易总额1 256.64亿美元，同比增长43.4%。其中，中国对印度出口975.21亿美元，同比增长46.2%；中国自印度进口281.43亿美元，同比增长34.2%。

（三）中印投资额及主要领域

根据中国商务部统计（见表1－15），2021年中国对印度直接投资流量2.79亿美元，截至2021年底，中国对印度直接投资存量35.19亿美元；2021年印度对华实际投资0.1亿美元，截至2021年底，印度对华累计投资9.5亿美元。

中国对印度主要投资领域涉及电子商务、手机、电信设备、家用电器、电力设备、钢铁、工程机械等，主要投资企业包括阿里巴巴、腾讯、小米、VIVO、OPPO、复星医药、上海汽车、海尔、华为、特变电工、青山钢铁、三一重工等。

表1－15　2017—2021年中国对印度直接投资情况　（单位：万美元）

年份	2017年	2018年	2019年	2020年	2021年
当年流量	28 998	20 620	53 460	20 519	27 946
年末存量	474 733	466 280	361 009	318 331	351 889

资料来源：中国商务部．对外投资合作国别（地区）指南——印度（2022年版）[EB/OL]. http：//www. mofcom. gov. cn/dl/gbdqzn/upload/yindu. pdf.

（四）中印承包工程和劳务合作情况

据中国商务部统计，2021 年中国企业在印度新签承包工程合同 123 份，新签合同额 16.68 亿美元，完成营业额 19.02 亿美元。累计派出各类劳务人员 1 297 人，年末在印度劳务人员 1 981 人。

（五）中印园区合作情况

目前，中国在印度正在开展的产业园区有两个，分别是新疆特变电工集团开展的古吉拉特邦电力产业园区项目和北汽福田牵头开展的马哈拉施特拉邦汽车产业园项目。其中，特变电工产业园区已于 2014 年正式投产，入园企业 4 家，年销售收入达数亿美元，北汽福田产业园区正在推进中。

五、相关启示与建议

（一）中印边境的不安全因素要依赖整体军事实力的相对提升来化解

印度莫迪政府重点推进国防力量的现代化和实战能力建设，预算优先保障国防支出，国防支出不断增加。2021/2022 财年，印度国防支出实际数接近 3.67 万亿卢比，占联邦总支出的 9.7%；2022/2023 财年，国防支出（RE）接近 4.10 万亿卢比，占联邦总支出的 9.8%；2023/2024 财年，印度国防支出（BE）增加到接近 4.33 万亿卢比，占联邦政府总支出的 9.6%①。从国际比较来看，印度军事支出占一般政府支出的比重较高。根据世界银行的数据，2021 年印度军事支出占一般政府支出的比重为 8.3%，世界平均为 5.7%，历史来看印度的该比重在 9% 上下，而世界平均在 6.5% 左右②。

---

① The Ministry of Finance of India. Budget at a Glance 2023－2024 [EB/OL]. [2023－02]. https://www.indiabudget.gov.in/doc/Budget_at_Glance/budget_at_a_glance.pdf.

② The World Bank. Military expenditure（% of general government expenditure）－India，World [DB/OL]. [2023/09/12]. https://data.worldbank.org/indicator/MS.MIL.XPND.ZS?locations=IN－1W. 世界银行的口径与印度政府的口径不同，印度国别部分只有在进行国别比较时，出于国际可比考虑采用了世界银行等国际组织的数据，其他地方都采用印度官方机构数据。

中印两国陆上接壤，存在边境争议地区，中印边境两国军事摩擦时有发生。印度注重加强向中印边境部署兵力和武器装备。例如，据印度《经济时报》报道，多名印度军方官员 2022 年 1 月 1 日称，印度空军很可能将于 2 月在旁遮普邦的一个空军基地，完成其第一个 S－400 防空导弹团的部署工作，其作战范围可以覆盖部分与中国接壤的北部边境以及与巴基斯坦接壤的边境地区①。随着印度经济实力的提升，其军事实力也必将不断提升。边境的长治久安，必然需要依赖强有力的物质基础。我国边境整体军事实力的相对提升是和平和安宁的基石。

（二）消除或降低有明确军事意图的基础设施对我国国家安全的威胁

如上文所述，2022/2023 财年，印度联邦政府预算安排了前所未有的 7.5 万亿卢比的资本性支出。2023/2024 财年，预算的资本性支出超过 10 万亿卢比，特别增加铁路、公路和高速路、国防、医疗、教育、乡村发展和社会福利支出。除国防支出外，铁路、公路和高速路、医疗支出都在支出增长中占据重要的位置，其中也包含明确的军事意图，例如快速输送兵力和武器设备到边境地区以及增加边境地区前沿医院收治能力。近年来，印度政府加强了中印边境公路网建设，完成数个隧道建设，新建医疗基础设施和提升现有医疗设施，这些都有明确的军事目的。对此，我国要为未来可能发生的冲突做好针对性预案，消除或降低相应设施对国家安全的威胁。

① 新华网．印媒：印军首个 S－400 导弹团将于 2 月完成部署 能覆盖中印边境部分地区［EB/OL］．［2022－01－04］．http：//www. news. cn/mil/2022－01/04/c_1211516291. htm.

乌克兰："外援财政"难以为继

俄乌冲突一年来，乌克兰陷入严重财政危机，经济大幅萎缩，财政赤字高达GDP的四分之一，国家债台高筑。与此同时，乌克兰财政已完全失去自主性，外援占其财政收入的56%，且外援落实具有多变、延迟且不稳定等特征。IMF认为，乌克兰经济活动在2023年可以持续，但仍然疲弱的私人投资和进出口仍将对经济带来拖累，战后重建仍需要大量财政资金支持。乌克兰财政危机不仅对乌克兰政权稳定、对俄乌冲突局势走向产生影响，也对未来地缘政治格局、经济形势变化带来重大影响。

一、乌克兰财政经济运行情况及财政可持续性分析

俄乌冲突导致2022年乌克兰GDP收缩了约30%（见表1－16），由2021年的2 001.55亿美元缩减为1 515.02亿美元。战争对乌克兰的基础设施造成严重破坏，给农业和金属行业带来损失。大约35%的人口离开乌克兰，人员伤亡和移民导致劳动力严重短缺。世界银行估计，自战争开始以来，乌克兰贫困率增加了5倍，达到约20%。

表1－16　　2018—2022年乌克兰GDP总额及变化情况

年份	GDP（亿美元）	增长率（%）
2018年	1 308.3	16.7
2019年	1 537.8	17.5
2020年	1 555.8	1.2
2021年	2 000.9	28.6
2022年	1 515.0	－30

资料来源：乌克兰财政部。

从财政的角度来看，俄乌冲突爆发后乌克兰财政收入有所增加，增加的部分主要来源于国际援助。2022年，乌克兰一般政府收入为489亿美元，2021年这一数值为355亿美元，增长了37.8%（见表1-17）。但经济萎缩导致税收收入同比降低14.4%，增加的财政收入主要来源于外国和国际组织的资金。2022年，来自外国和国际组织的资金占乌克兰财政收入的比重由2021年的0.1%增加至26.9%。来自国际社会的支持对于帮助乌克兰维护宏观经济稳定，维持卫生和教育基本服务支出、养老金支出、支付公共部门工资和针对弱势群体的社会支出至关重要。2023年，预计财政收入363亿美元，较上年减少25.8%。据乌克兰财政部数据，今年1—5月，乌克兰财政收入总额为213.2亿美元，其中税收收入89.6亿美元，占比42%；来自外国和国际组织的资金48.6亿美元，占比22.8%。

表1-17　　2021—2022年乌克兰国家预算收入来源　　（单位：亿美元）

	2023年1—5月收入	比重（%）	2022年收入	比重（%）	2021年收入	比重（%）
收入总额	213.2	100	489	100	355	100
税收	89.6	42	259	53.14	302.7	85.37
对收入、利润和市场价值增长征税：	23.8	11.18	72.6	14.85	78	22
个人所得税	13.8	6.48	40.6	8.3	37.6	10.61
企业所得税	10.0	4.7	32	6.55	40.4	11.39
自然资源特殊用途的租金和付款	5.9	2.8	23.3	4.78	22.1	6.23
国内商品和服务税	56.3	26.4	155.7	31.85	191.1	53.9
乌克兰生产的应税商品消费税	7.1	3.32	16.6	3.4	22.7	6.39
进口到乌克兰的应税商品消费税	6.1	2.84	11.4	2.33	21.8	6.14
国内商品增值税（包括预算退税）	14.5	6.79	58.5	11.97	42.6	12.01
进口货物增值税	28.7	13.45	69.2	14.16	104.1	29.36
国际贸易和对外交易税	3.17	1.49	7.2	1.47	10.4	2.94
其他税费	0.3	0.13	0.9	0.19	1.1	0.3

续表

	2023年1—5月收入	比重（%）	2022年收入	比重（%）	2021年收入	比重（%）
非税收入	71.8	33.68	94.8	19.38	47.9	13.52
财产和商业活动所得收入	22.6	10.63	23.9	4.88	15.3	4.32
行政费用和收费、非营利经济活动的收入	1.3	0.62	2.2	0.46	3.5	1
其他非税收入	3.8	1.78	4.4	0.9	4.9	1.39
预算机构的收入	44.1	20.64	64.3	13.14	24.1	6.81
资本交易收入	0	0	0.16	0.03	0.08	0.03
外国和国际组织的资金	48.6	22.8	131.6	26.92	0.35	0.1
信托基金	0.02	0.02	0.03	0.01	0.05	0.02
官方（政府间）转让	3.2	1.5	2.6	0.53	3.4	0.97

资料来源：乌克兰财政部。

俄乌冲突爆发以来，乌克兰用于国防的支出在财政支出中的比重大幅提升。2023年1—5月，国防支出占比为53.7%，2022年这一比重为42.24%（见表1－18）。俄乌冲突爆发之前的2021年，用于国防支出的财政支出占比仅为8.56%。在国防支出比重大幅提高的同时，用于保障居民生活的住房和公共服务支出、保健支出、精神和身体发展支出、教育支出、社会保障支出占比均有所缩减。

表1－18　2021—2022年乌克兰国家预算支出　（单位：亿美元）

	2023年1—5月支出	比重（%）	2022年支出	比重（%）	2021年支出	比重（%）
支出总额	282.7	100	740	100	407.5	100
全州职能	13.4	4.73	55.2	7.47	56.5	13.87
防御	151.9	53.71	312.5	42.24	34.9	8.56
公共秩序、安全、司法	34.9	12.35	121.2	16.39	47.7	11.7
经济活动	6.4	2.28	26.1	3.53	49.5	12.14
保护环境	0.3	0.12	1.3	0.17	2.2	0.55
住房和公共服务	0	0	0.14	0.02	0.04	0.01
保健	14.2	5.01	50.4	6.81	46.7	11.44
精神和身体发展	0.7	0.26	3	0.41	4.4	1.07

续表

	2023 年 1—5 月支出	比重（%）	2022 年支出	比重（%）	2021 年支出	比重（%）
教育	4.4	1.56	16	2.16	17.5	4.28
社会保障	42.4	15.0	116.5	15.75	92.8	22.77
政府间转移支付	14.05	4.97	37.4	5.06	55.4	13.6

资料来源：乌克兰财政部。

乌克兰财政赤字大幅提升。2018 年至 2022 年，乌克兰财政收入由 254 亿美元上升至 489 亿美元，同期财政支出由 270 亿美元升至 740 亿美元，达到近 5 年峰值。2023 年赤字创纪录高达 343 亿美元（见表 1－19）。

表 1－19　2018—2023 年乌克兰预算执行情况表　（单位：亿美元）

年份	收入	支出	贷款	赤字	财政赤字率（%）
2018 年	254	270	0.41	16	1.66
2019 年	273	293	0.94	20	1.96
2020 年	294	352	1.4	58	5.18
2021 年	355	408	1.2	53	3.63
2022 年	489	740	－0.9	251	—
2023 年	363	706	12.3	343	—

资料来源：乌克兰财政部[①]。

IMF 预测，2023 年乌克兰 GDP 将与 2022 年持平，约为 1 487.12 亿美元。同时，财政收入持续增长。IMF 认为，在俄乌冲突不进一步升级的情况下，乌克兰经济活动在今年可以持续。财政支出的增加将促进需求增长，但仍然疲弱的私人投资和进出口仍将对经济带来拖累。此外，重建乌克兰将付出巨大的经济成本。战争的持续可能会扰乱经济活动，导致乌克兰财政前景恶化，并加剧金融和通胀压力。乌克兰将依赖于双边和多边援助，以便对能源基础设施、道路、桥梁、住房、学校和医院进行紧急维修，以确保能够提供基本服务。此外，还需要提供优惠政策，加强对移民到国外的居民的吸引力。乌克兰的结构性改革，包括寻求加入欧盟的改革，升级监管框架、支持法治、鼓励市场竞争等措施可以提高生产率，促进贸易增长和乌克兰的复苏。

① 2022 年前为决算数，2023 年为预算数。

二、以财政运行透视乌克兰的风险及外溢效应

（一）税负升高，居民生活艰难

乌克兰政府还债压力大，无力保障居民生活。据乌克兰财政部数据，2023 年国防支出占财政支出的比重为 53.71%，超过了总支出的一半，用于保障居民生活的住房和公共服务支出、保健支出、精神和身体发展支出、教育支出、社会保障支出占比均有所缩减。由于还债压力巨大，为提高税收收入，乌克兰政府提高了居民用水、用电费用，以及垃圾收集费、小区清洁费等生活费用，将导致居民的生活负担增加，间接导致商品价格上涨。

受俄乌冲突影响，乌克兰的通胀率在 2022 年升至 26.6%（见表 1－20），创 2015 年以来新高。据乌克兰国家统计局报告，过去一年，乌克兰食品、运输和燃油价格涨幅最大，分别上涨了 34.4%、42.9% 和 69.4%。在食品方面，鸡蛋、水果、蔬菜、鱼类、面包的涨幅最大，分别上涨了 76.6%、73.8%、51.8%、45.8% 和 30.3%。此外，家居用品和电器、酒店餐饮、医疗服务的价格涨幅均接近或超过 20%。2022 年乌克兰高通胀的原因在于俄乌冲突破坏了供应链和物流。2021 年乌克兰通货膨胀率为 10%，乌国家预算案预测 2023 年通胀率为 28%。

表 1－20　2020—2022 年乌克兰通货膨胀率变化情况

年份	通货膨胀率（%）
2020 年	5.0
2021 年	10
2022 年	26.6

资料来源：乌克兰财政部。

由于战争的持续以及金融和经济形势的恶化，大多数乌克兰企业无法提供战前水平的工资，2022 年名义工资下降 12%，实际工资下降 27%。经济的深度衰退导致企业破产，失业率迅速上升。据世界银行的报告，2022 年乌克兰的贫困率从 5.5% 上升到了 24.2%，另有 710 万人的生活水平跌到贫困线以下。乌克兰的非正式失业率为 36%。一方面由于战争导致收入大幅减少，另一方面由于高通胀导致资产缩水、物价上涨，乌克兰居民生活质量面对巨大困难。

（二）财政依赖于外国援助，上半年新增承诺较低

当前，在俄乌冲突进一步升级的环境中，不利因素复杂多变。乌克兰的经济萎靡不振并出现负增长，财政赤字持续扩大，债务负担进一步加重。与此同时，外国援助承诺落实存在不确定性，2023 年上半年尽管军事冲突仍在继续，西方对乌新增援助承诺一直很低。乌克兰以外援为支撑的战时财政面临巨大风险。

2023 年上半年对乌新增承诺额较低。据德国基尔世界经济研究所统计的对乌援助数据，2022 年 2 月 1 日至 2023 年 2 月 24 日，乌克兰累计收到国外援助承诺 1 697 亿美元，援助主要来自 40 个国家组织和地区，包括 G7 成员国和欧盟成员国等。目前，世界 40 个主要国家对乌克兰的承诺援助将分期交付。自 2023 年春季以来，大部分国家对乌克兰的新增承诺额一直很低，且大多数新增承诺属于军事援助，实际交付的军事装备远低于承诺额。据德国基尔世界经济研究所统计，2023 年 2 月 25 日至 5 月 31 日对乌新增援助承诺共计 140 亿美元，其中约 97 亿美元属于军事援助承诺。军事援助承诺在总援助承诺中的占比持续增加。战争爆发的前十个月，军事和财政援助相当平衡，2022 年 10 月之后军事援助所占比重有所增加，2023 年年初以来，接近一半的援助承诺属于军事承诺，而 2023 年 4 月至 5 月军事援助比例超过 70%，实际交付的军事援助仅到半数。

西方援助国对乌援助态度不一。一些国家和国际组织对乌克兰的援助是体现国际政治目的的援助，这种援助不同于一般的经济和财政困难援助，其受国际政治格局的影响非常大。美国政府一再宣布新增对乌援助，欧盟紧随其后对乌克兰提供财政及物资援助。但美国民众对于乌克兰的支持率正在不断下滑。欧盟内部同样存在分歧，德国从拒绝援乌到被迫援乌，又到现在的消极援乌；法国和意大利一再强调开展和谈对话的重要性，保加利亚、匈牙利和斯洛伐克则不想介入纠纷，西方普遍认为对乌援助给各国带来巨大经济损失。此外，从西方援助规模来看，此次对乌援助与二战期间、20 世纪 30 年代西班牙内战期间以及美国在朝鲜战争、越南战争和阿富汗战争中提供的援助数额相比，外国对乌援助相对较少。

三、乌克兰危机对我国的外溢效应

俄乌冲突是当前国际局势中的一个重要因素，从多个维度对全球局势产生影响。从地缘政治角度而言，俄乌冲突发生在欧亚大陆的重要地缘位置，涉及俄罗

斯和欧洲的利益。这一冲突可能会导致地缘政治格局的变化，影响欧洲和亚洲的政治和经济关系；从经济的角度而言，俄乌冲突可能对欧洲和亚洲的经济产生影响。俄罗斯是世界最大的能源出口国之一，而乌克兰则是欧洲的重要传输国。一旦俄乌战争升级，可能导致能源市场的波动和经济活动的下降。从国际关系的角度而言，俄乌冲突可能会对国际关系产生影响，进一步影响国际合作，为国际治理体系发挥作用增加难度。我国是全球治理体系中不可分割的一部分，应时刻防范乌克兰危机引致的风险外溢。

一是俄乌冲突导致中欧班列线路变更、货源缩减，对"一带一路"建设造成冲击。途经乌克兰是从中国前往东南欧国家距离最短，也是最经济的选择。由于乌克兰局势动荡，中欧班列目前大部分途经白俄罗斯、俄罗斯前往欧洲，途经乌克兰的中欧班列仅占不到3%的中欧班列运力。过境或直达乌克兰线路"熔断"将导致成本提高，运输时效至少会慢3—5天。此外，乌克兰危机极大影响市场主体对中欧班列的运营需求，中欧班列货源大幅萎缩。博世、西门子等欧美大型企业主动放弃中欧班列运输，国内华为、美的、长城等大型企业出于受制裁的担忧，也相继暂缓铁路货物运输。

二是中乌经贸合作损失严重。乌克兰是最早响应"一带一路"倡议的国家之一，近年来中乌经贸往来不断加深，中国企业在乌投资不断增加。俄乌冲突爆发前，从2019年开始中国是乌克兰最大贸易伙伴，乌克兰是中国最重要的农产品海外供应商之一。2021年中国占据了乌克兰出口贸易额的20%。俄乌冲突爆发后，中乌贸易一度急剧下降接近停摆，中乌贸易额下降了超过三分之二，但仍达到了24亿美元，中国居于乌克兰第四大出口国。中国企业在乌克兰的部分投资项目陷入停滞，债务风险显著上升。2023年1—4月中国与乌克兰双边货物进出口额为237 757万美元，相比2022年同期减少了274 013.04万美元，同比下降54.7%。其中，2023年1—4月中国对乌克兰出口商品总额同比下降63%，中国自乌克兰进口商品总额同比下降49.6%。

三是中国在乌克兰投资建设的基础设施受到了战争破坏。中国以融资租赁形式在乌克兰投资建设的基辅地铁、乌克兰国际机场轨道交通线、马里乌波尔码头、哈尔科夫地铁、哈尔科夫中粮储油罐、尼古拉斯码头、敖德萨港口码头、卡尔霍夫水库水电工程、日托米尔风电项目和光电项目等遭受战争摧毁，直接损失高达数百亿美元。

四是粮食、石油等大宗商品产业链供应链中断。乌克兰是欧洲最大的玉米出口国之一，也是全球最大的葵花籽生产国，战争爆发后乌克兰正常农业生产活动陷入困境，俄乌冲突对全球粮食市场产生了深远的影响。全球粮食价格持续上涨，进口产品在国内市场的价格优势被极大削减。为了应对国外生产和供应的不确定性，企业被迫从国际市场抢购库存，资金回笼周期加长，流动资金紧张。

四、相关建议

从中国的立场来看，乌克兰是一个重要的国际伙伴和邻国。中乌两国保持着长期友好的关系，并在经济、文化、人文等领域有着广泛的交流与合作。随着俄乌冲突不断升级，其外溢效应对全球产生深远影响，我国应保持警惕并根据溢出效应推演防范措施。

一是把握欧亚地区转型机遇，加强与欧亚地区的开放合作。欧亚地区是“丝绸之路经济带”的核心区，欧亚地缘经济秩序的演变方向和进程，不仅直接影响丝绸之路经济带建设的进一步发展，而且对我国周边环境的安全稳定具有深远影响。俄乌冲突推动欧亚地区经济秩序的深刻演变，从短期来看，欧亚地缘经济格局和秩序的转型调整，欧亚地区国家在外交和经济上强调多元化，战略自主性明显上升，为我国突破欧亚经济合作的瓶颈创造了前所未有的有利条件。在新形势下，我国应鼓励欧亚地区国家对外经济联系的多元化，利用欧亚地区国家的积极性和主动性，提升欧亚地区经济的开放性；以产业合作为抓手，利用我国全产业链，全供应链优势，促进我国与欧亚地区国家的融合发展，夯实我国在欧亚地缘经济秩序中的基础；以交通基础设施建设为切入点，提升欧亚地区国家对外联系的开放性，推动欧亚地区国家对外经济通道多元化，推动欧亚地缘经济朝着积极有利方向转型。

二是改变粮食对外国的依赖。粮食安全一直是国家治理的重要问题，在俄乌冲突不断升级的背景下，全球粮食供应链趋紧，需求和价格双升，粮食安全问题更加凸显。中国作为全球最大的粮食消费国之一，也面临着新时期的粮食安全挑战。从另一个角度来看，俄乌冲突推动了全球粮食供应链的重塑。各国需要加强合作，共同应对这种变化。面对外部环境的不确定性变化，中国政府需要采取相应措施，保障国内粮食市场稳定，并提高应对外部环境变化的能力。这需要加强宏观调控、推动科技创新、优化市场结构等方面的工作，以加强中国的农业竞争力。

下篇 >>>>>

全球金融风险分析：资产估值稳定的视角

引　言

一、资产估值不稳是金融风险的表现

金融是国民经济的血脉，是国家核心竞争力的重要组成部分。在现代经济中，金融发挥着核心作用，经济是机体，金融是血脉，两者共生共荣。货币是金融血脉中的血液，为经济输送养分，保障经济循环，为经济机体健康服务。稳金融才能稳经济，而稳金融的本质是稳资产估值。

（一）资产价格波动与金融风险

1. 资产价格剧烈变动是金融风险的直接表现形式

市场经济中，价格是供求关系的直观反映，资产价格是金融市场运行状况的关键信号。资产价格剧烈波动反映出金融市场不确定性增强，风险上升。当金融风险急剧积累，严重时将诱发金融危机。《新帕尔格雷夫经济学大辞典》将金融危机定义为“全部或部分金融指标——短期利率、资产（证券、房地产、土地）价格、商业破产数和金融机构倒闭数——急剧、短暂和超周期的恶化”。国际货币基金组织（IMF）曾指出，所有类型的危机往往都有共同根源，即不可持续的经济失衡和资产价格或汇率失调的累积。

2. 资产价格波动通过资产负债表渠道引发金融风险和经济波动

明斯基（Minsky）在对西方发达国家经济周期性发展研究的基础上认为，宏观金融风险的产生主要是由金融体系周期性的内部脆弱性导致，即在经济繁荣期，信贷、投资、消费过度导致经济主体负债结构和财务状况恶化，风险逐步积累。在经济下行甚至衰退期，当资产价格大幅下跌时，企业资产缩水，资产负债表出现失衡，改变企业和金融机构的信贷决策，加剧金融市场波动，进而微观企业投资经营会主动或被动缩减，在宏观经济中合成经济下行风险。现有理论从资产价格波动引发信贷供给和需求变动两个维度对这一机制进行分析。从信贷供给变化角度考虑，根据美联储前主席本·伯南克的金融加速器理论，资产价格下跌导致企业资产低于负债规模，在信息不对称条件下，银行出于对企业偿还能力的担忧将倾向收紧贷款，这将限制企业投资和扩张，抑制经济发展。这时需要宽松的货币政策发挥作用，促进信贷条件改善。从信贷需求变化角度考虑，根据辜朝明的资产负债表衰退理论，当企业出现资产负债表失衡后，企业生产目标将从“利润最大化”变为“负债最小化”，以偿还债务人债务和维持企业经营，货币政策使利率下调也难以激发企业举债意愿，在整个经济中合成谬误将导致资产负债表衰退。这是需要财政政策发挥作用，由政府举债弥补企业债务下降的缺口，带动经济发展。

3. 金融风险通过资产负债表交叉传染加剧系统性风险

20世纪90年代金融危机发生后，学者们开始尝试用基于微观主体的资产负债表来解释宏观经济波动与风险问题。以默顿（Merton）等学者为代表，认为微观层面资产负债表扭曲导致金融危机发生，构建了分析管理金融风险的新模型。Allen等提出基于公共、金融、企业和个人四部门的资产负债表分析框架，研究部门间金融风险传导问题，认为系统性金融风险可以通过资产负债表进行传导，原因是金融机构之间不是独立的，会相互交叉持股持债，所以它们之间的资产负债表直接或是间接相关，风险可以在相互关联的资产负债表中传染，引发银行挤兑的产生，进而引起整个金融系统的损失①。宏观经济部门之间的资产负债关系相互连接，形成宏观金融网络，金融风险在部门内部和部门之间通过资产负债关联进行传染，使得最终损失被放大。从资产负债表来看，一个部门的资产往往是另一部门的负债，如果金融部门对非金融部门的债券资产是非金融公司、住户和政府部门的负债，非金融部门的存款资产是金融部门的负债等，金融风险可能通过部门间的资产负债关系传导进而扩大②。

---

① 张清玉．宏观资产负债表分析金融实践应用与改进［J］．会计研究，2023（1）：44.

② 陈希凤，余晓芳．基于资产负债表的青海省金融风险分析［J］．青海金融，2015（8）.

（二）引发金融风险的资产价格波动诱因

1. 显性风险因素

在微观层面，金融机构和商业企业面临的一系列风险会引发资产价格波动。一是市场风险，市场条件的变化直接导致供求关系变动，带来资产价格变化。二是信用风险，由于债务人无法按时偿还银行贷款和到期支付债券本金，导致银行和债券持有人的资金损失。三是流动性风险，流动性不足会导致银行挤兑或利率飙升，增加金融业风险。四是操作风险，在金融机构运营中，因人工或系统的技术操作问题导致的损失。

在宏观层面，宏观经济波动和外部冲击也可能导致资产价格波动。一是宏观经济风险，当宏观经济下行，股票市场、债券市场和房地产市场等价格出现下跌，加剧金融和经济风险。宏观经济政策实施过度，则可能导致宏观杠杆率抬升和泡沫风险。弗里德曼和施瓦茨通过对美国历次经济衰退的比较分析，认为货币政策失误可以使一些小规模、局部的金融问题演化为金融动荡，并导致经济危机。二是外部传染风险，在开放市场中，全球经济和金融市场相互连接，其他经济体的政策调整或金融市场变动会传导到国内市场，汇率变动也会引发价格波动。诸多学者从风险溢出和传染效应方面分析了开放经济条件下汇率变动引发的宏观金融风险。

2. 隐性风险因素

结构性问题暴露同样会引发资产价格变动。一是金融市场结构性问题，金融机构过度信贷或过度创新、金融监管不严可能导致金融市场过度膨胀，金融泡沫破裂会造成金融市场价格的大幅波动。金融市场结构失衡和金融机构风险管理不当会加剧金融风险发生时的市场波动。通过对资产负债表分析，可以发掘出国家或经济各部门的资产和负债存量及其结构变化对经济运行产生的影响。从债务人角度包括四类风险：期限结构错配风险是由于资产和负债期限的不匹配，造成短期债务和流动性资产之间的缺口；资本结构错配风险是指过度依赖债务融资，使股权资本在经济金融波动中缺乏对资产负债表的保护；货币错配风险是指资产和负债所使用的货币不一致造成的风险；偿债风险是指部门净资产状况或资产变现能力等影响使资产不足以偿付债务的风险。二是经济发展的长期结构性问题，人口老龄化问题、全球气候变化和技术变革等改变长期经济发展模式，经济转型不及时、转型成本上升，以及金融投资与经济发展不匹配的可能性都增加了经济的风险因素，当有关问题积累到某个时点，可能突然引发金融资产价格波动。

二、全球金融风险通过资产负债表进行关联

（一）资产负债表衰退理论

宏观经济学诞生于 20 世纪 30 年代，经济学家普遍认为市场供给和需求会自动达到平衡。但随着大萧条时期市场失灵的显现，学术界开始关注市场失灵的原因，研究的脉络大致分为两类：第一条脉络主要探究垄断定价等导致生产和消费不匹配的问题。第二条脉络则围绕资产和负债展开。在工业革命后，现代经济增长的一个重要前提就是通过储蓄的积累形成规模化的投资，包括股权投资和债权投资。由于股权投资涉及复杂的合约，大量储蓄转化为债权投资。因此，债务的确带来了经济的增长，但也显著增加了整个经济体的风险，尤其是如果通过举债形成了资产泡沫，那么泡沫破灭就会对需求造成很大的影响。①

资产负债表衰退理论的提出。1990 年泡沫经济破灭后，日经 225 指数在不到一年时间里从历史最高位近乎腰斩，商业地产价格一路下滑，最终较峰值跌去 87%，日本经济进入漫长的停滞时期。作为日本泡沫经济辉煌和破灭的见证者和观察者，辜朝明在 1997 年提出了“资产负债表衰退”的解释框架，指出庞大的偿债压力之下，企业信贷需求持续不足，是经济陷入持续衰退的主要原因。资产负债表衰退理论认为，当资产泡沫破裂后，企业资产负债表中资产端大幅缩水，而债务端的负债规模没有改变②，资产负债表遭到严重破坏，此时大部分企业的目标将从利润最大化转为负债最小化，主动减少信贷需求和债务融资，经营收入优先用于偿还负债，以修复资产负债表。企业个体行为的转变会形成“合成谬误”，导致宏观层面上信贷紧缩和流动性停滞，经济总需求显著收缩。③

资产负债表衰退大多发生在全国资产价格泡沫破裂之后。当用借债吹起来的泡沫破裂后，资产价格崩溃，但所有债务仍维持原来的价值，那么负债规模就会远大于资产。这种情况就是资不抵债，也被叫作“技术性破产”。如果借款人缺乏

---

① https：//mp. weixin. qq. com/s/uDiPEg3UJmXOykRAzzZd1w.

② 资产负债表衰退理论主要聚焦企业部门，但对家庭部门也有一定的适用性。

③ https：//mp. weixin. qq. com/s/zRBakY6ArIAhY－Nc0xfOvA.

现金流，就会面临破产，但如果借款人仍有现金流，其就会用现金流来偿还债务。当其持续还款，资产负债表将再次平衡，即债务规模逐渐与资产持平。在这种情况下，借款人就可以回到利润最大化的模式。在借款人用现金流来偿还债务、修复资产负债表的过程中，实际上是在最小化债务，而非最大化利润。但是，当社会中的所有人都处于这种状况时，信贷需求就会减弱，经济随即收缩。在通常情况下，如果借钱的人多于存钱的人，利率就会提高；反之利率就会降低，以确保所有资金都会被借出去花掉。但负债规模过高时，即使央行将利率降至零，借款人仍忙于偿还债务。借款人数量不足，私营企业的额外储蓄就无法返回经济的收入流，经济开始萎缩，这就是资产负债表衰退。辜朝明强调，即使企业完成了资产负债表的修复，前期资产泡沫破裂带来的影响会导致企业在此后的一段时期内仍会产生债务抵触情绪，由此继续处于信贷需求疲软的状态中。

基于资产负债表理论，信贷需求意愿持续不足是经济长期衰退的根源，因此该理论认为宽松货币政策是无效的。即使货币与信贷供给增加，但信贷需求不提升，最终的信贷规模也难以扩张。辜朝明将宏观经济运行分为“阴”“阳”两种状态，将资产负债表理论视为宏观政策理论的“另一半”。具体来说，当私人部门的资产负债表健康时，经济运行处于“阳”态阶段；当私人部门的资产负债表陷入衰退时，经济运行就进入“阴”态阶段（见图2-1）。两个阶段结合起来构成一个完整的经济周期。一个完整周期至少要经历两代人，即60年左右才能完成。“阳”态阶段和“阴”态阶段最重要的区别是企业行为。在“阳”态阶段，私营部门资产负债表状况良好，企业以利润最大化为目标；在“阴”态阶段，企业面临资产价格暴跌带来的资产负债表衰退，极力削减债务来维持财务状况，以负债最小化为目标。“阴”态阶段和“阳”态阶段企业行为的不同预示着重要的政策含义：在“阳”态阶段，应尽量避免财政政策对私人投资的挤出效应，以货币政策调控为主；在“阴”态阶段，货币政策失效，以财政政策调控为主。①

（二）资产负债表成为观察金融风险的重要视角

宏观金融风险的成因是复杂的。首先，金融体系存在内在的脆弱性。明斯基（Minsky）在对西方发达国家经济周期性发展研究的基础上认为，宏观金融风险的产生主要是由金融体系周期性的内部脆弱性导致，即在经济繁荣期，信贷、投资、

① https://pic3.zhimg.com/80/v2-35a3fc638516ecd09a9f896588d828c6_1440w.webpzhuanlan.zhihu.com/p/648412780.

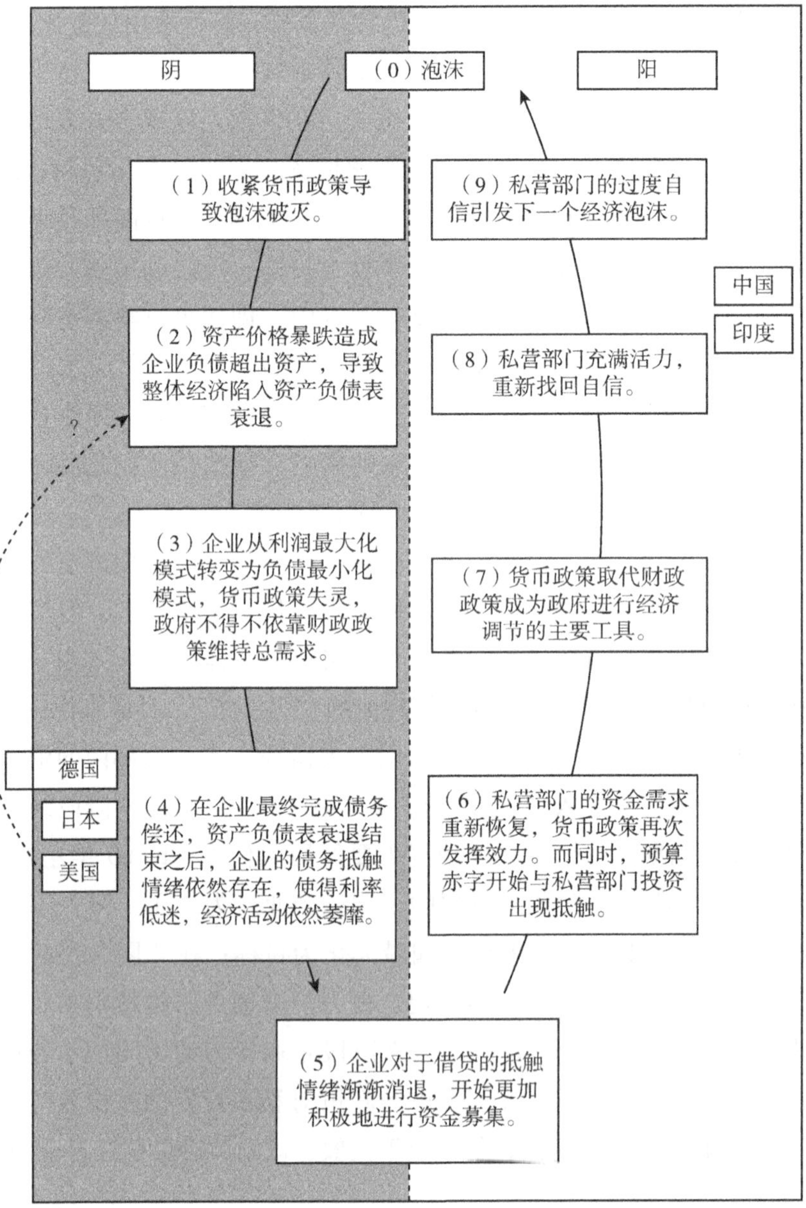

图2－1　辜朝明“阴”“阳”经济周期

资料来源：野村综合研究所。

消费过度导致经济主体负债结构和财务状况恶化，风险逐步积累，在经济下行甚至衰退期，任何阻碍资金流向生产部门的时间都会引发违约和破产，导致风险的连锁反应，宏观金融风险随即产生。其次，外部冲击，包括货币政策冲击、汇率变动冲击等是金融风险的外因。弗里德曼和施瓦茨通过对美国历次经济衰退的比较分析，认为货币政策事务可以使一些小规模、局部的金融问题演化为金融动荡，并导致经济危机。此外，诸多学者从风险溢出和传染效应方面分析了开放经济条件下汇率变动引发的宏观金融风险。最后，信息不对称也是金融风险形成的重要原因。信息经济学视角下宏观金融风险形成原因的探索集中于对信息不对称问题的研究，存款人、金融机构、投资者和监管机构的信息不对称导致金融资源的低效配置甚至浪费，产生银行挤兑、逆向选择和道德风险等问题。在金融创新加快发展的当前，这些问题容易在金融体系蔓延，导致宏观金融风险的产生。

20 世纪 90 年代金融危机发生后，学者们开始尝试用基于微观主体的资产负债表来解释宏观经济波动与风险问题。以默顿（Merton）等学者为代表，认为微观层面资产负债表扭曲导致金融危机发生，构建了分析管理金融风险的新模型。Allen 等提出基于公共、金融、企业和个人四部门的资产负债表分析框架，研究部门间金融风险传导问题，认为系统性金融风险可以通过资产负债表进行传导，原因是金融机构之间不是独立的，会相互交叉持股持债，所以它们之间的资产负债表直接或是间接相关，风险可以在相互关联的资产负债表中传染，引发银行挤兑的产生，进而引起整个金融系统的损失，此后学者多在此基础上进行研究。与传统基于 GDP（国内生产总值）等流量指标分析方法不同，资产负债表分析注重对部门存量信息的分析，反映内容更全面，可比性强，更能反映经济社会各部门真实完整的财务状况。①

资产负债表分析法作为一种基于微观视角的宏观分析方法，是 IMF 开发并治理推广的宏观分析基础方法之一，通过编制国家或经济各部门资产负债表，分析国家或部门资产和负债存量及其结构变化对经济运行产生的影响。利用某部门的资产负债表，可以从债务人角度分析四类风险：（1）期限结构错配风险，是由于资产和负债期限的不匹配，造成短期债务和流动性资产之间的缺口；（2）资本结构错配风险，是指过度依赖债务融资，使股权资本在经济金融波动中缺乏对资产负债表的保护；（3）货币错配风险，是指资产和负债所使用的货币不一致造成的风险；（4）偿债风险，是指部门净资产状况或资产变现能力等影响使资产不足以偿付债务的风险。

（三）资产负债表间的金融风险传导

宏观经济部门之间的资产负债关系相互连接，形成宏观金融网络，金融风险在部门内部和部门之间通过资产负债关联进行传染，使得最终损失被放大。从资

① 张清玉．宏观资产负债表分析金融实践应用与改进［J］．会计研究，2023（1）：44.

产负债表来看，一个部门的资产往往是另一部门的负债，如果金融部门对非金融部门的债券资产是非金融公司、住户和政府部门的负债，非金融部门的存款资产是金融部门的负债等，金融风险可能通过部门间的资产负债关系传导进而扩大。①以存款为例，站在居民的角度，其持有的存款是资产，站在银行角度则是负债。各类金融工具的本质都是两个主体之间的债务索取权或剩余索取权契约。这些契约，对于其持有方属于资产，对于发行方属于负债。任何两个主体只要发生了这种金融契约，两者的资产负债表即已关联到一起。这样的关联加总在一起，便形成了宏观金融网络。

宏观金融网络的显著特征是部门间的相互关联，牵一发而动全身。2007年美国次贷危机便是宏观金融网络互相传染的一个实例。始发于居民部门的债务违约损害了次级债券持有者（主要是影子银行部门）的资产价值，持有这些影子银行所发行票据的部门的资产进而受到传染；金融体系间的流动性受到资金挤兑的影响而迅速下降，从而使传统商业银行受损；银行在负债端所面临的流动性紧缩迫使其收缩资产收回流动性，这进一步导致金融体系内部流动性的加速收缩以及非金融企业从银行获得信贷资金的困难；企业融资成本上升，盈利能力下降，股权价值也随之下降；而持有这些企业股权的主体的资产质量进一步下降。这一系列传染过程会持续进行下去，直至达到一个新稳态，或者出现其他正面冲击抵消负面冲击的影响。这是金融传染现象的典型表现，每个国民经济部门都会在宏观金融网络中遭受损失，且最终损失往往会大于最开始的原始冲击。与之相对应，任何正面的冲击同样也会产生相应的放大效应，在繁荣时期促进宏观经济的进一步膨胀。

考虑到宏观金融网络的结构因素，传统单一维度的宏观杠杆率分析便显示出其不足之处。现有大量文献探讨了债务与宏观经济的关系，尤其是全球金融危机后，很多研究证明高杠杆对金融风险和经济衰退的影响（Reinhart and Rogoff，2009；Drehmann and Juselius，2014；Jorda et al.，2016；张晓晶和刘磊，2020）。从金融周期的角度来看，宏观杠杆率具有周期性规律。Keynes（1936）认为，货币和流动性的存在意味着一个部门的总支出无须受到总收入的限制，企业投资只受企业家对未来期望的影响。当企业家为了增加投资而向银行贷款时，货币和债务便被创造出来，投资也相应上升了。因此，在金融周期的假说中，杠杆率上升仅是企业主对未来经济普遍乐观的结果，繁荣期后也必然会对应着衰退期，但这并不能说明过高的杠杆率是有害的。事实上，债务是资产的反面，在宏观经济部

---

① 陈希凤，余晓芳．基于资产负债表的青海省金融风险分析［J］．青海金融，2015（8）．

门间一定存在着一一对应的资产负债关系，高负债的反面正是高金融资产。中国宏观杠杆率上升与金融资产相对占比上升的趋势是一致的，单纯从宏观杠杆率上升这一个维度来考察宏观金融体系的稳定性是远远不够的。

宏观金融网络的分析方法可以帮助我们扩展分析视角，从部门间资产和负债关联的角度分析宏观金融结构的稳定性。金融网络模型是讨论金融体系面对外生冲击时作用机制的重要理论，最初的金融网络模型主要用于分析银行体系内部的关联。银行的主营业务即经营资产负债表，吸收存款发放贷款，其网络特征最为明显。Diamond 和 Dybvig（1983）最初构建了一个银行挤兑模型，说明在一个互相关联的银行网络中，外生流动性冲击会通过网络连接扩散至其他银行，甚至最终引发系统性风险。银行最初所遭受的原始冲击既可能是违约，也可能是挤兑。Eisenberg 和 Noe（2001）在银行网络的债务违约模型上做出了重要贡献，他们证明了系统遭受冲击后会达到一个新的稳态且最终损失大于原始冲击。Allen 和 Gale（2000）则在银行网络的流动性挤兑模型基础上开创了分析方法，比较了不同网络结构下的金融脆弱性，认为网络结构是对银行体系稳定性产生影响至关重要的因素。

全球金融危机后，越来越多的学者已经意识到宏观部门之间的网络连接是冲击传染的主要途径，建立宏观金融网络模型来探讨宏观金融稳定性是必要的。Castrén 和 Kavonius（2009）根据国家资产负债表的分类，将欧元区分为居民、非金融企业、银行、保险、其他金融机构、广义政府和国外 7 个部门，并构建了这 7 个部门间的宏观金融网络模型。在此基础上，他们还做了非金融企业股权价值下降和居民部门坏账率上升的模拟试验，发现这些原始冲击会使企业和银行的股权价值遭受损失，从而传导至股权的持有方，使损失在部门间传染。宫晓琳和卞江（2010）采用类似的方法将中国宏观整体分为 5 个部门：居民、非金融企业、金融、政府和国外部门，并采用中国人民银行（下文简称“央行”）公布的资金流量表数据来分析部门间的传染效应。这种方法对于研究宏观金融稳定性具有很大的启示意义，也克服了传统方法只关注金融部门自身所带来的局限性。这一方法提出后，被国内学者广泛应用。宫晓琳（2012）、苟文君等（2016）、刘磊等（2019）都是将宏观金融网络与或有索取权分析法（CCA）相结合，讨论了波动率通过对各部门资产市场价值的影响而最终作用于全部国民经济部门和宏观金融风险。与这一思路相似，殷剑峰（2018）构造了存款和信用所构成的宏观金融网络，讨论信用创造机制和金融扩张乘数。Castrén 和 Racan（2014）认为，宏观金融网络模型的优势主要表现在两个方面。第一，从整体上描绘了国民经济体系之间的金融关系和部门间的风险暴露，对宏观金融系统性风险的研究至关重要。第二，这个网络刻画了各类冲击传染的可能路径和幅度，为宏观政策模拟提供了有力的分析工具。①

金融资产与美元流动性经过金融市场机制的流转和分配进入美国经济各个部门的资产负债表，如果定义金融杠杆率为金融资产与权益资本的比值，那么金融杠杆率的变化与资产负债表规模的变化是相关联的，也就说美国经济转型对金融市场的影响可以通过金融杠杆率来观察和研究，同时金融杠杆率的变化又是导致美国金融危机的重要原因，危机后金融市场又面临去杠杆化的痛苦。杠杆水平是资产负债表管理的重要环节，管理不当易引发风险。以美国硅谷银行（SVB）的破产为例，其现象背后更多是资产负债表的不平衡带来的风险在短时间内集中爆发引发的后果。金融机构典型特征是杠杆率高，面临着严格的监管，且对资本充足率有着明确的要求。在美国政府大量印钞的背景下，银行的资产负债表出现了急剧扩张，报表数据显示，在其资产仅有160亿美元的情况下，硅谷银行的总平均存款从2020年的719.11亿美元上升至2021年的1 380.57亿美元，几乎上升一倍。2022年虽有所放缓，但存款平均余额仍高达1 721.06亿美元。这部分负债所得到的资金急切需要找到很好的投资渠道，公司进行的资源配置主要集中在两方面，一是贷款，二是投资。问题是在当时的背景下，这两项的收益率并不理想，再加上监管部门加息的影响，进一步影响到这两项资产的估值及未来盈利能力。而公司的首席风险官在2022年10月宣布辞职，直到2023年1月新任首席风险官才到位。也就是说，仅从表现上看，公司在风险快速积聚、市场发生不利变化的关键时期，在3个月的时间里没有首席风险官，这显然是对风险的重视程度不够。

（四）全球金融风险在全球资产负债表中的生成和传导机制

IMF曾指出，金融危机可以大概分成四种类型，分别是货币危机、银行业危机、债务危机和系统性金融危机。货币危机是指投机冲击导致一国货币大幅度贬值，抑或迫使该国金融当局为保卫本币而动用大量国际储备或急剧提高利率；银行业危机是指真实的或潜在的银行破产致使银行纷纷中止国内债务的清偿，抑或迫使政府提供大规模援助以阻止事态的发展，银行业危机极易扩散到整个金融体系；债务危机是指一国处于不能支付其外债利息的情形，无论这些债权是属于外国政府还是非居民个人；系统性金融危机是指金融市场出现非常严重的混乱局面，

① 刘磊．中国宏观金融网络与风险：基于国家资产负债表数据的分析［J］．世界经济，2020（12）．

它削弱了市场的有效性原则，会对实体经济产生极大的负面效应，具体见表2－1。

表2－1　　四大类金融危机的原因、表现和历史案例

危机	货币危机	银行业危机	债务危机	系统性金融危机
原因及表现	当国际收支均衡被破坏时，汇率出现大幅波动，可能出现支付危机和资本外逃，从而引发货币危机	市场资金借贷失衡导致金融机构不良资产增多和流动性风险加大；或受到外债危机和证券市场危机等影响，引起银行呆账激增	偿债期限过于集中和经济结构失调导致对外支付手段枯竭，无力偿还外债而引发的危机	这类危机往往表现为上述几种危机的混合体，现实中常常是一种危机的爆发带动其他危机的爆发
历史案例	1992年欧洲货币体制危机，1998年亚洲金融危机1998年俄罗斯金融危机	1990年日本银行业危机，1961—1965年香港银行倒闭风潮	1980年拉美债务危机，1994年墨西哥债务危机，2010年欧债危机	1929—1933年大萧条，2008年全球金融危机

资料来源：Bloomberg，IMF，城市金融研究所宏观经济金融数据库。

在全球化背景下，金融危机的传导路径主要包括国际贸易、金融机构、资本流动和预期四种传导路径。其中国际贸易路径是金融危机通过国家之间经济贸易联系进行传导；金融机构路径是金融危机通过金融机构间包括相互持股、同业存款、跨国金融机构母子公司、衍生产品、同业拆借等在内的复杂资金联系在不同国家间进行传导；资本流动路径是金融危机通过资本的跨境流动在国家间进行传导；预期路径是即使国家之间不存在国际贸易、金融机构和资本流动的联系，金融危机也可能由于投资者的信心与预期变化进行净传染，主要包括“羊群效应”①和“示范效应”②。

综合看来，金融危机国际传导机制的变迁可以粗略分为三个历史时期进行考察：第一个历史时期为金融机构风险传导机制和国际贸易传导机制为主的危机传导阶段，代表事件为1929—1933年的大萧条；第二个历史时期为资本流动、国际贸易传导机制为主的危机传导阶段，代表事件为20世纪90年代爆发的欧洲货币体制危机、拉美债务危机和亚洲金融危机；第三个历史时期为资本流动和金融机构传导机制为主、国际贸易和预期传导机制为辅的危机全面传导阶段，代表事件为2008年全球金融危机。

---

① 羊群效应是指投资者在市场上常常根据其他投资者的行为决定自己的选择，投资者具有一种从众心理。

② 示范效应是指当一国发生金融危机后，如果投资者掌握危机发生国与所投资国家经济、金融方面较为充分的信息，投资者会根据所掌握的情况将所投资国家与危机发生国进行对比，重新评价所投资国家的风险，并据此改变自己的资产组合。

（五）全球金融风险再分配

当今时代，全球的分工合作向深度和广度拓展，国与国之间相互依赖超出任何时候。风险不断全球化，国与国之间互为风险源，任意国家的风险都可能系统化、公共化、演化为全球风险。在风险分配的过程中，每个个人或组织在追求自身利益最大化的同时，也在追求自身风险最小化，存在着一种本能：即不由自主地把本应承担的风险外部化。而掌握契约规则制定的人或组织更有能力将本应其自身承担的风险外部化，即将风险转移给其他人或组织。在全球治理体系中，掌握全球风险分配契约规则制定的国家有能力将本应其自身承担的风险转移给别的国家。

以美国为代表的发达国家利用国际金融分工链中的高端优势，掌握风险分配的主动权通过国际资本流动对各国生产、消费、投资等环节中的比较优势进行重组。而中国等发展中国家在风险分配中处于不利地位，一方面高息吸纳外资，另一方面低息将外汇储备购买美债，风险处境越来越艰难。风险分配的极度不公，导致发展中国家承担巨大的风险。

全球经济金融化背景下由债权人直接或间接持有的主权债务成为债务国开展融资的主要工具。全球经济日益以金融活动为中心，以金融关系为纽带，以金融政策为协调工具。世界经济的金融化确立了国际金融市场在世界经济中的中心地位，金融活动突破国界的限制，在全球范围内进行资产配置，并形成了统一的金融市场体系和运营机制，美元货币市场和欧洲货币市场成为资本流动的主要场所。发达国家通过对全球金融市场的控制确保其在主权借贷中享有寡头垄断地位。

具体而言，如图2-2所示，发达国家通过国际债权人联盟保证发展中国家融入国际金融市场并履行债务责任，通过主权信用评级体系确立优势话语权地位并构成可信性威胁、利用美元霸权保证债务国履行债务责任、通过国际金融组织将主权借贷合法化实现发达国家对发展中国家实施金融控制的需求。① 美国在全球经济金融领域占据霸权地位，美国利用美元全球货币地位，通过长期维持对外贸易赤字，向全球输出美元，同时美国又是全球最大的债务国，其通过大量发行美国国债方式，在全球构建起“美元—美债”循环体系。在此背景下，美国通过实施财政货币一体化政策，向全球收取铸币税，并为美国经济注入更多确定性。在此过程中，美国的财政货币政策不仅会对本国经济、金融稳定造成影响，还会通过影响美元、美债的

① 王金强，黄梅波．世界经济金融化与债务国主权债务责任的履行机制［J］．外交评论，2022，39（2）．

方式对全球产生巨大外溢效应。日本央行通过调整 YCC 政策，将收益率曲线维持在预期水平。日元利率的上升将会在第一时间传导至世界各大金融市场，日元调整不仅事关其国内经济和金融市场，也是国际经济领域中需要密切关注的重要事项。

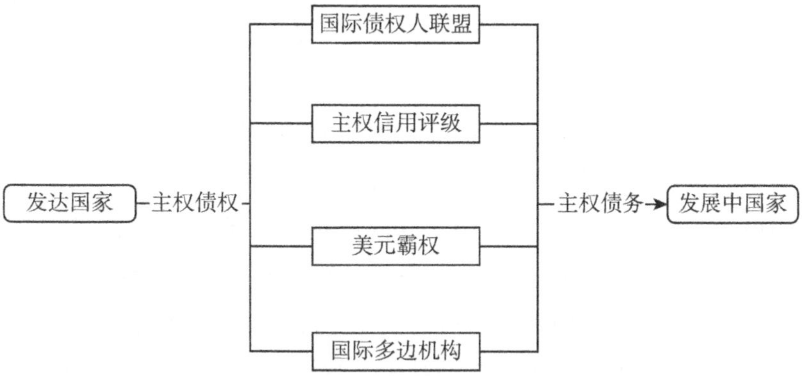

图 2 －2　发达国家金融风险再分配传导图

其他国家，如英国、德国、巴西等国易受到全球金融风险再分配的影响。英国金融体系的系统性风险来自国内和全球风险的蔓延和传导。其他国家上调利率或资产价格波动可能通过经济和金融等渠道给英国金融稳定带来风险。因此，全球风险的蔓延和传导增加了英国金融体系的不确定性，让其整体外部环境具有挑战，但并不是现实和确定的威胁。全球风险的蔓延和传导对英国金融体系来说充满了挑战和增添了明显的不确定性。德国经济复苏乏力，加息和通胀综合作用造成的金融紧缩对德国社会各部门的资产负债表造成严重冲击，并向实体部门蔓延。欧洲央行自成立以来，资产负债表经历多轮明显的阶段性扩张，带动德国央行资产负债表的扩张，对德国各经济部门的资产负债表带来显著影响。巴西金融体系则主要通过资本从股市外逃、国内信贷供应减少两个渠道遭受金融危机影响。

综上，伴随着金融风险与债务危机所揭示的全球经济发展的重大不稳定因素以及加快形成的经济发展格局转变，全球经济治理格局正在发生以下变化。

其一，反映金融风险与债务危机责任的全球经济治理对象正在发生变化。此前，全球经济治理更多表现为发达经济体通过规则制定，在消除贫穷、促进发展以及预防地区金融风险等更多涉及发展中国家的议题上进行协调、维护和管理，发达经济体自身在很大程度上不在治理对象范围之内。但是，严重威胁世界经济增长的重大危机几乎都源于发达经济体，这一事实表明，有效的全球经济治理必须把发达经济体及其宏观经济政策纳入全球经济治理视野中，以防止其国内经济治理失效所产生的负面效应外溢至全球层面，给世界经济的健康发展带来更为严重的威胁。这意味着，未来全球经济治理的视角要进一步转变，发达经济体要从传统的治理发起者变成治理对象国。

其二，解决金融风险与债务危机的全球经济治理主体正在调整。在经济体层面，离开了新兴经济体的建设性参与，任何有效的全球经济治理都无法真正达成，更多新兴市场经济体在全球经济治理中的主体性地位将得到进一步确认，并在其中发挥越来越重要的作用。金融风险和债务危机的解决不得不求助于外汇储备丰富的新兴经济体购买国债，这进一步凸显了新兴经济体参与全球经济治理的主体性地位。在市场参与机构层面，包括国际评级机构和欧美大型商业银行在内的市场参与机构也应该被纳入全球经济治理主体，不再只处于被监管的地位，而要与国家一道积极参与到全球治理进程中，共同制定全球治理议程，成为全球经济有效治理不可或缺的力量，为维护全球经济金融的稳定发挥重要作用。

其三，解决金融风险与债务危机所需要的全球经济治理机制亦将进行改革。当前的全球经济治理机制出现了严重功能缺陷，亟须改革。作为改革的必需内容，增加新兴经济体在国际货币体系以及国际金融体系中的代表性和发言权，已成为共识。作为因全球金融危机而出现且被寄予厚望的新机制，G20在改革国际经济体系、特别是国际金融体系方面取得了一定进展，但这种进展仍不能反映国际经济格局的重大变化。当出现全球性重大金融和债务危机时，应该有国际治理机制的代表机构介入并发挥关键的治理作用，这也进一步凸显了改革国际经济治理机制的必要性和急迫性。

三、全球主要资产价格的变动趋势分析与金融风险隐患

（一）高通胀背景下，全球多数经济体采取激进的紧缩货币政策，国债收益率走高

一是紧货币和宽财政推动作为“全球资产价格之锚”的美国10年期国债收益率强势上行破5%，美国企业和居民借贷成本上升。在美国核心通胀下行缓慢和就业市场持续火热、经济保持增长情况下，美国市场对美联储“鹰派”形成长期预期。加之美国政府债务上限放开，国债供给增加，以及评级公司下调美国国债评级，市场要求更高的收益率回报，引发美国长期国债收益率飙涨，2023年10月超过5%（如图2-3所示）。同时，随着信贷条件收紧，截至9月末，美国投资级债券有效利率已抬升至8.4%，为2008年以来最高[①]。美国当前

① https://mp.weixin.qq.com/s/J7yXnE9a6NU4wxpRQTj51Q.

30 年期房屋抵押贷款利率已超过 7% ①。

图 2 –3 美国 10 年期国债收益率大幅上行

资料来源：Wind、中金公司研究部。

二是全球主要经济体长期国债收益率普遍上升。受加息影响，欧洲的长期国债收益率继续上升。2023 年第三季度，欧元区 10 年公债收益率、德国 10 年期国债收益率分别上升 59bp 和 60bp。10 月初 10 年期德国国债收益率攀升至 3%，创 2011 年以来新高；英国 30 年期国债收益率升至 5. 115%，创 1998 年 9 月以来的新高；日本和韩国 10 年期国债收益率分别攀升至 1. 545% 和 4. 3%，创 2014 年 1 月和 2011 年以来新高。中国十年期国债收益率在 8 月底以来也出现了小幅上行，由 2. 55% 上升至 2. 69%，具体见图 2 –4。

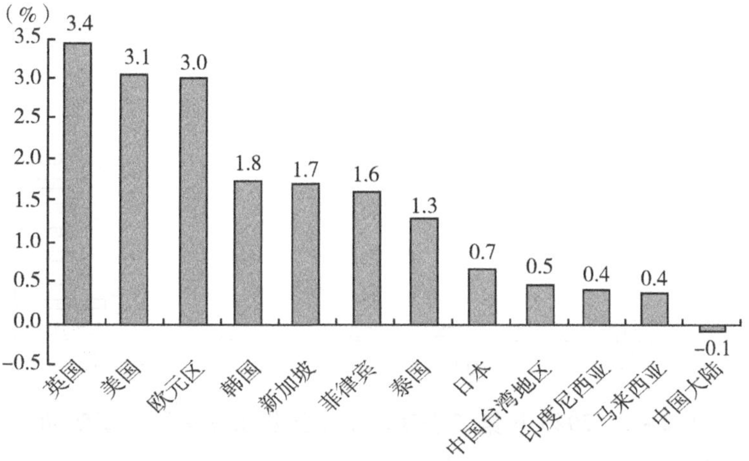

图 2 –4 2021 年 12 月 31 日以来各国 10 国债收益率变化

资料来源：摩根资产管理。

① https：//mp. weixin. qq. com/s/huIuLhZWiL6Xdz – cRnly6g.

（二）货币政策外溢，致股市走低，美元走强

美国国债作为无风险资产的收益率上行，投资者对股票等其他类别风险资产配置需求下降，冲击股票市场，新兴市场国家面临资金外流。

一是多数主要经济体股市回调。主要经济体（除美国、印度外），多数在2023 年二、三季度出现了经济疲软迹象。全球股市结束上涨趋势，出现回调、下跌。第三季度，标普 500 指数下跌 3.65%，季内波幅 7.38%。欧洲股市也开始下跌，法国 CAC40 指数、德国 DAX 指数分别下跌 3.58% 和 4.71%，季内波幅达 6.02%、8.2%。东亚股市也出现下跌，日本、韩国股市均下跌 4% 左右，季内波幅分别达 7.32% 和 8.29%。中国股市继续下跌，第三季度上证综指下跌 2.86%。巴西股市小幅下降 1.29%。仅印度股市在波动中仍小幅上涨 1.66%。

二是美元指数保持高位，主要经济体货币贬值。在强势美元冲击下，非美货币普遍下挫，日元、欧元、英镑纷纷走弱，较第二季度分别贬值 2.4%、2.3% 和 2.4%①，具体如图 2－5 所示。

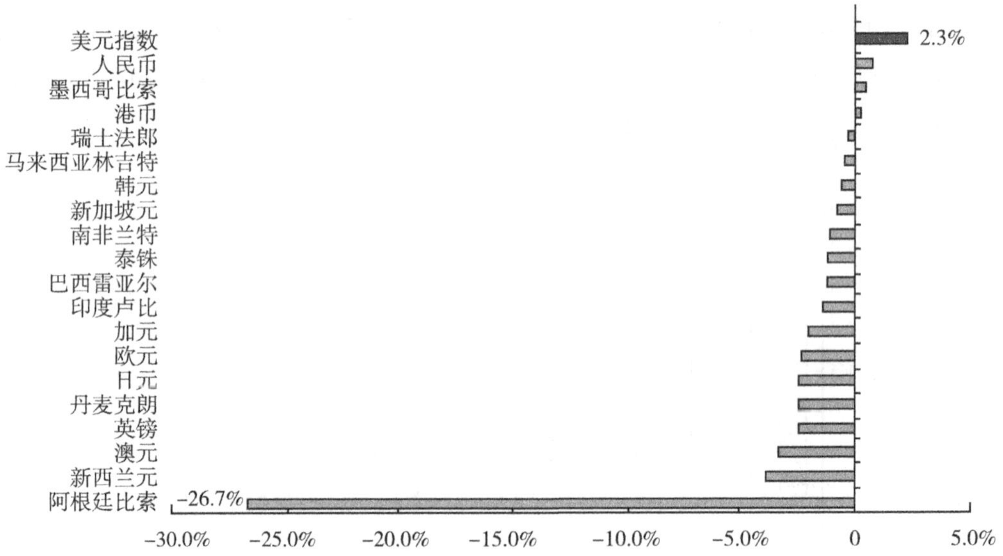

图 2－5　2023 年第二季度以来主要货币兑美元汇率变动

注：数据截至 2023 年 9 月 15 日。

资料来源：Wind、中国银行研究院。

---

① 中银研究院 2023 年四季度全球经济金融展望报告。

（三）大宗商品价格受到全球需求收缩和地缘政治紧张局势对供给冲击双向影响，呈现波动变化

2023 年第三季度大宗商品价格显著反弹，CEEM 大宗商品价格指数环比上涨 8.0%。其中油价领涨，供给端主要产油国减产计划，推动油价上涨 14.6%，但进入 10 月后在数日内大幅下挫。金属方面，铜价跌宕起伏，中国政策刺激利好铝和铁矿石价格。极端气候因素如中国北方雨量超预期和澳大利亚干旱对农产品影响较大，国际粮食价格上涨，加大粮食危机风险。

目前影响大宗商品价格的因素主要来自两方面。一是全球商品需求下行拖累大宗商品价格。利率上行抑制主要经济体投资和商品消费，大宗商品进口需求下降。中银研究院指出，欧美（尤其美国）是全球需求价值链的核心枢纽，其需求变化对全球经济具有重要外溢影响，将通过产业价值链传导对上游的商品出口国和大宗商品生产国带来压力。2023 年上半年，美国自中国和主要东南亚国家商品进口额均大幅下降，拖累各国出口表现。WTO 预计 2023 年全球货物贸易量将增长 1.7%，明显低于过去 12 年 2.6% 的平均水平。全球工业生产和贸易回落将使能源、矿产品、原材料等中间投入品需求减弱，预计拉美、中东、非洲等大宗商品出口国国际收支形势将变差，对经济增长支撑作用弱化。二是地缘政治紧张局势影响商品供给。在贵金属方面，乌克兰危机持续、中东冲突增加全球经济风险，避险情绪驱动黄金价格上升。在原油方面，沙特等生产国减产，推升全球石油价格走高。在农产品方面，俄罗斯退出黑海协议、南半球部分国家干旱导致农产品供给下滑，抬升国际大米价格。2023 年 10 月，IMF 最新一期《世界经济展望》指出，地缘政治紧张局势加剧大宗商品市场割裂，引发价格动荡。

（四）信贷条件收紧导致住房市场遇冷

由于主要国家央行大幅收紧了货币政策，自 2022 年底以来，全球实际房价一直在下跌。据国际清算银行 BIS 统计，2023 年第一季度全球房价累计下跌 3.3%，是 2009 年金融危机以来最大跌幅。发达经济体的实际房价平均下跌了 5%，主要经济体中只有日本较为稳定，房价涨幅 1%。在美国和英国，房价分别降低了 3% 和 5%。澳大利亚和加拿大的房价降幅达到两位数，分别为 -14% 和 -19%。

欧元区房价进一步下跌，降幅为 7%。成员国之间存在很大差异。葡萄牙和西班牙房价较为稳定，其中，葡萄牙增幅 1%，西班牙降幅 1%。法国房价下降了 3%，

荷兰、意大利房价降幅分别为6%和7%，德国房价下降了14%。（见图2-6）

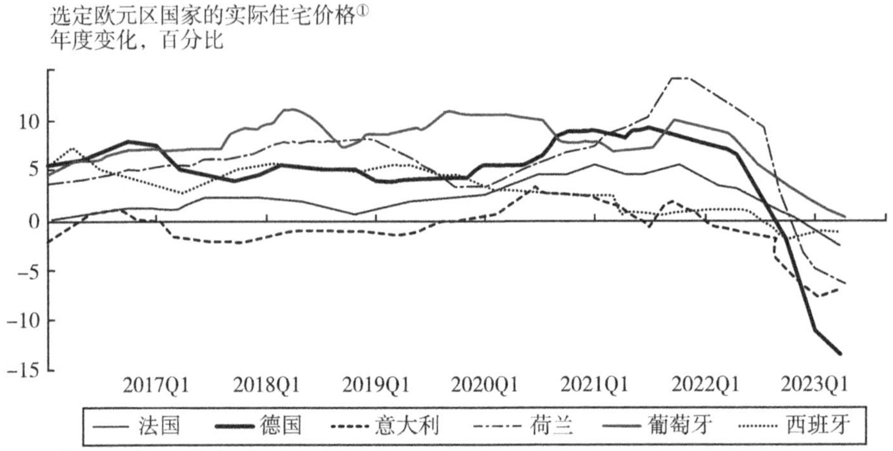

① 基于季度平均水平；CPI下降。

图2-6　2017年以来欧元区房价季度实际变化情况

资料来源：BIS选定的住宅房地产价格。

2023年第一季度新兴市场的房价跌幅较小，约为1.9%，亚洲房价平均下跌3.7%。泰国房价涨幅1%，印度降幅2%，较为稳定。印度尼西亚房价降幅3%，中国降幅5%，韩国降幅9%（见图2-7）。拉丁美洲的房价也有所下降，平均下降2.1%，这主要是受巴西5%的降幅的影响，尽管墨西哥房价涨幅为4%。中东欧国家房价总体增长6.6%，主要得益于土耳其房价飙升51%。南非房价降幅为4%（见图2-8）。

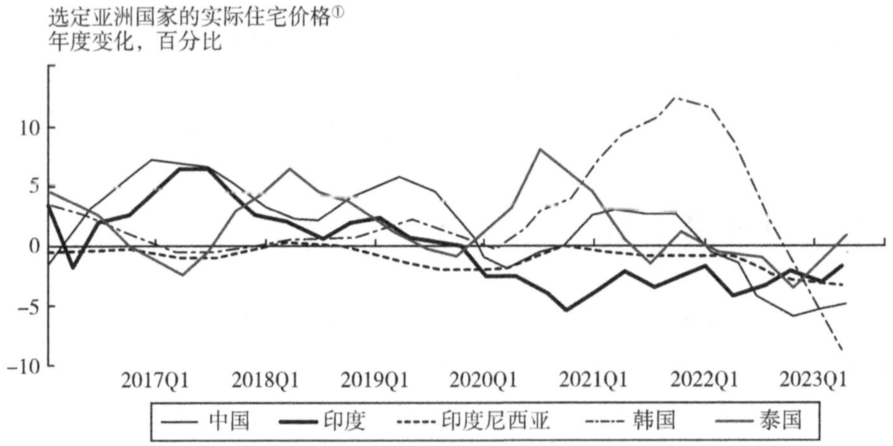

① 基于季度平均水平；CPI下降。

图2-7　2017年以来亚洲新兴经济体房价季度实际变化

资料来源：BIS选定的住宅房地产价格。

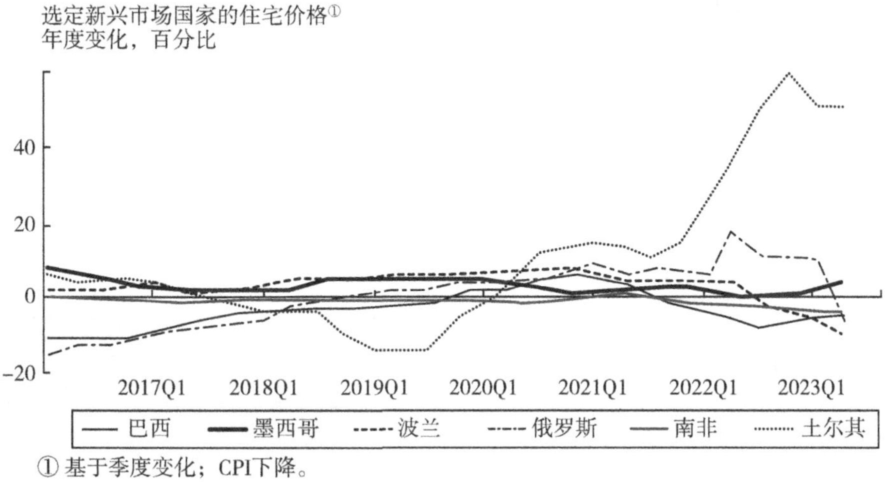

图 2-8 2017 年以来其他新兴经济体房价季度实际变化

资料来源：BIS 选定国家的住宅地产价格。

四、中国资产负债表分析与资产价格稳定性分析

（一）中国三大部门的资产负债表

一是居民部门资产负债表（如图 2-9 所示）。整体来看，资产负债表主要分为居民部门资产负债表、企业部门资产负债表与政府部门资产负债表。以我国为例，居民资产主要包括非金融资产和金融资产两大类。其中，非金融资产即居民的固定资产，主要包括住房、汽车和农户生产性固定资产；金融资产包含通货、存款、保险准备金、证券投资基金份额、股票及股权、债券和贷款七大类。从资产端来看，住房资产是占比最大的居民资产分项，居民住房资产规模及增速与房地产景气度息息相关。[①] 对我国来说，近年来居民资产负债表扩张增速放缓，疫情以来这种趋势更加明显。房产资产缩水是居民资产增速下行的主要拖累项。2022 年以来居民资产缩水主要表现在股票、理财和房地产三项，其中房地产是最大的缩水项目。我国居民部门杠杆率自 2021 年开始出现 2008 年金融危机以来的

① 李扬，张晓晶等．中国国家资产负债表 2020［M］．北京：中国社会科学出版社，2020.

首次收缩。根据微观调查数据，2022 年下半年，低收入人群的家庭负债指数明显回落，中高收入群体反而略有增加。2023 年，居民部门杠杆率仍将有上升，高收入人群或开始相对负债扩张①。

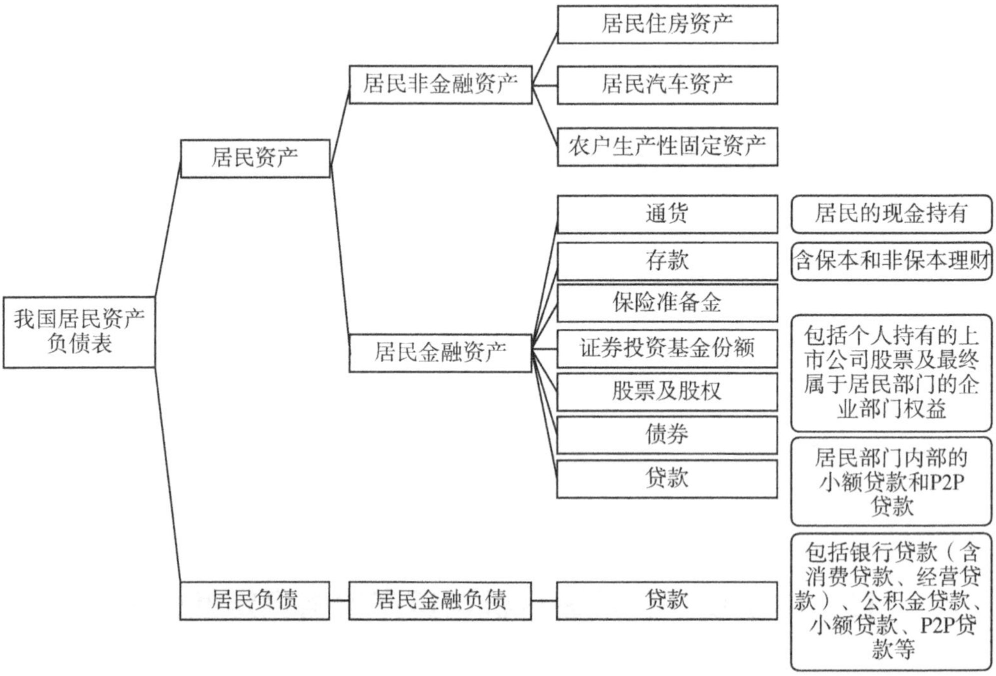

图 2－9　居民部门资产负债表

资料来源：Wind《中国国家资产负债表 2020》，李扬、张晓晶等。

当前，我国与大部分亚洲经济体一样，居民的资产负债表出现受损，且与其他经济体相比受损幅度相对偏高，这与我们疫情管控持续时间较长和管控程度相关。从国际上看，居民资产负债表损伤严重的国家，居民的边际消费倾向修复速度较慢。尽管各国疫后平均消费倾向有所改善，但前期存量受损的严重程度决定了疫后消费倾向改善的速度。②

二是企业部门资产负债表。企业部门包括非金融企业部门和金融机构部门。其中，非金融企业部门资产分为非金融资产和金融资产：非金融资产主要由三部分构成，即固定资产、存货和其他非金融资产（包括无形资产和递延资产）；金融

① https：//mp. weixin. qq. com/s? __biz = MzAxNDQ0OTI5Ng = = &mid = 2247528839&idx = 2&sn = f424fa41aa28adae1560cbabf101df42&scene = 21#wechat_redirect.

② https：//mp. weixin. qq. com/s? __biz = MzAxNDQ0OTI5Ng = = &mid = 2247528839&idx = 3&sn = 318366e26f3e5bbcdb7ca4cd434d9f35&scene = 21#wechat_redirect.

资产包含货币资金、应收账款、直接投资、持有债券、保险、其他金融资产等。

金融机构的资产负债表分为中央银行、商业银行和非银行金融机构资产负债表。(1) 在央行的资产负债表中，货币创造体现在负债方。资产方一般包括外汇储备、国债和对商业银行的债权。中国人民银行和美联储所持有的资产结构具有较大差别，在美国，国债始终是央行所持有的最主要的资产。而中国人民银行所持国债占总资产的比例不足5%，其资产方的储备资产（主要为外汇储备）占比较高。(2) 商业银行以存贷款为主营业务，是货币创造和信用创造的主体。商业银行的资产包括国外资产、储备资产、准备金存款、库存现金、国债、央票、对银行的债权、对非银金融机构的债权、对企业及政府的债权、对居民的贷款。从资产方结构来看，一方面，我国商业银行在近20年最为突出的特征是对居民贷款占比的提升，从国际上看，中国的居民消费贷款占比在十年前已经超过了日本的水平，且差距不断拉大。另一方面，中国的非金融企业贷款在商业银行总资产中的占比处于下降趋势。但国际来看，我国商业银行对企业贷款的占比仍是最高的，略高于日本，远高于美国。(3) 非银行金融机构资产负债表的核算是以各类金融工具为起点①，将主要金融工具的资产负债表改造为非银行金融业整体的资产负债表。资产方项目对应着这些金融工具的资金运用，包括在央行的存款、在商业银行的存款、国债、企业债、银行债、对银行的资金拆借、信托贷款、对非银金融部门的同业债权、股票投资和其他股权投资等。②

中国企业资产负债表在疫情期间受到损害，但中国的受损程度不如其他亚洲国家，这可能与中国减税降费等企业扶持政策相关。但与欧美国家相比，中国的资产负债表受损仍是偏严重的（见图2－10）。从历史上看，企业的资产负债表在受到疫情冲击并出现受损后，会希望其回到均值水平。在向历史中枢回归的过程中，企业债务增速在相当长的时间内会保持相对低位，这和今年的情况几乎一致，也和其他国家的经验相似。以房地产企业为例，今年房企的主要任务是“保交楼”，其本质是还旧债。所以这些企业追求的不是投资收益最大化，而是负债最小化③。

整体来看，我国企业部门资产负债表未到衰退的程度，但资产与负债端面临

---

① 非银行金融业的行业结构与资产负债表结构并不完全一致。有些机构的管理资产规模是合并至公司整体的资产负债表之中的，如证券公司、保险公司，其所发行的大部分金融产品包含在公司自身的资产负债表之中。而另外一些金融机构，如基金公司，其公司自身的资产负债表很小，所有基金产品都是以单独金融工具的形式出现，这些金融工具有其独立的资产负债表。因此，在核算非银行金融业资产负债表时，以各类金融工具为起点。

② 李扬，张晓晶等．中国国家资产负债表2020［M］．北京：中国社会科学出版社，2020.

③ https://mp.weixin.qq.com/s?__biz=MzAxNDQ0OTI5Ng==&mid=2247528839&idx=3&sn=318366e26f3e5bbcdb7ca4cd434d9f35&scene=21#wechat_redirect.

增长乏力的约束。资产回报下滑是企业部门资产负债表调整的主要原因。在现金流恶化下企业修复分化，现阶段修复进程较缓的企业主要涉及三类：一是受疫情影响需求收缩较大的下游制造行业；二是债务过快积累且资产回报不足的企业，以民企为代表；三是处于转型调整阶段的房地产行业。

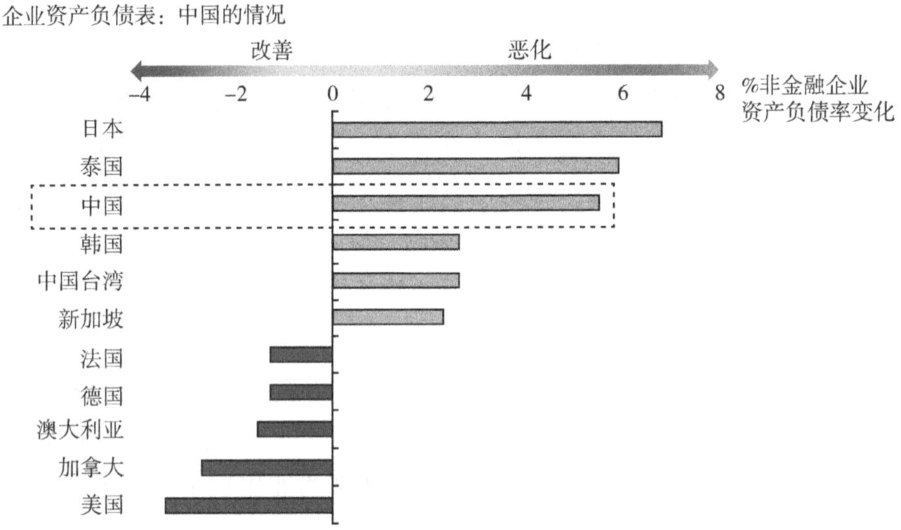

图 2－10　部分国家企业资产负债表情况

资料来源：https：//mp. weixin. qq. com/s?__biz = MzAxNDQ0OTI5Ng = = &mid = 2247528839&idx = 3&sn = 318366e26f3e5bbcdb7ca4cd434d9f35&scene = 21#wechat_redirect。

三是政府部门资产负债表。政府部门的资产分为非金融资产和金融资产。其中，非金融资产包括固定资产、在建工程、存货、无形资产、国有建设用地资产和公共基础设施，金融资产包括通货、存款、债券、股票与股权、证券投资基金和其他金融资产。政府持有的通货是 M0 的一部分，持有存款分为财政存款和机关团体存款，股票与股权是指非金融企业和金融机构中的国有股权，证券投资基金为社保基金份额。

近年来，在疫情冲击、大规模减税降费实施以及房地产深度调整的背景下，我国财政收支缺口加大，财政收支承压下债务规模快速上升，资产负债表局部受损但总体尚可。政府资产负债表和居民、企业资产负债表相似，即存量受损需要一定时间才能化解。一般情况下，政府资产负债率的上升往往会领先于下一年的财政支出增速，即政府资产负债表会对未来一年的财政支出产生影响。如果过去一年政府资产负债率环比增速明显上升，则第二年广义的财政支出一定是下降的（见图 2－11）。从国际层面看，目前我国政府部门杠杆率整体仍较低。但从结构看，地方承担了更多的逆周期宏观调控职责，加杠杆幅度明显较高，地方债务规模快速攀升；相比较而言，中央政府债务仅占四成左右，远低于美国、日本等发达国家 80% 以上的比重。①

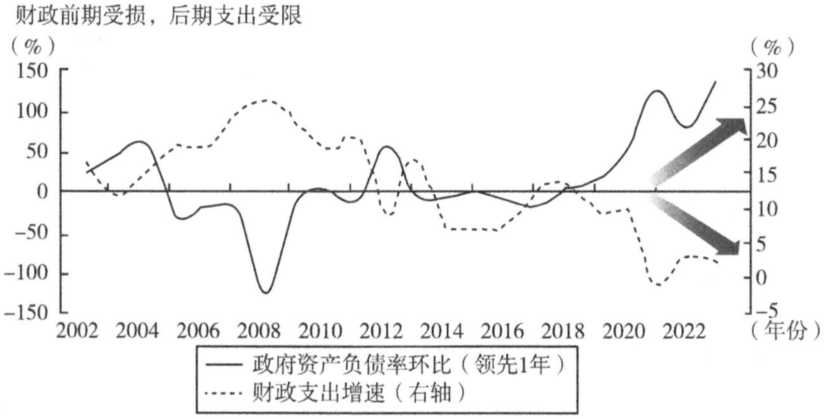

图 2 - 11 政府资产负债率与财政支出增速变动情况

资料来源：https://mp.weixin.qq.com/s?__biz = MzAxNDQ0OTI5Ng = = &mid = 2247528839&idx = 3&sn = 318366e26f3e5bbcdb7ca4cd434d9f35&scene = 21#wechat_redirect。

从资产负债表的角度看，当前居于核心问题是居民的资产负债表，与之相关的主要是房地产市场和股票市场。中国居民的主要资产都沉淀在房产、股市之中，包括基金、个人理财产品上。这些资产价格如果不断下挫或者剧烈波动，必将改变居民的消费或储蓄行为。一方面，由于不敢投资，居民储蓄会增加。另一方面，居民会减少消费，从而导致全社会消费收缩。如果居民资产负债表不能得到修复，居民的消费和投资行为都会收缩，会造成供需之间的负反馈效应，进而导致经济下行。因此，居民资产负债表修复是当前经济复苏、稳定资产价格和控制金融风险的关键问题。

（二）影响中国资产估值稳定的主要因素

1. 地缘政治风险加剧资产价格波动

一是地缘紧张局势抬升国际投资者避险情绪，能源和粮食产品价格频繁波动影响经济民生。从乌克兰危机到巴以冲突，全球地缘政治局势愈演愈烈，世界面

① https://mp.weixin.qq.com/s?__biz = MzAxNDQ0OTI5Ng = = &mid = 2247528839&idx = 2&sn = f424fa41aa28adae1560cbabf101df42&scene = 21#wechat_redirect.

临的不确定性增强，投资者风险偏好下降，对黄金、美元等避险资产偏好上升。因地缘紧张地区涉及能源和粮食出口大国，石油、天然气和粮食价格波动影响进口国商品价格和国计民生，贫困和贫富差距问题加剧。

二是产业链“去风险”伴随投资布局调整，关键原材料商品价格面临变动，潜在市场割裂增加金融市场风险。在大国博弈持续演化背景下，美欧等国呼吁产业链供应链“去风险”，鼓励投资和关键产品供应“近岸化”“友岸化”，在供应链调整过程中，关键原材料供应成本上升，推动相关大宗商品价格上行。以安全为导向的产业政策打破原有全球价值链的运行，加剧市场碎片化，“断链”风险增加，加大经济和金融市场不确定性。

2. 长期结构性因素影响逐步显现冲击金融市场

一是气候风险变为现实打击农业生产和居民生活，绿色转型迫在眉睫，增加产业成本。2022年欧洲国家的罕见高温和2023年南部国家的严重干旱等一系列异常天气，干扰了农业产出和居民生活，给社会经济造成重大损失。全球气候变暖的长期担忧开始在短期内冲击经济，绿色转型诉求日益强烈。在转型过程中，传统产业成本上升，财务压力增大，股票价格面临波动。绿色金融创新发展中潜藏“洗绿”等问题，可能带来新的金融风险。

二是人口老龄化问题加速显现，社会养老负担增加，劳动力成本上升，经济可持续增长面临挑战。欧洲、日本、韩国和中国等国家总和生育率低于1.5的国际警戒线，随着人口结构调整，劳动年龄人口下降，居民储蓄、投资和消费决策变化，对宏观经济和金融市场造成冲击。同时，老龄人口快速上升，社会养老金偿付压力增大，金融市场波动将对养老金偿付能力和社会财富分配带来更大影响，进一步加大对经济增长和金融稳定的威胁。

3. 利率居高不下加剧全球经济放缓风险

一是尽管美联储和欧央行等主要央行开始暂缓加息，但短期内利率仍保持在高位，主要经济体需求受到抑制，蕴藏金融风险。2023年7月，美国国会预算办公室预计未来美国10年期国债收益率将保持在4%的高水平（见图2-12）。在加息前期美国经济依然保持火热的原因在于，前期签订的固定利率借贷合同锁定了宽松时期的低利率，居民和企业贷款成本未立即上升。目前，美国居民房贷平均利率仍不到4%①。但随着时间的推移，利率上行对私人部门影响将逐步显现。而欧

① https://mp.weixin.qq.com/s/huIuLhZWiL6Xdz-cRnly6g.

洲制造业已显现衰退迹象，PMI 连续多月低于 50 荣枯线（见图 2 - 13），德国甚至低于 40（见图 2 - 14），全球制造业 PMI 也表现不佳（见图 2 - 15）。同时利率居高增加了银行业负债成本，资产端增长又受到需求收缩限制，银行业盈利空间收窄，而且不排除类似硅谷银行的金融机构资产负债管理失当，再次发生金融风险。

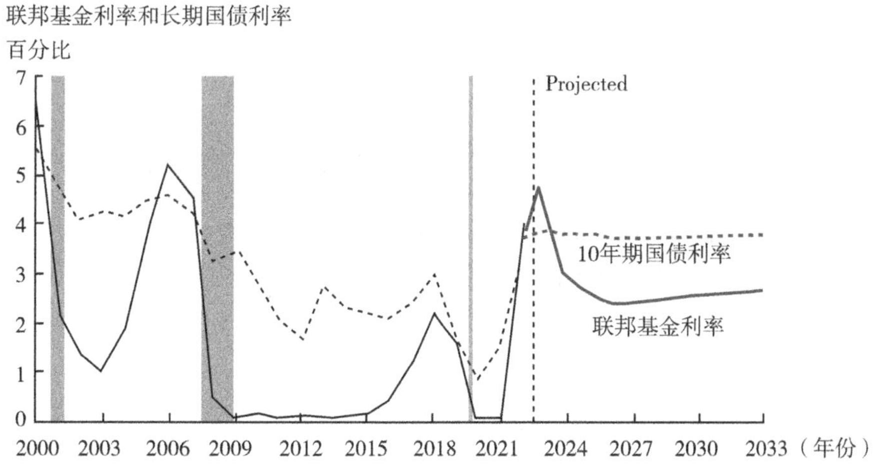

图 2 - 12 美国 10 年期国债收益率和联邦基金利率走势

资料来源：美国国会预算办公室。

图 2 - 13 2023 年来欧洲 PMI 指数低于荣枯线

资料来源：汉堡商业银行，S&P 全球 PMI。

二是国债收益率高企增加财政偿债付息压力，压缩美国财政政策空间。近期，美国达成债务上限谈判，暂时避免政府关门，但是高利率增加了政府发债和远期偿付成本，未来恐再度达到上限。加之美国大选临近，民主党和共和党博弈加剧，继续达成扩大财政开支的方案难度加大，美国难以保持宽松财政，支持经济力度放缓。

图 2－14　2023 年来德国 PMI 指数低于荣枯线

资料来源：汉堡商业银行，S&P 全球 PMI。

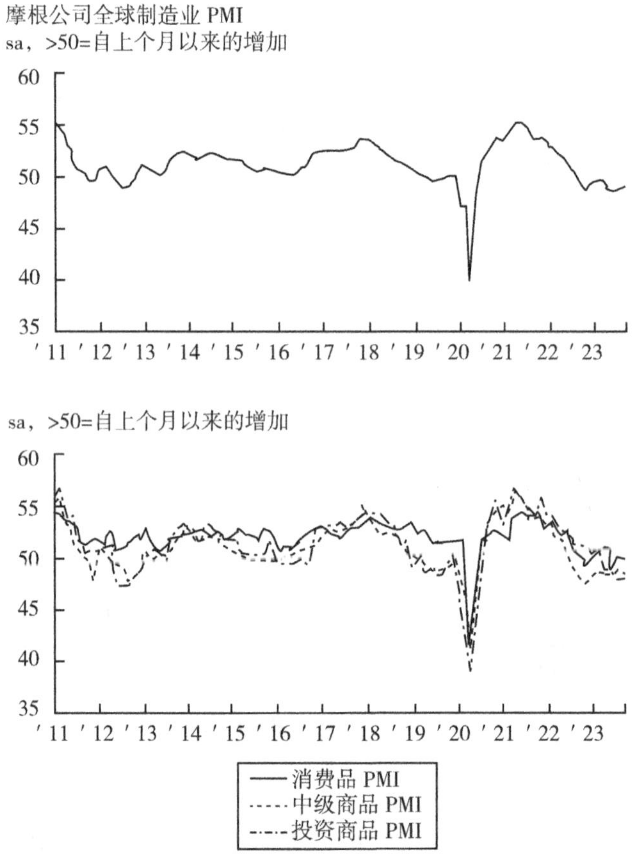

图 2－15　2023 年来全球 PMI 指数低于荣枯线

资料来源：摩根公司，S&P 全球 PMI。

三是资金外流导致新兴市场货币贬值，外债偿付困难恐引发主权债务危机。美国加息以来，阿根廷等新兴经济体货币大幅贬值（见图2－16），但阿根廷外债在其债务中占比较高，美元升值使其需被迫偿还更多债务。阿根廷又为调控汇率调动大量外汇储备，储备损失也使其缺乏偿还外债资金，财政可持续性受到打击。

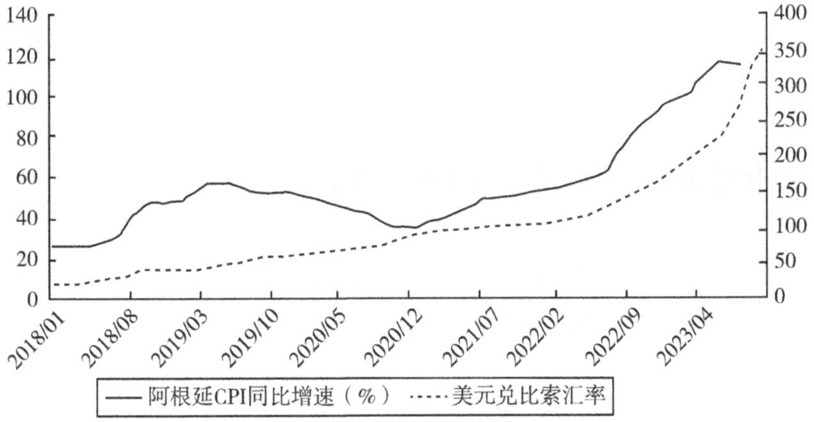

图2－16 阿根廷通胀上升、货币贬值

资料来源：Wind、中银研究院。

4. 大宗商品价格变动频繁危及经济可持续增长

一是大宗商品价格居高恐使控通胀更加困难。紧缩的货币政策驱动通胀下行（尽管核心通胀降幅有限），但如果地缘政治紧张局势或天气突然遇冷将增加欧洲等冬季能源需求，石油和天然气价格会进一步上涨，供给压力将再度推高欧美通胀，使货币政策控通胀与稳增长的抉择更加困难。不过目前看，今年欧洲暖冬可能性较高，受能源变化影响可能较小。

二是外部依赖度高的发展中国家和新兴经济体脆弱性增强。主要经济体进口需求下降将打击原材料出口国和农业出口国经济，其中多为发展中经济体。俄罗斯退出黑海协议等恐造成非洲等依赖粮食进口的国家发生粮食危机。

（三）房地产市场风险需要保持关注

一是住房价格市场冷淡打击家庭财富，抑制消费者需求。因信贷条件变化引发欧洲等地区房地产市场下行，家庭财富有所下降，同时签订浮动贷款合同的家庭面临更高的付息支出，财务压力增大，消费或受到抑制。目前看，尽管全球房价有所下降，但仍远高于新冠肺炎疫情前的水平，房地产市场风险相对可控，需要持续监控房地产市场和家庭债务变化，避免发生系统性风险。

二是中国应实施支持性政策，抑制房地产风险。IMF预测2024年中国经济增速为4.6%。房地产市场持续低迷是IMF预测2024年中国经济增速下降的重要因素之一。IMF建议中国制定战略，抑制当前房地产市场调整带来的风险并管理地方政府债务，以提振市场信心并增强近期前景。与此同时，应实施支持性的宏观经济政策。例如，将财政支出转向家庭，通过降息进一步放松政策，这些措施都将支持增长和投资。

（四）防范化解金融风险关键在于稳资产估值

金融是国民经济的血脉，是国家核心竞争力的重要组成部分。维护金融体系的正常运行，避免资产价格的剧烈波动对金融体系和经济带来巨大冲击，对经济长期增长至关重要。

一是加强现代财政与货币政策协同，对冲资产价格波动的影响。资产价格波动引发金融和经济风险存在多种传导渠道，这就要求宏观经济政策制定者及时识别经济中金融风险类型，分析对实体经济的传导方式，当系统性风险发生时，制定与之适配的财政和货币政策，通过“逆周期”调节减缓资产价格大幅波动对经济的影响。

二是深化改革和鼓励创新，促进经济结构调整和可持续增长。要应对长期结构性问题对金融稳定和经济增长的影响，就需要提前谋划布局。一方面，要加强金融市场和金融监管体系改革，提高金融市场防范和应对资产价格大幅波动和金融风险的能力。另一方面，要将持续深化市场化改革和结构性宏观经济政策相配合，引导资金流向产业转型和技术创新的关键领域，通过“跨周期”调节实现长期资源配置和风险防范。

美国对全球资产估值稳定的影响

一、资产估值不稳引发美国多次金融危机事件

在经济金融化背景下，资产估值不稳定是引发金融风险甚至金融危机的重要诱因。虽然美国历史上每次金融危机发生的外在表现与具体危机的演变历程不尽相同，但资产估值剧烈波动总是不断在危机中出现。同时，金融全球化使得各国金融市场更加紧密相连，也使各国金融风险更易相互传染。在高度全球化的金融体系中，美国的金融风险可以迅速地转化为全球风险。

（一）资产估值不稳定引发次贷危机，并爆发波及全球的金融危机

2007 年以前，美国许多金融机构发放高风险的次级抵押贷款，让本不应该获得贷款的人过度负债，这导致住房市场的投机活动增加，地产泡沫、居民债务规模快速膨胀。2007 年爆发的次贷危机，首先从美国的房地产泡沫破裂开始。彼时的美国房产市场遭遇强烈受创。从联邦住房企业监督办公室（OFHEO）房屋价格指数中可以看到，2007 年第一季度美国房价达到进入 21 世纪以来的峰值，在金融危机爆发后直转而下，到 2012 年第二季度时到达谷底，直到 2016 年第三季度房价才恢复到危机前夕的水平，具体如图 2 – 17 所示。

同时，自次级抵押贷款危机爆发后，美国投资者开始对按揭证券的价值失去信心，这引发了流动性危机。之后危机迅速从房地产领域波及整个金融体系，大量金融机构破产，金融资产大幅度缩水。具体来说，2007 年 2 月开始，美国大量次级按揭贷款违约，引发了大型金融机构巨额减值，汇丰控股为此增加了 18 亿美元的坏账拨备。短短几周后，美国第二大次级房贷公司新世纪金融公司宣告濒临破产，美股开始大跌，投资者的恐慌情绪蔓延开来。2008 年 9 月 15

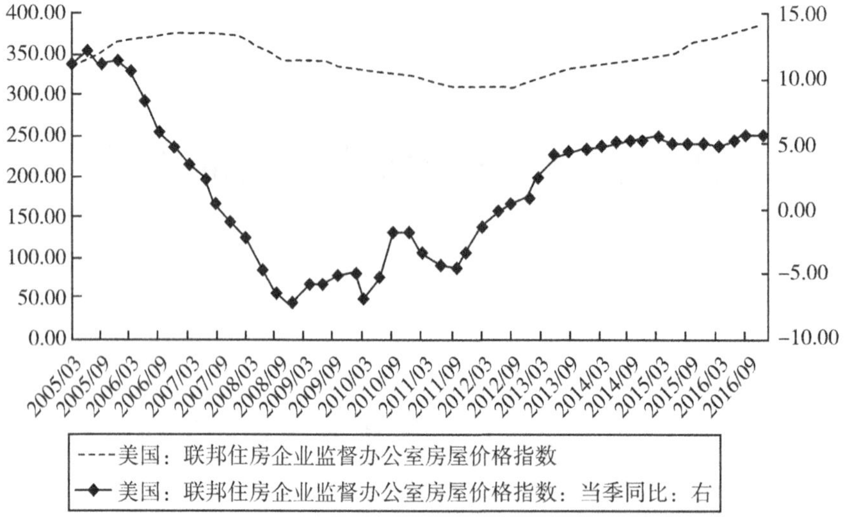

图2-17 2005—2016年美国房价指数

资料来源：美国联邦住房金融局。

日，有着150多年历史的华尔街第四大投行雷曼兄弟公司宣告破产。当日，道琼斯指数、标准普尔指数和纳斯达克指数跌幅创2001年“9·11”恐怖袭击事件以来最大的单日跌幅。手握千百万美国人养老金、退休金的美国第一大保险公司AIG（美国国际集团），在危机中几乎耗尽所有资产。由于美国在全球金融体系中的核心地位以及全球金融市场的高度互联，使得2007年次贷危机迅速从美国蔓延至全球，不仅造成全球金融市场的动荡，最终还引发了全球金融危机和经济衰退。受2008年金融危机影响，美国金融资产估值大幅贬值、居民和企业资产负债表大幅受损。而美国实施的财政货币一体化政策，通过稳定资产估值，不仅稳定了资本市场，还加速了居民和企业资产负债表的修复，进而推动经济快速复苏。从资本市场来看，美国股市很快从萧条中走了出来，2009年3月起美股再次焕发活力，美股指数不断攀升，2013年就恢复到危机前水平，2020年道琼斯指数收盘价达到三万多点，比危机时期增长了近三倍，这说明美国股市在2008年金融危机之后迎来了超过十年的长牛。从美国居民、企业、金融机构三个部门的资产数据情况看，金融危机后美国上述三部门的资产很快就呈现复苏状态。具体来说，2008年美国居民、企业、金融机构的资产规模陷入负增长，分别为-10.52%、-9.48%和-3.82%，但是到了2010年，美国居民、企业、金融机构的资产增速就已经恢复正增长，分别为5.59%、1.70%和2.58%。从资产规模绝对数来看，居民部门资产在2012年就恢复到危机前水平

（2007年），企业、金融机构的资产规模则在2013年恢复到危机前水平（2007年）。从经济情况来看，在2010—2014年，美国经济平均增速高达4%、居民收入平均增速高达4.5%，具体如图2-18所示。

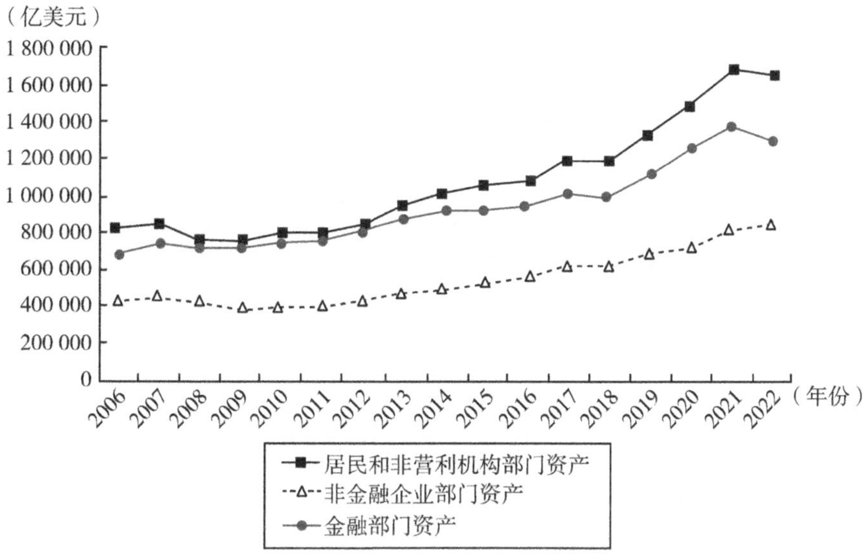

图2-18　2006年以来美国非政府部门资产情况

资料来源：美国经济分析局。

（二）新冠疫情冲击导致资产估值大幅波动，经济金融风险大幅上升

2020年暴发的新冠疫情，给美国经济金融社会稳定运行带来了较大冲击。一方面，疫情导致企业生产经营停滞，家庭收入和支出下滑，现金流断裂风险上升。另一方面，疫情冲击导致资产估值大幅波动，金融机构风险偏好下降，金融市场波动加剧。2020年2—3月，美股出现大幅下跌，道琼斯工业指数、纳斯达克指数、标普500指数最大回撤分别达到37%、30%和34%。尤其是，2020年3月，美股月内发生了4次暴跌并触及熔断，其中，2020年3月9日，道琼斯指数狂泻了2 000多点，2020年3月23日，标普500指数更是跌至2016年底以来新低的2 191.86点，具体如图2-19所示。

（三）激进加息导致银行持有投资组合估值不稳定，引发区域性银行业危机

2022年3月以来，美联储采取激进加息政策对抗通货膨胀，缓解物价水平

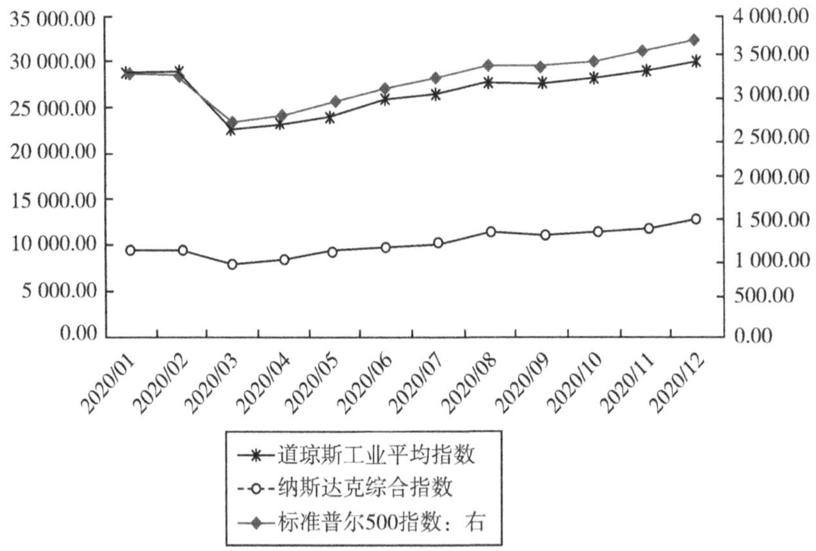

图2－19 2020年美国三大股指走势

资料来源：Wind数据库。

（如图2－20所示）。由于美联储加息缩表步伐太快，使得银行持有投资组合估值不稳定，产生损失，进而导致银行面临较大浮亏、流动性紧张、资金期限错配等风险，进而推升全球金融系统风险。实际上，美联储激进加息引发了美国区域性银行业危机。自2023年3月以来，美国已经有硅谷银行、签名银行、第一共和银行等多家区域性银行倒闭。其中，第一共和银行是自2008年华盛顿互惠银行倒闭后，美国历史上第二大银行倒闭案。2023年7月26日，美国地区银行西太平洋合众银行（Pac West）也为避免倒闭，已经提前宣布将与加州银行（Banc of California）合并，这两家地区银行的自救表明美国银行业危机仍在蔓延中。2023年8月，穆迪和标普又下调美国多家地区性银行的信用评级，这说明目前美国银行系统正面临区域性银行倒闭风险加剧的局面，金融系统风险水平明显上升。2023年9月，位于美国堪萨斯州的三州银行（Heartl and Tri－State Bank）因资不抵债被其所在州的监管机构勒令关闭，三州银行也成为继美国3月发生银行危机以来的第五起银行破产案。实际上，在硅谷银行与签名银行陆续关闭后，美联储、美国财政部和联邦储蓄保险公司发布联合声明称，这两家银行的所有存款账户都将得到担保，美国联邦储蓄保险公司将动用1 000多亿美元的存款保险基金为其兜底。在此情况下，美国通过稳定资产估值，避免银行业危机的进一步扩散。

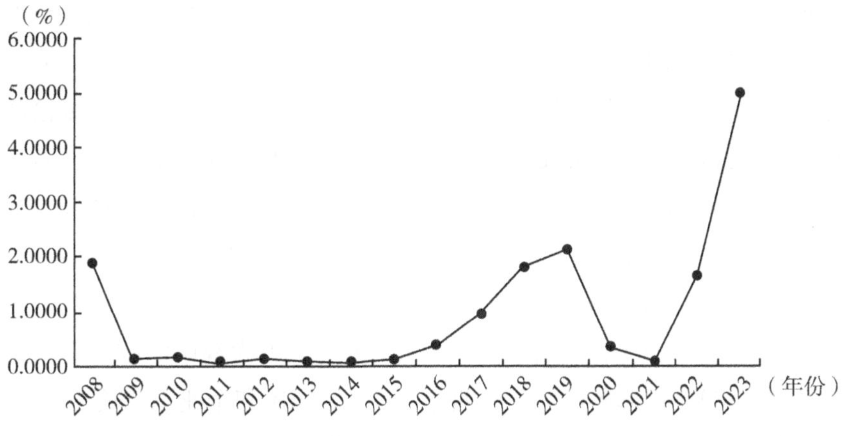

图 2－20　2008 年以来美国联邦基金利率

资料来源：美联储。

二、美国稳资产估值防范化解金融危机的手段

资产估值不稳定往往伴生金融危机，稳定资产估值是美国应对危机的重要对策。通过政府部门资产负债表的扩张修复企业和家庭资产负债表，是美国稳定资产估值的主要手段。财政货币政策一体化则是美国稳定资产估值的主要举措。

虽然美国历史上每次金融危机发生的外在表现与具体危机的演变历程各异，但资产价格估值剧烈波动、金融衍生产品泛滥等问题，总是不断在危机中出现。实际上，资产估值不稳定、资产负债表衰退和金融危机往往是一个互相伴生和互相强化的关系。因为资产价格的下降，资产质量的劣变，经济衰退加上去杠杆引发的信用收缩，会使得金融部门高度承压。回顾美国的危机史，资产估值不稳定及引发的资产负债表衰退通常伴生金融危机。2008 年爆发的金融危机和 2023 年初爆发的区域性银行危机都发端于资产估值不稳定。例如，2008 年金融危机的原因虽然是多方面的，包括过度杠杆化、低利率、过度创新等，但最根本的原因是资产泡沫（资产估值不稳定）和风险的传导。

（一）通过政府部门资产负债表的扩张修复企业和家庭资产负债表，是美国稳定资产估值的主要手段

由于长期的经济金融化进程，金融部门在美国经济中的地位异常重要，堪比国民经济的大动脉和发动机，美国一旦遇到金融风险，宽松的货币政策是美联储的首

选，央行通过降息和购债向金融市场注入大量货币成为美国纾解金融危机的重要手段。美联储实施量化宽松政策的一个直观后果是其资产负债表规模的膨胀。金融危机爆发前，美联储的资产负债表规模不到 1 万亿美元，到第三轮量化宽松政策结束时的 2014 年已达到 4.5 万亿美元，足见美联储量化宽松政策的力度。在宽松的货币政策作用下，美国金融机构获得流动性后，就能够将流动性注入实体经济，进而促进投资和生产率提高，从而产生推动经济增长、改善收入分配和增加就业的良效。具体来说，危机期间，居民和企业的资产负债表受损，导致其很难在短期内承担修复经济主动力角色；在此情况下，可以让资产负债表更为健康的政府部门加杠杆来推动经济修复。2008 年全球金融危机期间，美国的居民和企业资产负债表大幅受损，美国通过加大财政救助、持续的低利率和量化宽松政策，先是稳定股市、房地产等各类资产估值。例如，2009 年，美联储持有的抵押贷款支持债券（MBS）达到 9 083 亿美元，占美联储总资产的比重达到创纪录的 41%。之后，随着美国股市迎来复苏以及房地产价格的进一步稳定，美国家庭和企业的资产大幅增值，资产负债表得到修复，资产价格上升带来的财富效应，又反过来增加居民的消费和企业的投资，带动经济进一步恢复。2020 年疫情期间，美国再次利用史无前例的量化宽松，实施超大规模购买美国国债、抵押贷款支持证券等行动，进而压低长期利率、稳定资产估值并向市场注入流动性，从而缓解新冠疫情对美国经济金融社会平稳运行的冲击。例如，受美国稳定资产估值政策影响，美国资本市场在疫情发生后虽然经历了大幅震荡，但之后快速回升且三大股指均创历史新高。

同时，美国还通过财政政策持续扩张改善居民部门和企业的资产负债表状况，以更好应对各种危机事件。2008 年次贷危机以及 2020 年疫情暴发之后，美国政府部门通过扩张性财政政策大幅加杠杆，助力居民部门和金融企业部门去杠杆。从 2008 年年底到 2015 年第一季度，居民部门和企业部门杠杆率分别下降 18.2 个百分点和 3.3 个百分点，而政府部门杠杆率上升 28.8 个百分点。2020 年第一季度到 2023 年第二季度，居民部门和企业部门杠杆率分别下降 1.1 个百分点和 2.2 个百分点，而政府部门债务杠杆率上升 9.9 个百分点（见图 2－21）。从消费角度看美国政府扩张性财政政策对居民部门资产负债表状况的改善，体现在疫情期间居民部门累积起庞大的超额储蓄：截至 2021 年 9 月，美国居民部门累积起 2.11 万亿美元的超额储蓄，相当于居民部门 2022 年总支出的 9.5%。2021 年 9 月以来，由于疫情救助计划终止以及服务消费逐渐恢复，美国居民部门逐步消耗超额储蓄，但截至 2023 年 9 月，超额储蓄还有 0.76 万亿美元。鉴于私人消费在美国经济结构中的主导地位，庞大的超额储蓄对于居民部门购买力的提振是美国经济展现韧性的主要因素，具体如图 2－22 所示。

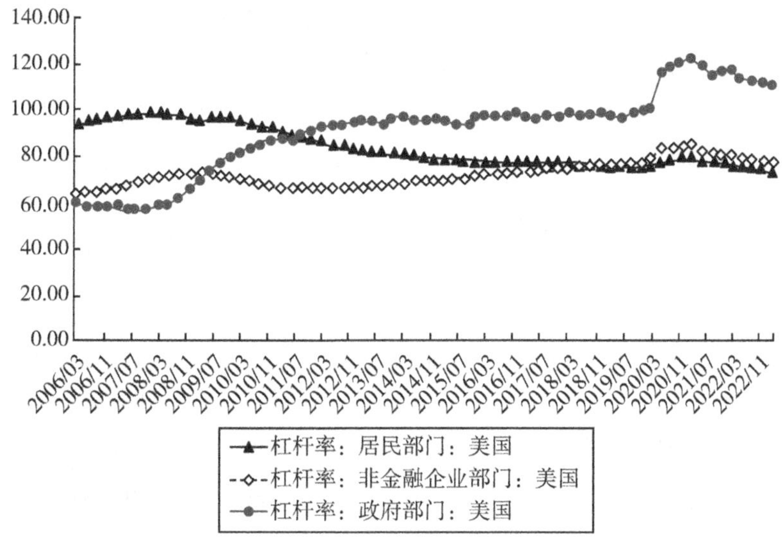

图 2-21　2006 年以来美国政府、企业、居民三部门杠杆率变化情况

资料来源：国际清算银行。

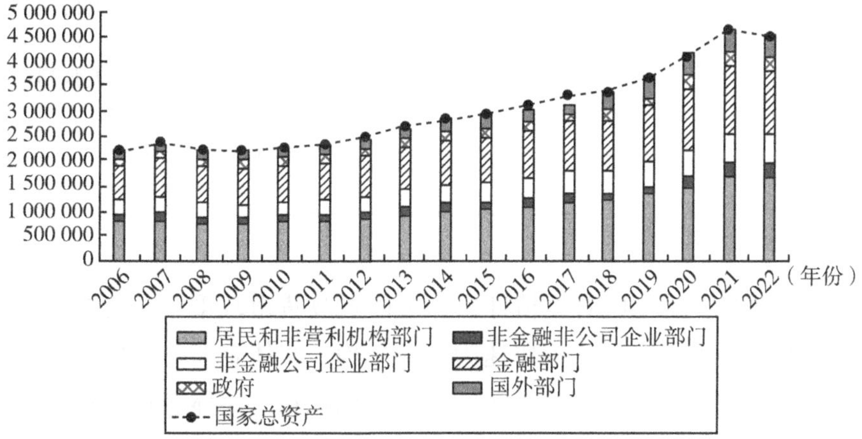

图 2-22　2006 年以来美国国家资产及结构变化

资料来源：美国经济分析局。

（二）财政货币政策一体化是美国稳定资产估值的主要举措

为了更好地稳定资产估值，美国无论是 2008 年金融危机还是新冠疫情期间，均实施了财政货币政策一体化。2008 年全球金融危机爆发后，美国实施了看似异常的政策，恢复了经济增长，还创造了美国战后历史最久的一次经济复苏（见表 2-2）。从金融危机和疫情期间财政与货币政策关联的角度看，美联储的扩表和货币存量规模快速增长，通过稳定资产估值带动经济和居民收入快速增长。具体来说，面对空前严重的金融和经济危机，美国通过实施一体化的财政货币政策对处在危机中的金融业进行了救助。从 2008 年 9 月起，美国政府先后宣布以优先股、认股权证为交换，向房利美和房地美、美国国际集团、花旗集团、美国银行等大型金融企业注资。

表 2－2　2008 年金融危机期间美国的主要财政货币政策

政策时间	政策名称	资金规模	政策着力点
2008. 7. 30	《住房和经济复苏法案》	3 000 亿美元	授权财政部动用财政资金购买房利美和房地美公司的优先股及为其发行的公司传送提供担保。
2008. 10. 3	《经济稳定紧急法案》	7 000 亿美元	救助金融机构，修复金融体系。
2009. 2. 17	《美国经济复兴与再投资法案》	7 870 亿美元	援助受经济衰退影响最严重的个人或者机构，激励科学和健康方面的技术进步，投资基础设施。
2008. 11. 25	第一轮 QE	17 250 亿美元	通过 QE 助力经济增长与居民收入提升；美联储购买资产约 4 万亿美元，持有的资产规模占 GDP 的比例从 2007 年底的约 6. 1% 大幅升至 2014 年底的 25. 3%，资产负债表扩张到前所未有的水平；在 2010—2014 年，美国经济平均增速高达 4%、居民收入平均增速高达 4. 5%。
2010. 11. 4	第二轮 QE	6 000 亿美元	
2012. 9. 13	第三轮 QE	16 750 亿美元	

资料来源：作者整理。

在疫情发生后，为了应对疫情冲击，美国财政货币政策一体化更为明显。美国通过实施财政货币一体化政策快速为金融机构、实体企业、居民部门提供融资支持，利用美联储资产负债表的扩张，对冲金融机构、实体企业、居民部门等其他部门资产负债表收缩。具体来说，2020 年疫情期间，美国采取二战以来最具扩张性的财政政策，出台了多轮财政应对举措，用于支持家庭收入、企业纾困与失业救济等。与此同时，美联储积极进行政策干预，包括两次紧急降息至零利率、零准备金率、无限制量化宽松和公开市场操作，向金融市场投放大量流动性，稳定资产估值、防止金融机构破产。在此过程中，美联储不仅重启了 2008 年金融危机时创设的信用工具，还扩大了资产范围购买。

（1）美联储支持金融机构的政策。美联储重启了 2008 年金融危机时创设的一级交易商信用工具（PDCF），向金融机构提供 90 天期限的流动性；为帮助货币市场基金满足投资者的赎回需求，美联储推出了货币市场共同基金流动性便利工具（MMLF），该工具与金融危机期间出台的资产支持商业票据货币市场共同基金流动性便利（AMLF）类似，但购买的资产范围更广。

（2）美联储支持企业和居民部门的政策。疫情之下，实体经济首当其冲，企业生产经营停滞，家庭收入支出下滑，现金流断裂风险高。但疫情也同时导致金融机构风险偏好下降，中介功能暂时失灵。因此，美联储承担起最后贷款人的角色，经财政部批准，根据《联邦储备法》第13（3）条授权创设了多个货币政策工具，直接为信用市场提供资金支持，帮助修复企业和居民的资产负债表。此次美联储出台的信用支持工具，包括应对2008年金融海啸时使用过的商业票据融资机制（CPFF）和定期资产支持证券贷款工具（TALF）；以及本次新创设的一级市场公司信贷工具（PMCCF）、二级市场公司信贷工具（SMCCF）、薪资保护计划便利工具（PPPLF）和大众借贷计划（MSLP）。

（3）美联储支持地方政府的政策。经受疫情冲击的美国各州政府面临庞大的预算缺口，因此，美联储创设市政流动性便利（MLF），直接向各州以及大型市政当局购买短期票据。

需要指出的是，尽管美联储在本次应对过程中，创设了多项工具用以支持信用市场，但并未突破《联邦储备法》的相关规定。换言之，美联储对于非金融类融资支持的背后，均有财政兜底和担保，因而美联储并不承担信用风险。在此过程中，美联储资产负债表规模迅速扩大，由2007年底的1万亿美元扩张到2021年1月底的7.46万亿美元（如图2－23所示）。受益于这些举措，美国有效地维护了疫情期间金融机构、企业和居民部门资产负债表的相对健康，从而让美国经济在受到疫情冲击后快速复苏。实际上，在虚拟经济高度发展的当下，美国经济呈现高度金融化的特征，美联储增发的货币变成了资产，根据风险结构与其他资产进行替换组合，从而较好地稳定了各类资产估值。所以，在经济2020年遭受重创的情况下，美国通过实施财政货币政策一体化稳定资产估值，进而产生财富效应，助推美国经济更快复苏，具体如表2－3所示。

表2－3　疫情期间美国的财政货币政策

发布时间	财政货币政策	资金规模	政策着力点
2020.3.15	新一轮QE	7 000亿美元	购买5 000亿美元的美国国债与2 000亿美元抵押贷款支持证券。
2020.3.18	《家庭优先冠状病毒应对法案》	1 920亿美元	支持带薪休假。
2020.3.23	新一轮QE	不限量	根据需要购买美国国债与抵押贷款支持证券。

续表

发布时间	财政货币政策	资金规模	政策着力点
2020. 3. 27	《冠状病毒援助、救济、经济保障法案》	2. 3 万亿美元	企业纾困与失业救济。
2020. 4. 21	《薪资保护计划与优化医疗保健法案》	4 830 亿美元	薪资保护与支持医疗卫生体系。
2020. 12. 21	《新冠纾困法案》	8 770 亿美元	加速疫苗分发、援助受疫情影响的小企业与民众。
2021. 2. 27	拜登政府新一轮经济救助计划	1. 9 万亿美元	为受新冠疫情影响的美国家庭和企业提供财政支持。

资料来源：笔者整理。

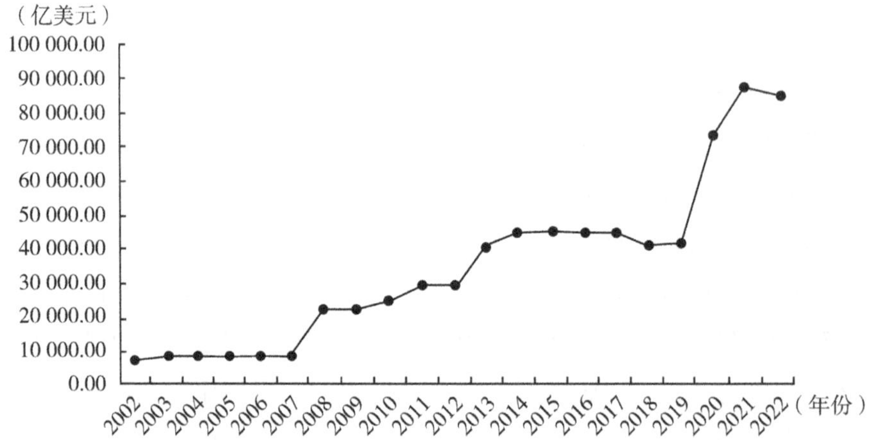

图 2－23　2002 年以来美联储资产规模

资料来源：美联储。

（三）近年来美联储资产快速扩张，通过购买美国国债稳定金融资产估值

近年来，量化宽松（QE）政策使得美联储大量购买政府债券，在稳定金融资产估值的同时，美联储资产负债表规模急剧膨胀。截至 2022 年底，美联储总资产超过 8. 6 万亿美元。历史上美联储主要经历了两轮 QE，第一轮是次贷危机冲击下的 QE，美联储总资产由 2008 年初的约 9 000 亿美元提升至 2014 年底的约 4. 5 万亿美元。第二轮是疫情冲击下的 QE，美联储总资产由 2019 年底的约 4. 2 万亿美元大幅扩张到 2021 年底的 8. 7 万亿美元。如表 2－4 所示，美联储资产科目包括，（1）黄金账户；（2）特别提款权；（3）硬币；（4）直接持有证券、未摊销证券溢

价/贴水、回购协议和贷款；（5）特殊目的实体（SPV）的净组合持仓，该组合是美联储应对冲击采取的非常规工具。最初是纽约联储为了救助陷入破产危机的金融机构而成立的有限责任公司所持有的净投资组合。疫情冲击之下该工具资产购买范围在不断扩张；（6）托收中项目（在途资金）；（7）银行不动产；（8）中央银行流动性互换；（9）以外币计价的资产；（10）其他资产。从资产结构来看，持有证券、未摊销证券溢价和折扣、回购协议和贷款在美联储总资产中比重最高，2021 年达到惊人的 98.66%，其中美国国债占比为 64.54%。

表 2-4　2008 年以来部分年份美联储资产总量与结构　（单位：亿美元）

	2008 年	2009 年	2019 年	2020 年	2021 年	2022 年
1. 黄金账户	110.37	110.37	110.37	110.37	110.37	110.37
2. 特别提款权账户	22	52	52.00	52.00	52.00	52
3. 硬币	16.88	20.47	16.61	15.62	12.12	11.95
4. 持有证券、未摊销证券溢价和折扣、回购协议和贷款	12 262.82	20 577.86	40 979.36	71 259.25	86 399.83	84 476.01
4.1 美国国债	4 759.21	7 765.87	23 288.62	46 889.16	56 522.72	55 008.34
4.2 联邦机构债券	197.08	1 598.79	23.47	23.47	23.47	23.47
4.3 抵押贷款支持债券（MBS）	0	9 082.57	14 199.80	20 394.68	26 154.92	26 414.02
5. 特殊目的实体（SPV）的净组合持仓	739.25	653.22	0.00	1 431.04	398.97	301.7
6. 托收中项目	9.79	2.77	1.03	0.82	0.59	1
7. 银行不动产	21.94	22.49	22.07	22.22	14.02	4.73
8. 中央银行流动性互换	5 537.28	102.72	37.29	178.83	33.41	4.12
9. 外币计价资产	258.74	253.02	205.71	224.29	203.53	184.02
10. 其他资产	74.48	155.03	231.46	339.06	349.76	365.79
总资产	22 394.57	22 340.67	41 655.91	73 633.51	87 574.60	85 511.69

资料来源：美联储。

（四）美联储资产的收缩和扩张，可以影响居民和企业部门资产的收缩和扩张

美联储资产的收缩和扩张，对居民和企业部门资产的收缩和扩张的影响在 2008 年全球金融危机和 2020 年新冠疫情引发的经济危机中表现得尤为明显。比

如，为了应对2008年的全球经济危机，美联储在将基准利率降低至零区间的基础上，发起了四轮量化宽松，通过购买长期国债、机构证券等金融产品，使美联储的资产负债表从经济危机前的0.9万亿美元增加至经济危机后4.5万亿美元的水平，本质上就是通过扩大中央银行资产负债表的方式，弥补私人资本的损失。而在2020年新冠带来的经济危机中，这一机制表现得更加清晰。疫情期间，美联储应对疫情的政策逻辑主线为：快速为金融机构、实体企业、家庭居民、地方政府和海外央行提供融资支持，防止疫情的外生冲击进一步恶化为经济的趋势性下行，即美联储通过自身资产负债表扩张，带动居民和企业部门资产的扩张，来换取各部门应对疫情短期停摆的时间，以防止出现难以逆转的系统性风险。

具体来看，2007年受次贷危机影响，美国居民部门、非金融企业部门、金融部门资产出现规模收缩，此时美联储开始通过扩表，运用自身资产的扩张来对冲上述三部门的资产规模收缩。之后，在2008年至2016年，受美联储资产扩张影响，美国居民部门、非金融企业部门、金融部门资产出现扩张。2017年缩表，虽然导致金融部门资产出现收缩，并减缓了居民部门、非金融企业部门、金融部门资产趋势，但是2019年开始美联储资产的再次扩张，又再次带动居民部门、非金融企业部门、金融部门资产出现规模扩张。之后，2022年，随着美联储缩表，美国居民部门、非金融企业部门、金融部门资产又出现同步收缩，具体如图2－24所示。

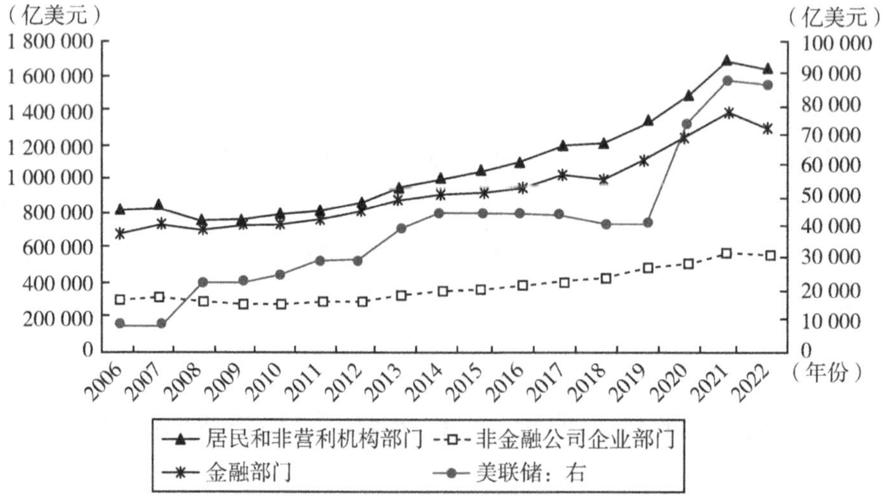

图2－24　2006年以来美联储、居民部门、企业部门、金融部门资产变化情况

资料来源：美联储、美国经济分析局。

三、美国防范金融风险举措对全球资产估值稳定和金融风险再分配的影响

美元是美国发行的信用货币，也是事实上的世界货币，在国际金融体系中处于核心地位。在牙买加体系下，由于美元不再与黄金挂钩，美元从此成为纯粹的信用货币。这就使得整个世界对美元供给都没有约束，或者说这一制度给美国政府发行过多的美元提供了可能。美债既是美国依托国家信用发行的政府债券，也是全球资产定价之锚，可以影响全球其他资产的价格。依托美元、美债在全球经济金融体系中超然地位，美国稳定自身资产估值的举措会对美元、美债等产生直接影响，进而会对全球资产估值稳定带来外溢影响，并影响全球经济金融的稳定。同时，美国财政货币政策还可以影响其他国家资产负债表，实质是美国通过金融风险全球再分配实现利益内部化和风险外部化。

（一）美国依托美元地位，影响全球资产估值稳定

美国在全球经济金融领域占据霸权地位，美国利用美元全球货币地位，通过长期维持对外贸易赤字，向全球输出美元，同时美国又是全球最大的债务国，其通过大量发行美国国债方式，在全球构建起“美元—美债”循环体系。在此背景下，美国通过实施财政货币一体化政策，能向全球收取铸币税，并为美国经济注入更多确定性。在此过程中，美国的财政货币政策不仅会对本国经济、金融稳定造成影响，还会通过影响美元、美债的方式对全球产生巨大外溢效应。例如，面对新冠疫情给经济社会发展带来的冲击，美国运用财政货币一体化政策，通过出台大规模财政刺激政策，辅之以购买规模无上限的量化宽松政策，给本国经济、金融、社会稳定注入确定性的同时，也向全球市场注入数万亿美元。美元超发导致美元的购买力下降和美元贬值，进而引发其他货币兑美元升值，并造成全球外汇市场剧烈波动，影响全球经济金融稳定。同时，全球许多国家将美元作为外汇储备。当美元贬值时，这些国家美元储备的价值也会下降，并被动承担资产贬值。2022 年，美国通胀高企，美联储迅速结束超宽松货币政策，转向激进加息政策，推高美元指数，让资本回流美国，这又导致其他国家面临本币贬值、资产价格下跌的风险。

（二）美元流动性大放大收，引发新兴市场国家资产估值大涨大跌和金融风险

美联储资产负债表的扩张和收缩会引发美元流动性大放大收，进而推动全球物价、资产估值大涨大跌，加剧全球经济金融动荡。同时，由于新兴市场国家在全球金融市场上的弱势和被动地位，美联储资产负债表的扩张和收缩给新兴市场国家带来的风险更大、成本更高。

一方面，美联储资产负债表扩张会引发全球资产的水涨船高效应。进入 21 世纪以来，为应对 2008 年金融危机和新冠疫情冲击，美国接连采取量化宽松政策稳定资产估值。在此过程中，美联储资产负债表经历了两轮大幅扩张。其中，2008 年金融危机期间美联储资产规模扩张到 4.5 万亿美元，是 2000 年的 7.3 倍，占 GDP 的 27%；新冠疫情期间美联储重启量化宽松政策，仅用 3 年时间资产规模就翻了一番，到 2023 年 3 月末已高达 8.8 万亿美元，是 2000 年的 14.1 倍，占 GDP 的比重攀升到 43%。鉴于美元在全球货币体系中的主导地位，美联储资产负债表的扩张具有强大的全球溢出效应。例如，美联储资产负债表的扩张引发全球美元流动性泛滥，进而导致大量资本流入新兴市场国家，推动了新兴市场国家房地产等资产价格的快速上涨。如图 2－25 所示，从国际清算银行（BIS）统计的名义住宅物业价格指数看（2010 年＝100），2014 年末，新兴市场国家为 130.15，比 2008 年提高了 40 个点，比发达经济体高 30.89 个点；2019 年末，新兴市场国家房地产价格指数为 164.22，比 2008 年提高 74.4 个点，比发达经济体高 26.56 个点。其中，2019 年末，智利房、哥伦比亚地产价格指数分别高达 249 和 203，比 2008 年分别上升 164 个点和 122 个点。

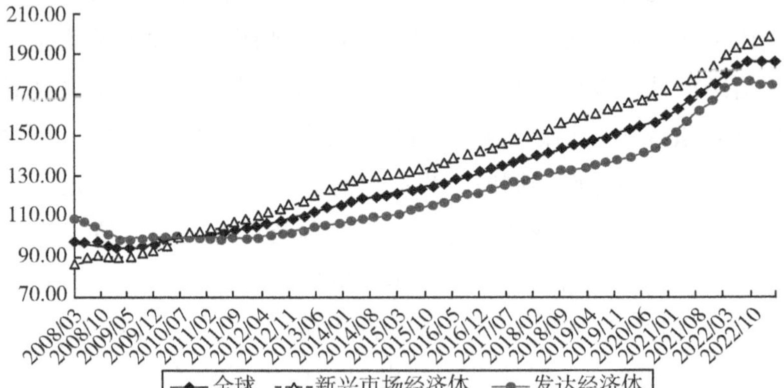

图 2－25　2008 年以来全球、发达经济体和新兴市场经济体名义住宅物业价格指数

资料来源：国际清算银行。

另一方面，美联储资产负债表收缩又会引发新兴市场国家金融市场动荡。2013 年 5 月，美联储主席在国会做出可能缩减购买国债和机构债券的声明，释放出货币政策转向信号，不仅给市场情绪带来巨大冲击，还给新兴市场国家造成“紧缩恐慌”，引发基本面偏弱国家的经济金融动荡。因为美国缩表预期会引发资本流动转向。在缩表信号释放的初始阶段，剧烈和系统性的市场波动对资本流动带来较大冲击。从 2013 年 5 月到 2014 年初，金融市场波动明显增加，新兴市场国家资产价格和汇率急剧修正，资本流向出现反转。如图 2－26 所示，2013 年新兴市场国家金融账户结束了连续 13 年的资本净流入，开始出现资本净流出。当年净流出 276 亿美元，主要是短期的、对金融环境更敏感的“其他投资”项下资本大幅外流，发达国家当年净流出 3 597 亿美元，是新兴市场资本总流出规模的 5.3 倍。同时，缩表预期对经济基本面偏弱的经济体冲击更大。美国实施非常规货币政策期间，杠杆率高的新兴市场国家，对外部融资依赖性强，对国际融资环境、利率和汇率波动更为敏感，更容易受到全球金融状况预期变化的影响，潜在金融风险加大。从 2013 年 5 月到 8 月末，巴西、印度、印度尼西亚、土耳其和南非这五个宏观基本面稳健性较差的国家，债券收益率平均上升 2.5 个百分点，股市下跌 13.8%，汇率下跌 13.5%，外汇储备下降约占 4%。

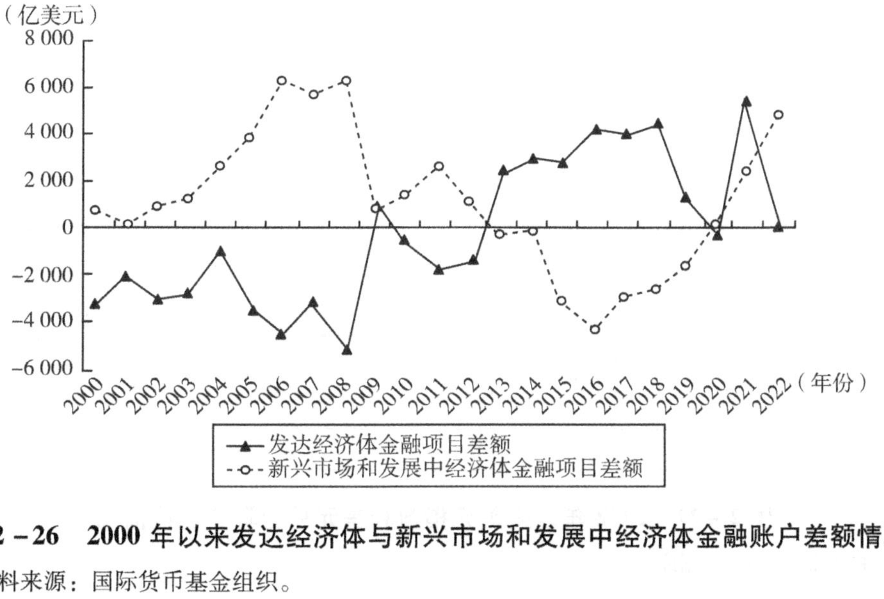

图 2－26　2000 年以来发达经济体与新兴市场和发展中经济体金融账户差额情况

资料来源：国际货币基金组织。

（三）美元币值大幅波动，会引发新兴市场和发展中国家本币危机

美元是美国发行的信用货币，也是事实上的世界货币，在国际金融体系中处

于核心地位。美元币值大幅波动，则会引发新兴市场和发展中国家本币危机。尤其是，2008年金融危机后，新兴市场和发展中国家杠杆率上升幅度较大且外债较多，这使得美元升值会导致新兴市场和发展中国家资本外流压力加大的同时增加其债务负担。例如，如图2－27所示，2022年以来，美联储激进加息导致美元急剧升值，美元指数维持高位，非美货币普遍承压。这在全球范围产生严重破坏性后果，令不少国家本币贬值、资本外流、偿债成本上升。2022年土耳其里拉贬值约30%，阿根廷比索进一步贬值约42%。2023年阿根廷比索、土耳其里拉等货币继续贬值，其中土耳其里拉在2023年上半年贬值约28%。同时，美元大幅升值还严重加剧了新兴市场和发展中国家的美元债务负担，令其外部融资环境恶化。为应对资本外流、本币贬值，许多国家的央行被迫跟进加息。阿根廷基准利率从2022年3月的42.5%持续升至2023年5月的97%。这导致全球金融环境显著收紧、发展中国家债务风险进一步增加。世界银行2023年6月6日发布的最新一期《全球经济展望》报告指出，在新兴市场国家中，由于利率上升，债务压力正在增加。有14个低收入国家已经陷入债务危机或面临陷入债务危机的高风险。世界银行还指出，美国利率快速走高对新兴市场和发达经济体造成重大挑战，出现金融危机的可能性升高。

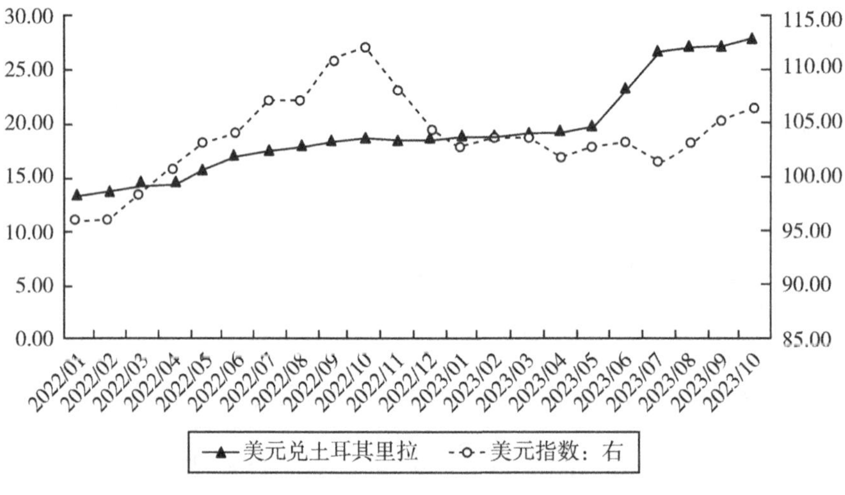

图2－27　2022年以来美元指数和美元兑土耳其里拉情况

资料来源：Wind数据库。

（四）美债收益率飙升，给全球金融市场带来风险冲击

美债既是美国依托国家信用发行的政府债务，也是全球资产定价之锚。美债

收益率的大幅波动，会给全球资产估值稳定带来冲击。近期，有着“全球资产定价之锚”的10年期美债收益率一度涨破5%，达到2007年以来最高水平，引发全球金融资产估值波动加剧。英国、法国、德国等发达经济体国债收益率都出现不同程度上行。美国国债收益率在高位水平持续时间越长，就越可能对全球金融稳定带来较大冲击。美债收益率飙升，一方面是受美联储激进加息影响，同时，2023年美国经济保持韧性，市场降息预期减弱，导致美债收益率居高不下。另一方面是由于美国财政部超预期发债加剧了美债供求关系的不平衡。随着美债收益率飙升至近20年未见的高点，美国债券遭遇历史上最极端的抛售之一。IMF开始担忧并警告无所作为将引发更严重后果，导致全球42%的银行资产受冲击。美国国债收益率的大幅上升引发了国际货币基金组织（IMF）的警告，该组织呼吁监管机构加强对金融市场的监管。10年期美债收益率的波动对全球的股市、大宗商品、外汇等资产价格都会产生影响

（五）美国可以影响其他国家资产负债表，实质是美国通过金融风险全球再分配实现利益内部化和风险外部化

美国宏观政策，不仅会影响美国国家资产负债表的变化，还会影响其他国家资产负债表。因为美国宏观政策影响的不仅仅是美元资产流入流出美国，还会影响美元资产在全球不同国家的资产负债表中转移，引发全球不同国家的资产负债表的扩张和收缩。具体来说，一方面，在美国实行量化宽松货币政策时，大量资金会流向新兴市场国家，这使得美国可以通过美元的国际储备货币地位向全球输出通胀，把通胀风险、资产“泡沫”风险等强加给其他国家。另一方面，美联储加息使得大量资金回流美国，全球货币紧缩，新兴市场国家的资金大量外流，引发汇率动荡，甚至导致货币危机或金融危机。因为随着美联储步入加息周期，美国与新兴市场国家之间的利差通常会缩小，这很可能导致短期国际资本从新兴市场国家回流美国。在此情景下，新兴市场国家很可能会面临国内资产价格下跌、本币对美元贬值、外币债务压力上升的困境。在国际地缘政治风险显著上升的情况下，这将极大增加世界经济运行面临的不确定性和复杂性。

例如，美联储上轮加息缩表令许多新兴经济体和一些发展中国家出现了不同程度的本币贬值、资金外流、经济受挫的情况。为了美国自身利益考虑、抑制通胀，美联储自2015年12月启动了新一轮加息周期，2018年更是加息四次，美元指数涨势凌厉。同时在2017年10月，美联储正式启动缩表计划，缩减其超大规模的资产负债表，市场货币流通量减少。加息和缩表的双重作用，让外部融资需

求较高的新兴市场国家首当其冲、遭遇重创。2018年阿根廷货币比索对美元汇率下跌50.56%，通货膨胀率高达47.6%，是27年以来的最高值。为了抑制比索贬值趋势，阿根廷政府不得不向国际货币基金组织寻求资金援助，2018年6月最终达成了500亿美元的贷款协议，以弥补财政赤字并稳定汇率。巴西货币雷亚尔在2018年也持续贬值，尽管巴西央行出手干预，促成汇率迅速回落，但依然无法扭转雷亚尔对美元贬值幅度达20%的现实。由于资本大量外流、国际收支状况恶化，汇率贬值预期持续强化，2018年8月，土耳其出现货币危机，里拉汇率暴跌超30%，从而引发投资和消费放缓，日常消费品和能源价格大涨。

同时，美国加息会引发全球利率水平上升，使得发展中国家资产负债表端的债务负担上升。国际清算银行的数据显示，新兴经济体政府发行的以本币计价的国际债券占比从1980年的0.12%增长到2023年第一季度的2.58%；美元计价外债占比从1996年的80.14%逐步降至78.61%。但是，新兴经济体发行的外币债券占比依然较高，仍面临较高的债务脆弱性。世界银行2023年12月发布的《国际债务报告（2023）》显示，2022年全球利率经历了40年来最大幅度飙升，发展中国家用于偿还政府债务和政府担保债务的支出达到创纪录的4 435亿美元。全部发展中国家的偿债支出（包括本金和利息）比上一年增加了5%。利率上升导致所有发展中国家的债务脆弱性加剧。在过去3年内，已经有10个国家发生了18起主权违约事件，这一数字超过了过去20年的总和。约60%的低收入国家面临极高的债务风险或已经陷入债务困境。同时，借款成本增加挤占了本应投入卫生、教育、环境等关键需求领域的为数不多的资金。在2012年至2022年的10年间，不少发展中国家的外债增长了134%，超过了其国民总收入增幅的53%。

四、美国政策举措对我国资产估值稳定的影响与金融风险防范

（一）需重视美国政策变化影响我国股市资产估值，加大我国资本市场波动风险

美国货币政策变化可能会加大我国股市资产估值波动。具体来说，美国货币政策变化会通过汇率渠道和投资者情绪渠道加大我国股市波动。汇率渠道的传导机制主要表现为：美联储退出量化宽松货币政策后进入加息通道，人民币对美元贬值，热钱大量流出，国内流动性趋紧，导致部分资金流出股市、债市，进而造

成资产估值下降。投资者情绪渠道的传导机制主要表现为：美联储退出量化宽松货币政策后进入加息通道使得投资者对于美国经济政策的不确定性预期有所降低，投资者出于风险规避和资本保值增值等考虑，会将资金转移至美国，导致资金流出我国股市、债市，进而造成资产估值波动加剧。

（二）需明晰美国政策变化影响我国房地产估值，推动房地产行业转型升级

从行业的资产价格视角来看，美联储加息对我国各行业影响最大的是具有高杠杆率的房地产开发业，其负有大量外债，而美元加息对房地产业资金链将带来较大挑战，可能对房地产行业形成利空，进而影响我国经济的平稳运行。对此，要重视美国政策变化对我国房地产市场资产估值的影响。实际上，对于房地产问题，要看其产生的全局性、整体性影响。房地产行业的快速发展，改变了企业、居民以及政府的资产负债表。比如，金融机构的资产负债表，毫无疑问与房地产的快速发展有关。银行业的相当一部分资产都集中在房地产行业，房地产如果出问题，金融风险就会迅速扩大。房地产也改变了居民的资产负债表。现在，居民财富的积累，很多表现在房产上，居民的负债主要集中在房贷上，而且房贷增长速度相当快。可以说，居民资产负债表的变化是与房地产快速发展紧密关联在一起的。政府的资产负债表，特别是地方政府的资产负债表也由此发生了明显改变。比如地方政府的收入，相当一部分来自房地产开发带来的土地出让收入。上述变化所带来的影响非同小可，可谓牵一发而动全身。因此，房地产行业必须按照“房住不炒”的功能定位进行，促其转型升级。但治理方式也不能是“运动式”，也不能仅就房地产本身来考虑，必须置入国民经济整体当中，以避免引发新的更大风险。针对房地产领域风险的处置，要以拆弹的态度来对待。拆弹必须十分精准、非常专业，凭着过去的老经验，拆不好就有可能爆炸，一旦爆炸，后果不堪设想。在这个意义上，推动房地产行业的调整、转型、升级，实际上也是一个精准拆弹的作业过程。

（三）需警惕美国货币政策变化影响中美利差，加大我国资本外流压力

若美联储收紧货币政策，则其利率水平面临上行压力。从全球范围看，美联储收紧货币政策也会带动发达国家跟进，这将可能导致国际资本从新兴经济体国家回流美国等发达国家。2022 年以来，美联储加息就引发了上述效应。因为美联

储激进加息，美债收益率飙升导致资金向美国回流，对新兴市场、发展中市场而言，实际就是资金外流。这种资金外流，会影响到本国经济。美元相对短缺，本国货币对应贬值，购买力随之下降，尤其是对大量依靠进口的行业来说，风险更大。与此同时，由于美元利率上升，美元汇率走强，使得利用外资相对更为困难，因为外资成本升高。特别是通过贷款等债权形式融入外部资金，面临的压力尤其明显。所以不管是经常账户的进口还是资本金融账户的融入债权外资，成本都会增加。就我国的情况来看，美联储收紧货币政策可能压缩中美利差，增加资本外流压力。例如，中美利差缩窄可能降低境内资产吸引力，境外机构调整资产配置结构或将导致跨境资本流出。同时，中美利差缩窄可能导致跨境资本购汇需求有所增多，叠加美联储收紧货币政策助推美元走强，人民币汇率或将面临一定贬值压力。虽然目前我国经济总体韧性较强，对国际资本具有较强吸引力，出现大规模资本外流的可能性较小，但仍需要警惕中美利差缩小引发的资本外流加大压力和人民币贬值压力。

（四）需关注美元指数走强给人民币贬值带来的压力，并稳步推进人民币国际化步伐

美联储资产负债表的扩张或收缩还会影响美元汇率，进而通过汇率途径影响人民币汇率。例如，美联储实施 Taper 意味着基础货币边际投放减少，如果再叠加美联储加息影响，将为强美元汇率提供支撑，进而给人民币汇率带来较大的贬值压力。就 2023 年的情况来看，2023 年大部分时间内，人民币汇率在强美元、中美利差深度倒挂等因素影响下偏弱运行，美元兑人民币即期汇率一度触及 7. 35，创下了 2007 年以来的最低点。而人民币汇率贬值过快对我国股市、债市的金融资产估值稳定产生负面影响。虽然 2023 年 11 月以来，在内外部压力均有所缓和的情况下，人民币汇率摆脱了 9 月以来的弱势震荡，美元兑人民币即期汇率回到 7. 10—7. 16。但目前人民币汇率仍然处于较低水平。同时，人民币汇率的大幅波动也显然不利于人民币国际化。因此，有必要采取举措通过保持人民币汇率的相对稳定更好推进人民币国际化进程。

英国稳定资产估值防范金融风险的举措

英国金融风险主要来自全球风险的蔓延和传导。全球风险有金融风险、经济风险、政策风险、地缘政治风险等。面临风险时，有的国家可以通过政策措施将风险转移给其他国家，转移出去的风险可能通过汇率、贸易、资本流动等渠道再次转移回来。英国主要是风险蔓延和传导的接受方，但在面对风险时能通过积极的风险展望预判风险的来源和强度，并通过有效应对减轻和消除风险的影响。

一、金融政策委员会对英国金融体系系统性风险的判断

对金融体系系统性风险的判断是应对该风险的基础和起点。英国对本国金融体系实施宏观审慎监管的机构是英国央行英格兰银行的金融政策委员会（FPC，the Financial Policy Committee）。FPC 为了保护和增强英国金融体系的弹性，识别、监视和采取行动解决或减轻本国金融体系面临的系统性风险。FPC 通常有 13 位成员：6 位是英格兰银行的职员，他们是行长、4 位副行长、金融稳定战略和风险部门的执行主管；5 位外部成员，他们根据金融服务的经历和专业能力来筛选；金融行为监管局（FCA）首席执行官；1 位没有投票权的来自财政部的官员。FPC 每年召开四次会议。每次会后，FPC 会在《摘要和记录》（Summary and Record）中发布对英国金融体系风险的展望和应对这些风险的办法。此外，FPC 每年发布两次《金融稳定报告》（Financial Stability Report，简称“FSR”），分别在第二和第四季度，该报告的内容是关于对英国金融体系稳定性的展望和为降低金融体系风险所采取的行动。①

① Bank of England. Financial Policy Committee [EB/OL]. [2023 - 10 - 16]. https://www.bankofengland.co.uk/about/people/financial - policy - committee.

（一）风险的来源

FPC认为，英国金融体系的系统性风险来自国内和全球风险的蔓延和传导：

1. 国内风险

国内风险主要来自利率上调以及经济增长放缓的风险。利率上调及将继续上调的预期——已经导致金融环境收紧——再加上经济增长放缓，可能给英国银行业带来风险。另外，较高的利率会降低银行固定利率资产的市场价值，这可能给所有银行都带来风险。①

2. 全球风险的蔓延和传导

根据2023年7月FPC发布的《金融稳定报告》，英国金融体系可能会受到下述全球风险蔓延和传导的影响②：

（1）国外部分地区银行（区域性银行）的风险可能会传导到英国金融体系的风险。全球银行体系部分地区最近面临的压力可能会传导到英国，影响英国的金融稳定；

（2）其他国家上调利率可能给英国金融体系带来风险。关于全球金融和经济展望的不确定性仍然很高。其他经济体继续大幅上调利率，可能通过经济和金融等渠道给英国金融稳定带来风险；

（3）其他的外部冲击——例如来自中国房地产市场的风险——可能通过贸易或金融溢出而影响到英国金融；

（4）地缘政治局势的风险。不断增加的地缘政治紧张增加了脆弱性出现的可能性，可能增加英国金融体系面临的挑战。

根据2023年10月FPC发布的《摘要和记录》，英国金融体系可能会受到下述全球风险蔓延和传导的影响③：

---

① Bank of England. Financial Stability Report［EB/OL］.［2023－07－12］. https：//www. bankofengland. co. uk/－/media/boe/files/financial－stability－report/2023/financial－stability－report－july－2023. pdf.

② Bank of England. Financial Stability Report［EB/OL］.［2023－07－12］. https：//www. bankofengland. co. uk/－/media/boe/files/financial－stability－report/2023/financial－stability－report－july－2023. pdf.

③ Bank of England. Financial Policy Summary and Record－October 2023［EB/OL］.［2023－10－10］. https：//www. bankofengland. co. uk/－/media/boe/files/financial－policy－summary－and－record/2023/fpc－summary－and－record－october－2023. pdf.

（1）全球经济增长前景依然低迷；

（2）长期利率，尤其是美国的长期利率，已大幅升至较高水平；

（3）全球银行体系和金融市场的某些部分仍然容易受到利率上升的压力，并受到重大不确定性的影响，反映出经济增长和通胀前景以及地缘政治紧张局势的风险。

全球脆弱性表现在：

（1）利率上升继续影响发达经济体家庭和企业偿还债务和为债务再融资的能力；

（2）中国房地产市场长期存在的脆弱性进一步显现，重大下行风险依然存在；

（3）与中国内地一样，香港的私人部门债务水平也很高，房地产价格也在上涨，英国银行对香港的敞口大于对中国内地的敞口。不过，目前香港房地产市场承压的迹象有限，而且相对于中国内地而言，香港资产的安全性和等级都更高。

（二）对风险的展望

2023 年 7 月 FPC 发布的《金融稳定报告》认为：

过去的一年半，全球利率明显上升以及金融市场不稳定性的增加（例如 2023 年早些时候三家美国银行和瑞士信贷的倒闭）让金融体系承受了更大压力，但是这些对英国银行体系的影响有限。但是，在不断上调的利率的压力下，全球银行体系和金融市场仍然脆弱，而且源自增长和通胀展望以及地缘政治紧张的风险，仍然有明显的不确定性。

英国银行体系资本非常充足，并保持着巨大的流动性缓冲。整体资产质量仍然相对坚固，迄今为止，加息对信贷风险的影响有限。但是，整体风险环境还是充满挑战。

2022/2023 年压力测试的结果表明，英国主要银行在严峻压力情景下仍然具有弹性，严峻的压力情景包括发达经济体通胀持续走高、全球利率上升、英国和全球经济同时深度衰退、失业率大幅上升以及资产价格大幅下跌。

最近几个季度信贷标准的紧缩反映出信贷风险的增加，而不是银行为保护资本而采取的防御性举措。

2023 年 10 月 FPC 发布的《摘要和记录》认为：

全球增长前景依然低迷、更为持续的通货膨胀、更高的利率和地缘政治紧张使得当前的风险展望充满挑战。英国家庭和企业正面临生活压力的成本和更高的借款成本。英国银行体系仍然稳固，可以支撑家庭和企业，甚至如果经济状况比预料得更差也是如此。

英国银行体系资本充足，近期盈利能力强劲，流动性高。英国银行资产质量的前瞻性指标总体上保持相对稳定，尽管欠款已从历史上非常低的水平开始上升，预计还会进一步上升。最近贷款的疲软似乎反映了需求的减弱和与之前相比银行风险偏好的收紧。英国信贷状况的收紧反映了宏观经济前景的变化，而不是银行为保护其资本而采取的防御行动。

二、金融危机与国家净值萎缩密切相连①

金融体系系统性风险一般以金融危机的形式展现，金融危机发生时一般会出现资产价值下跌和国家资产负债表萎缩。因此，资产负债表的变动可以很好地反映金融风险的存在、所处阶段和强度，还可以看出应对措施的结果和效果。英国国家资产负债表（the UK National Balance Sheet）由英国负责提供统计数据的官方机构国家统计办公室（ONS）编制。按部门分类，分为：（1）非金融企业，又被细分为公共非金融企业和私营非金融企业；（2）金融企业；（3）政府，又被细分为中央政府和地方政府；（4）家庭和为家庭提供服务的非营利机构，又被细分为家庭、为家庭提供服务的非营利机构。按资产分类，分为非金融和金融。

（一）金融危机与国家财富萎缩相伴

英国国家资产负债表（National Balance Sheet）净值（Net Worth）总体呈现上升的趋势，1995年以来最为明显的下降发生在2008年和2009年（见表2-5）。国家净值从2007年底的7.29万亿英镑，到2009年底降至6.68万亿英镑，两年间下降0.61万亿英镑。2008年和2009年发生了全球金融危机，英国金融体系深受打击，因此金融危机特别是金融体系的系统性风险与国家净值的萎缩紧密相连。

（二）金融危机表现为家庭、中央政府和企业净值的萎缩

全球金融危机期间，家庭、企业和中央政府的净值都明显萎缩，2008年家庭

① Office for National Statistics. The UK national balance sheet estimates [EB/OL]. [2023-01-23]. https://www.ons.gov.uk/file?uri=/economy/nationalaccounts/uksectoraccounts/datasets/thenationalbalancesheetestimates/current/nbs2022referencetables.xlsx.

表 2-5 英国国家资产负债表净值：部门分类（1995 年底至 2021 年底）（单位：百万英镑，当前价格）

年份	非金融企业	金融企业	一般政府			家庭和为家庭提供服务的非营利机构			净值汇总
			中央	地方	汇总	家庭	为家庭提供服务的机构	汇总	
1995 年	-2 784	-23 509	-65 953	112 350	46 397	2 722 764	49 806	2 772 570	2 792 674
2000 年	-439 499	-178 474	-103 716	146 014	42 298	4 315 570	88 911	4 404 481	3 828 806
2005 年	-92 413	1 857	-175 906	236 429	60 523	6 191 482	111 693	6 303 175	6 273 141
2006 年	5 808	60 992	-179 608	254 581	74 973	6 584 252	126 626	6 710 878	6 852 654
2007 年	13 773	100 955	-212 685	245 730	33 045	7 004 634	137 256	7 141 890	7 289 662
2008 年	376 276	241 178	-310 421	193 947	-116 474	6 250 898	127 441	6 378 339	6 879 319
2009 年	-92 550	121 464	-440 943	196 635	-244 308	6 760 370	136 471	6 896 841	6 681 443
2010 年	-57 290	267 219	-564 908	255 856	-309 052	7 027 418	154 694	7 182 112	7 082 986
2011 年	-183 727	381 681	-822 144	267 998	-554 146	7 377 868	141 636	7 519 504	7 163 313
2012 年	-291 738	163 460	-887 549	282 403	-605 146	7 613 981	140 031	7 754 012	7 020 589
2013 年	-135 112	293 496	-889 929	299 671	-590 258	7 874 207	171 361	8 045 568	7 613 697
2014 年	-272 269	285 674	-1 125 734	347 198	-778 536	8 774 068	186 672	8 960 740	8 195 608
2015 年	11 238	237 341	-1 153 821	356 180	-797 641	9 207 747	200 238	9 407 985	8 858 927
2016 年	-32 595	630 838	-1 382 435	410 734	-971 701	9 970 068	204 747	10 174 815	9 801 356
2017 年	99 516	421 741	-1 368 106	400 809	-967 297	10 370 962	227 945	10 598 907	10 152 865
2018 年	707 396	249 314	-1 346 415	425 214	-921 201	10 199 208	231 954	10 431 162	10 466 669
2019 年	723 126	-127 028	-1 460 696	424 426	-1 036 270	10 675 894	244 380	10 920 274	10 480 098
2020 年	607 191	-4 929	-1 880 143	420 512	-1 459 630	11 420 652	256 293	11 676 944	10 819 570
2021 年	596 900	42 988	-1 894 877	496 819	-1 398 058	12 290 644	279 489	12 570 134	11 811 966

资料来源：Office for National Statistics. The UK national balance sheet estimates [EB/OL]. [2023-01-23]. https://www.ons.gov.uk/file?uri=/economy/nationalaccounts/uksectoraccounts/datasets/thenationalbalancesheetestimates/current/nbs2022referencetables.xlsx.

净值萎缩0.75万亿英镑，2009年金融企业净值萎缩0.12万亿英镑，2008—2011年中央政府净值萎缩0.61万亿英镑，2009—2012年非金融企业净值萎缩0.67万亿英镑。家庭净值体量最大，萎缩得最为明显，但很快回升，2010年底恢复到2007年底的水平；中央政府净值萎缩明显，而且不断加深；非金融企业净值萎缩明显，持续时间较长，到2018年底才超过2008年底的水平。

（三）中央政府通过中央政府净值的萎缩帮助家庭和金融企业抵御风险

危机期间，中央政府通过中央政府净值的萎缩帮助家庭和金融企业抵御风险。全球金融危机发生后，英国中央政府减税增支，通过扩张性财政政策为家庭和企业提供支持，债务不断积累，因此中央政府的净值明显萎缩，在财政政策逐步退出后，虽然赤字率下降但是债务仍然延续增长的势头，所以中央政府净值明显萎缩的持续时间（四年）更长。中央政府将借款花出去，如果为私人和企业提供补贴，那么企业和家庭的净值增加；如果投资基础设施建设，那么相关企业的净值可能会增加，相应人员的就业和收入增加，家庭的净值也会增加。中央政府支出有乘数效应，企业和家庭的净值增幅会超过中央政府净值的萎缩。因此，在经济形势不好或者发生经济危机时，中央政府通过自身资产负债表的萎缩来维护企业和家庭资产负债表的稳定，从而维护整个经济（国家）资产负债表的稳定。

（四）资产负债金融化特征明显

按资产分类，净值分为非金融和金融两类，其中金融净值为金融资产减去金融负债。2021年底，英国国家资产负债表净值11.81万亿英镑，其中非金融类资产净值12.24万亿英镑，金融净值－0.42万亿英镑（金融类资产37.98万亿英镑，金融类负债38.40万亿英镑）（见表2－6）。这表明国家资产和负债金融化程度极高，金融风险和金融产品价格变化对国家净值将产生明显影响。

表2－6　　英国国家资产负债表净值：按资产性质分类

（1995年底至2021年底）（单位：百万英镑，当前价格）

年份	非金融类资产净值	金融类资产	金融类负债	金融类净值	净值
	1	2	3	4＝2－3	5＝1＋4
1995年	2 752 162	6 867 317	6 826 805	40 512	2 792 674
2000年	3 917 741	11 263 761	11 352 696	－88 935	3 828 806

续表

年份	非金融类资产净值	金融类资产	金融类负债	金融类净值	净值
	1	2	3	4 = 2 - 3	5 = 1 + 4
2005 年	6 392 261	18 382 564	18 501 684	-119 120	6 273 141
2006 年	7 021 810	20 064 016	20 233 172	-169 156	6 852 654
2007 年	7 490 246	22 808 980	23 009 564	-200 584	7 289 662
2008 年	6 773 135	30 761 624	30 655 440	106 184	6 879 319
2009 年	6 940 247	26 960 356	27 219 160	-258 804	6 681 443
2010 年	7 213 610	29 055 016	29 185 640	-130 624	7 082 986
2011 年	7 313 985	31 869 402	32 020 074	-150 672	7 163 313
2012 年	7 462 841	31 166 360	31 608 612	-442 252	7 020 589
2013 年	7 888 877	29 706 016	29 981 196	-275 180	7 613 697
2014 年	8 558 932	31 295 284	31 658 608	-363 324	8 195 608
2015 年	9 169 391	29 618 056	29 928 520	-310 464	8 858 927
2016 年	9 641 464	33 305 464	33 145 572	159 892	9 801 356
2017 年	10 222 605	33 310 412	33 380 152	-69 740	10 152 865
2018 年	10 532 567	32 615 902	32 681 800	-65 898	10 466 669
2019 年	10 719 478	33 745 348	33 984 728	-239 380	10 480 098
2020 年	11 204 118	37 580 668	37 965 216	-384 548	10 819 570
2021 年	12 236 133	37 978 332	38 402 500	-424 168	11 811 966

资料来源：Office for National Statistics. The UK national balance sheet estimates [EB/OL]. [2023 - 01 - 23]. https://www.ons.gov.uk/file?uri=/economy/nationalaccounts/uksectoraccounts/datasets/thenationalbalancesheetestimates/current/nbs2022referencetables.xlsx.

（五）金融类负债超过金融类资产

从 1987 年底到 1996 年底，金融净值为正，金额为数百亿英镑。从 1997 年底开始，金融净值除 2008 年底和 2016 年底外全部为负值，即金融类负债超过金融类资产，2021 年底金融净值 -0.42 万亿英镑。这说明金融类负债较高，一旦发生经济危机，可能伴生金融体系的信用风险，如果金融类资产价格明显下跌，可能会造成金融净值和国家资产负债表净值的明显萎缩，金融体系或国家资产负债表净值更易受外部影响同时应对风险的能力变弱，因此金融体系风险监控需要得到加强。

（六）金融危机伴随金融体系金融类资产和负债的大幅扩张

2008年发生全球金融危机，2008年底，金融企业金融类资产从2007年底的16.44万亿英镑增加到24.16万亿英镑，增加7.72万亿英镑，扩张明显，金融类负债也是如此，是1994年底以来扩张最为明显的一次（见表2－7）。另外一次发生在2020年底，金融类资产扩张3.13万亿英镑，这次是发生了新冠疫情。因此，重大风险必然伴随金融企业资产负债表的明显扩张，这是金融企业为市场提供更多流动性的必然结果。

表2－7　　英国国家资产负债表净值：金融企业

（1995年底至2021年底）（单位：百万英镑，当前价格）

年份	非金融类资产净值	金融类资产	金融类负债	金融类净值	金融企业净值
	1	2	3	4＝2－3	5＝1＋4
1995年	59 093	3 906 976	3 989 578	－82 602	－23 509
2000年	84 257	6 548 103	6 810 834	－262 731	－178 474
2005年	106 546	12 614 484	12 719 173	－104 689	1 857
2006年	109 758	14 030 270	14 079 036	－48 766	60 992
2007年	107 549	16 437 728	16 444 322	－6 594	100 955
2008年	100 134	24 160 616	24 019 572	141 044	241 178
2009年	93 506	20 163 498	20 135 540	27 958	121 464
2010年	96 077	21 837 810	21 666 668	171 142	267 219
2011年	96 647	24 277 578	23 992 544	285 034	381 681
2012年	96 386	23 314 950	23 247 876	67 074	163 460
2013年	97 760	21 739 032	21 543 296	195 736	293 496
2014年	102 374	22 709 684	22 526 384	183 300	285 674
2015年	104 793	20 865 308	20 732 760	132 548	237 341
2016年	108 416	23 685 650	23 163 228	522 422	630 838
2017年	119 505	23 273 648	22 971 412	302 236	421 741
2018年	125 940	22 785 950	22 662 576	123 374	249 314
2019年	128 764	23 289 676	23 545 468	－255 792	－127 028
2020年	129 793	26 414 682	26 549 404	－134 722	－4 929
2021年	138 144	26 452 684	26 547 840	－95 156	42 988

资料来源：Office for National Statistics. The UK national balance sheet estimates [EB/OL]. [2023－01－23]. https://www.ons.gov.uk/file?uri=/economy/nationalaccounts/uksectoraccounts/datasets/thenationalbalancesheetestimates/current/nbs2022referencetables.xlsx.

三、资产估值变动对金融稳定有重大影响

金融危机的典型特征是资产价值的下跌和国家资产负债表的萎缩，资产价值的变动在国家资产负债表中会得到反映，因此它们两者是联动的。英国国家资产负债表净值中份额比较大的资产主要有：非金融资产中的土地（2021 年底 7. 15 万亿英镑）和固定资产（以住宅和建筑为主，接近 4 万亿英镑）；金融资产中的现金存款（9. 50 万亿英镑）、债券（4. 25 万亿英镑）、债权（7. 57 万亿英镑）、股权投资（7. 57 万亿英镑）、保险、养老金和标准的担保计划（5. 32 万亿英镑）、金融衍生品和股票期权（4. 53 万亿英镑）。因此，土地和房产、债券、股票、金融衍生品和股票期权的价值变动都将会对金融稳定造成冲击。土地和房产的估值变动主要影响个人和企业的信用，金融类资产的估值直接影响金融稳定，因为金融企业持有大量的这些金融类资产。①

（一）住宅价格与上年同期相比略降，与 3 月相比略为上升

住宅价格整体呈现上升的趋势。但是，2008 年全球金融危机发生后，英国住宅价格变动下跌，月度价格与上年同期相比最大降幅在 15% 左右，房屋价格数月持续走低，是 2005 年以来房价下行最为严重的一次。

从 2023 年年中开始，与上年同期相比房屋价格上涨幅度从 10% 左右开始回落，到 9 月，英国住宅平均价格与上年同期相比下降 0. 1% （暂时估计），8 月的住宅平均价格与上年同期相比增长 0. 8% ，9 月住宅价格年度通货膨胀率的下降是 2012 年 4 月以来首次年度通货膨胀率处于 0 以下（见图 2 - 28）。从 2022 年 7 月开始，住宅价格年度通货膨胀率从 13. 8% 的高位缓慢下降。根据暂时估计，2023 年 9 月英国住宅平均价格为 29. 1 万英镑，与上年同期相比变化不大，但是与 2023 年 3 月最低位置相比略有上升（见图 2 - 29）。

---

① Office for National Statistics. The UK national balance sheet estimates [EB/OL]. [2023 - 01 - 23]. https: //www. ons. gov. uk/file?uri = /economy/nationalaccounts/uksectoraccounts/datasets/thenationalbalancesheetestimates/current/nbs2022referencetables. xlsx.

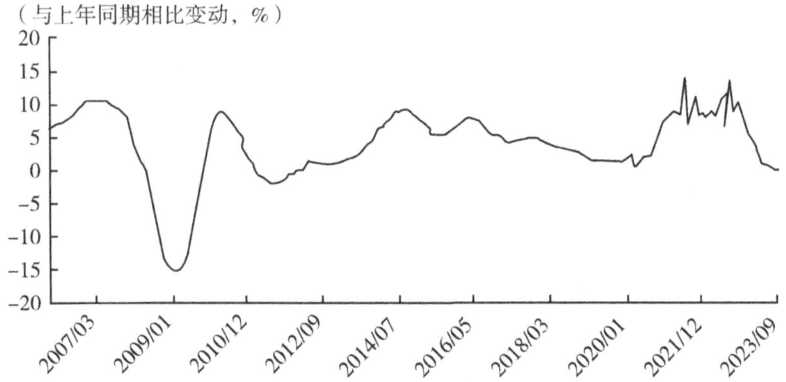

图 2－28　住宅价格变动（2006 年 1 月至 2023 年 9 月）

资料来源：Office for National Statistics. UK House Price Index：September 2023［EB/OL］.［2023－11－15］. https：//www. ons. gov. uk/economy/inflationandpriceindices/bulletins/housepriceindex/september2023/pdf.

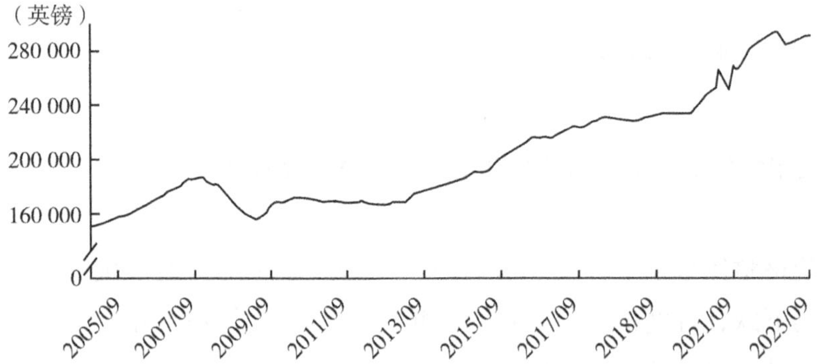

图 2－29　住宅平均价格（2005 年 1 月—2023 年 9 月）

资料来源：Office for National Statistics. UK House Price Index：September 2023［EB/OL］.［2023－11－15］. https：//www. ons. gov. uk/economy/inflationandpriceindices/bulletins/housepriceindex/september2023/pdf.

（二）股市高位震荡

2004 年以来英国股市最严重的下行发生在全球金融危机期间，另外一次较严重的下行发生在新冠疫情期间。2022 年底开始到 2023 年初，英国股市高歌猛进，英国富时 100 指数（《金融时报》100 种股票平均价格指数）从 6 700 左右上升到 8 000 左右，首次突破 8 000 点大关，创下历史新高。分析人士认为，权重股表现突出、英镑汇率下跌、经济衰退预期减弱等因素提振了英国股市。英国股市 2022 年亦表现不俗——在全球主要股市惨淡经营的 2022 年里，英国富时 100 指数上涨了

0.91%。分析指出，传统行业占比大是英国股市在经济前景黯淡的情况下仍然表现不俗的重要原因。[①] 之后英国富时 100 指数在 7 500 点左右震荡，具体见图 2－30。

图 2－30 英国富时 100 指数（2004 年至 2023 年 12 月 15 日）

资料来源：东方财富网，网址 http：//quote.eastmoney.com/gb/zsFTSE.html。

（三）国债收益率走高

2023 年 6 月 19 日，英国 2 年期国债收益率突破 5%，创下 2008 年以来高点。[②] 2023 年 8 月，英国 10 年期国债收益率更是一度飙升至 4.805%，创下 2008 年以来最高。在国债收益率走高背后，通胀压力挥之不去、央行紧缩压力难消、债务不断膨胀、经济好于预期等因素都在起作用。国债收益率刷新十余年新高，过去多年的廉价资金时代宣告终结。T. Rowe Price 高级投资组合经理 Saurabh Sud 认为，期限较短的债券可能是一个抵御全球债券市场动荡的安全赌注。“虽然预计长期债券将被抛售，但一些期限较短的债券看起来很有吸引力，可以在不承担大

① 赵修知．英国股市能否持续上涨有待观察［EB/OL］．［2023－02－22］．http：//www.jjckb.cn/2023－02/22/c_1310699206.htm．来源：经济参考报。

② 吴斌．短期国债收益率狂飙英国央行或祭出更激进货币政策［N］．21 世纪经济报道，2023－06－21（005）．

量信贷或久期风险的情况下，获得较高个位数甚至两位数级别的收益率。”①

四、财政防范金融风险的制度安排

英国对本国金融体系实施宏观审慎监管的机构是英国央行的 FPC，从事具体监管职能。但是，英国财政部在更高的层次上履行金融服务管理、金融稳定和提高金融系统竞争力的职责，通过法律框架建设和改革推动金融监管的改进，通过把握人事权和沟通协调机制监督央行各个委员会履行其职责。

（一）财政部金融稳定职能

在金融服务政策方面，英国财政部负责银行和金融服务管理、金融稳定以及确保伦敦金融城的竞争力②。从财政部的机构设置来看，财政部由 15 个机构组成，其中与金融相关的有 2 个，分别为金融服务司和金融稳定司。③

（二）财政部金融监管职能

1. 财政部设立金融监管的边界

《2000 年金融服务及市场法》（FSMA）为金融服务监管建立起了一个整体模式，该模式包括四个主要特征，其中第二个特征涉及财政部，即在议会设立的广泛界线的范围之内，财政部在二级立法中设立监管的边界（Regulatory Perimeter），决定哪些金融活动应该被纳入监管以及监管行为应该适用的情景。

2. 财政部推动金融监管立法和改革

金融监管框架的基石是法律，新的金融服务立法的引入是财政部的职责。财

① 吴斌．紧缩担忧“卷土重来”，欧美多国国债收益率刷新十余年新高［N］．21 世纪经济报道，2023-08-21（003）．

② HM Treasury. About us［EB/OL］．［2022-08-19］．https：//www. gov. uk/government/organisations/hm-treasury/about.

③ HM Treasury. HM Treasury Outcome Delivery Plan 2021 to 2022［EB/OL］．［2021-07-15］．https：//www. gov. uk/government/publications/hm-treasury-outcome-delivery-plan/hm-treasury-outcome-delivery-plan-2021-to-2022#fn：4.

政部负责传递和发表政府的金融服务立法计划。在引入或制定新的法案时，财政部循序内阁办公室咨询原则（Cabinet Office Consultation Principles）和更好的监管框架（the Better Regulation Framework）的要求——包括需要进行影响评价，财政部的相关活动受一家名为监管政策委员会（the Regulatory Policy Committee）的独立机构的详细审查。所有新的立法还都要经过议会的详细审查。①

举例来说，2015 年 10 月 14 日，在财政大臣奥斯本（Osborne）和议会秘书詹姆斯（James）的联合推动下，英国政府向议会提交了《2012 年金融服务法》的修正法案，即《英格兰银行和金融服务法案》（Bank of England Financial Service Bill）。该修正案于 2016 年 5 月 4 日以《2016 年英格兰银行与金融服务法》（Bank of England and Financial Services Act 2016）之名正式生效。②

财政部通过评估、征询的方式推进金融监管改革。2019 年 7 月 19 日，英国财政部发布名为《对未来金融服务监管框架的评估》（Financial Services Future Regulatory Framework Review）的报告，该报告对金融监管框架进行评估，评估目的是应对新的形势广泛征询全球金融危机以来监管改革对被监管机构及其客户的影响以及对监管机构之间协调的看法，以便财政部在未来更好地推动金融监管改革。③

（三）财政部主导财政与 FPC 的协调机制

1. 财政部派驻 1 位官员担任 FPC 的成员并掌握其他绝大多数成员的人事权

如前文所述，英格兰银行金融政策委员会（FPC）通常有 13 位成员：英格兰银行的行长、4 位副行长、金融稳定战略和风险部门的执行主管；5 位外部专家；金融行为监管局（FCA）的首席执行官；1 位是来自财政部的不参与投票的成员。这位来自财政部的成员可以让财政部了解到 FPC 的所有讨论过程和决策依据。此外，FPC 的主席是英格兰银行的行长，行长由财政大臣推荐进而被任命；财政部

① HM Treasury. Financial Services Future Regulatory Framework Review [EB/OL]. [2019-07-19]. https://assets.publishing.service.gov.uk/government/uploads/system/uploads/attachment_data/file/819025/Future_Regulatory_Framework_Review_Call_for_Evidence.pdf.

② 陈斌彬．从统一监管到双峰监管：英国金融监管改革法案的演进及启示［J］．华侨大学学报（哲学社会科学版），2019（2）：85-95.

③ HM Treasury. Financial Services Future Regulatory Framework Review [EB/OL]. [2019-07-19]. https://assets.publishing.service.gov.uk/government/uploads/system/uploads/attachment_data/file/819025/Future_Regulatory_Framework_Review_Call_for_Evidence.pdf.

在与英格兰银行的行长进行咨询后，可以通过命令更改副行长的头衔，也可以新增或者解除副行长的职务①；FCA 的首席执行官由财政大臣选拔；5 位外部专家由财政大臣任命②。综上所述，可以看出财政部不但对 FPC 有深入的了解，而且对其绝大多数成员有任免权和决定权。

2. 财政大臣必须每年向 FPC 提出建议和传达政府的经济政策

财政部必须每年给 FPC 写一封信，信中的内容包括对未来一年 FPC 工作任务提出的建议以及关于政府经济政策的声明。根据《1998 年英格兰银行法》（the Bank of England Act 1998），财政大臣每年至少向 FPC 阐述 1 次政府的经济政策并对其工作提出建议。因此，FPC 通常每年会收到一封来自财政大臣的关于 FPC 职权范围的来信。英格兰银行行长，作为 FPC 的主席，代表 FPC 向财政大臣递交正式的回信。2021 年 3 月 3 日，财政大臣给英格兰银行行长写信，传达了下一年 FPC 的职权范围及其对 FPC 工作提出的建议。在信中，财政大臣阐明了政府当前的经济政策以及对 FPC 的建议。当年的 7 月 13 日，英格兰银行行长回复了财政大臣的来信，回信传达了 FPC 对财政大臣来信的回复意见，阐明了 FPC 在职权范围内所采取的行动，对财政大臣来信提出的各个方面都有所回应。③④⑤

3. 在金融稳定报告颁布后，财政大臣与英格兰银行行长要举行会面

FPC 发布《金融稳定报告》后，按照《1998 年英格兰银行法》（经《2012 年金融服务法》修订）的要求，财政大臣和英格兰银行的行长需要举行会面讨论该报告

---

① Bank of England and Financial Services Act 2016 的 Part 1 Section1，https：//www. legislation. gov. uk/ukpga/2016/14/section/1.

② HM Treasury. Financial Services Future Regulatory Framework Review [EB/OL]. [2019 - 07 - 19]. https：//assets. publishing. service. gov. uk/government/uploads/system/uploads/attachment_data/file/819025/Future_Regulatory_Framework_Review_Call_for_Evidence. pdf.

③ the Bank of England. Financial stability [EB/OL]. [2022 - 05 - 11]. https：//www. bankofengland. co. uk/financial - stability.

④ the Bank of England. REMIT AND RECOMMENDATIONS FOR THE FINANCIAL POLICY COMMITTEE [EB/OL]. [2021 - 03 - 03]. https：//www. bankofengland. co. uk/ - /media/boe/files/letter/2021/march/fpc - remit - and - recommendations - letter - 2021. pdf? la = en&hash = 3C5B23BE764387498155F61CAF255417E665CCE8.

⑤ the Bank of England. Response to the Remit for the Financial Policy Committee [EB/OL]. [2021 - 07 - 13]. https：//www. bankofengland. co. uk/ - /media/boe/files/letter/2021/july/2021 - remit - response. pdf?la = en&hash = B4DE5773F590F090E144E14F756E696C907302DA.

和其他与金融稳定相关的事宜。①

例如，2023 年 7 月 12 日 FPC 发布《金融稳定报告》后，在 9 月 12 日，财政大臣和英格兰银行行长举行会面，共同讨论了报告涉及的 FPC 对英国金融稳定展望的判断。财政大臣对报告的发布和 FPC 对金融稳定风险展望的评价表示欢迎。英格兰银行行长强调了对风险的整体评价结论。英格兰银行行长和财政大臣同意为了确保金融体系的弹性，继续进行跨部门的紧密合作。②

五、对英国金融体系系统性风险和财政应对的理解和认识

（一）对英国金融体系系统性风险的理解和认识

1. 国内因素对英国信贷风险影响有限，银行资产相对稳定

英国金融体系系统性风险主要来自全球风险的蔓延和传导。就英国国内来说风险主要来自：（1）利率的上调和上调预期；（2）经济增长放缓。

2021 年 12 月 16 日，英格兰银行将基准利率“银行利率”（Official Bank Rate）从 0. 1% 上调至 0. 25%，开启了利率上调周期，之后 13 次上调利率（2022 年 8 次，2023 年 5 次），2023 年 8 月 3 日将银行利率调至 5. 25%。③ 在不到两年的时间里，利率从 0. 1% 调至 5. 25%，这必然加大了信贷风险。利率上调是为了抑制通货膨胀，将 CPI 通货膨胀率稳定在 2% 的目标值，因此此轮利率上调的背景是明显居于高位而且难以抑制的通货膨胀。2023 年 9 月，英国 CPI 在 12 个月内的增长率为 6. 7%，远远高于 2% 的目标值。④ 通货膨胀使得家庭可支配收入和企业资产的购买力下降，增加家庭生活压力和企业生产成本。利率的上调又增加了家庭和企

---

① HM Treasury. Record of Financial Stability Report meetings [EB/OL]. [2022 - 02 - 15]. https://www.gov.uk/government/publications/record - of - financial - stability - report - meeting - december - 2020.

② HM Treasury. Record of the meeting between the Governor of the Bank of England and the Chancellor of the Exchequer to discuss the Financial Stability Report [EB/OL]. [2023 - 10 - 06]. https://www.gov.uk/government/publications/record - of - financial - stability - report - meeting - december - 2020/meeting - minutes - september - 2023.

③ The Bank of England. Official Bank Rate history data from 1694 [EB/OL]. [2023 - 10 - 31]. https://www.bankofengland.co.uk/ - /media/boe/files/monetary - policy/baserate.xls.

④ Office of National Statistics. CPI ANNUAL RATE 00: ALL ITEMS 2015 = 100 [EB/OL]. [2023 - 10 - 18]. https://www.ons.gov.uk/economy/inflationandpriceindices.

业还本付息（特别是房屋抵押贷款等长期贷款）和再融资的压力。通货膨胀和利率上调共同作用下，增加了家庭和企业资产贬值（主要是固定资产和固定利率资产）和资金链断裂的风险，如果风险成为现实将增加金融体系的信贷风险，可能成为金融体系系统性风险的导火索。通货膨胀持续居于高位和利率进一步上调的预期还将进一步推动风险的上升。但是，就英国目前现实情况来看，英格兰银行加息对英国信贷风险的影响有限，英国银行体系资本充足、流动性高，可以支撑家庭和企业。

经济增长放缓，对企业来说，可能导致盈利能力下降，可能会增加企业财务风险，尤其是高负债企业的财务风险；对个人来说，可能导致就业岗位数量下降和工资的下降，影响家庭可支配收入和财务状况。因此，金融机构可能面临信贷风险的增加，如不良贷款的增加、流动性紧张等，这可能会影响金融系统的稳定性。就英国目前的状况看，虽然欠款开始上升并预计还会进一步上升，但是英国银行资产质量的前瞻性指标总体上保持相对稳定。

2. 国际因素让英国金融体系充满挑战和增加了不确定性，但没有出现现实和确定的威胁

就全球风险的蔓延和传导来看，英国金融体系系统性风险主要来自：（1）全球经济增长前景低迷；（2）其他国家，特别是美国，长期利率较高；（3）全球银行和金融体系风险对英国金融体系的传导。英国经济的平衡性较强，有独立的货币政策，外汇储备使得稳定英镑汇率的能力较强，经济和金融管理协调能力较强，因此抵御前两个风险的能力较强。对于最后一个风险，目前来看，可能会蔓延和传导到英国金融体系，但导致其产生系统性风险的可能性不高。因此，全球风险的蔓延和传导增加了英国金融体系的不确定性，让其整体外部环境具有挑战，但并不是现实和确定的威胁。综上所述，全球风险的蔓延和传导对英国金融体系来说充满了挑战和增添了明显的不确定性，但不存在现实和确定的威胁。

（二）对财政应对本国金融体系系统风险的理解和认识

1. 财政通过制度安排为防范金融体系系统性风险构建了基石

英国财政部本身就有金融稳定的职责，其职责的履行通过金融稳定司来具体实施。此外，财政部从立法层面保证金融体系处于适当的监管之下，通过建立法律框架确保可以提前识别、确认以及采取措施降低和减轻金融体系的系统性风险。

最后，通过决定负责宏观审慎监管的 FPC 绝大多数成员的任免权、指派官员加入 FPC、对 FPC 提出建议和传达政府经济政策、就金融稳定报告与英格兰银行行长会面讨论金融稳定事宜等多种形式，直接了解和参与管控金融体系的系统性风险。

2. 财政职能的发挥是从根本上减轻和化解金融体系的系统性风险

英国财政部是英国政府的经济和财金部门。财政部的职责包括：确保宏观经济环境的稳定，实现强劲、可持续和平衡的增长；提高就业和劳动生产率；降低赤字和实现经济的平衡发展；制定简单、公平的税收体系，让涉及企业的税种更具国际竞争力等。① 财政可以通过公共支出（包括资本性投资、政府采购、养老金和福利支出）、税收、赤字这些手段，积极履职，财政发挥好其职能作用就可以从根本上稳定经济增长和缓解通胀压力，起到防范化解金融体系系统性风险的作用。

3. 财政救助能力和意愿有助于缓解金融体系系统性风险

以全球金融危机为例。2008/2009 财年之前，英国公共部门净借款（不包括公共部门银行）占 GDP 的比重在 3% 左右，公共部门净债务（不包括公共部门银行）占 GDP 的比重在40% 以下（见图2 –31 和图2 –32）。在全球金融危机发生后，英国公共部门净借款（不包括公共部门银行）占 GDP 的比重在五个财年持续高于 7%，从 2013/2014 财年开始逐步下降，到 2016/2017 财年才重回 3% 以下。同期，公共部门净债务（不包括公共部门银行）占 GDP 的比重不断攀升，2016/2017 财年达到 83. 2% 的高点后开始下降。英国政府采用政府注资，也就是国有化的方式救助银行。这些都说明英国财政有决心和意愿稳定本国金融体系的稳定和安全，而且有这个能力。这将给市场及所有参与者强大的信心，财政可以稳定金融体系的信心本身就可以起到缓解和减轻金融体系系统性风险的作用。

4. 国家层面的沟通协调

英国金融体系来自全球风险蔓延和传导的风险有：其他国家上调利率可能通过经济和金融等渠道传导、其他外部冲击（例如来自中国房地产市场的风险）可能通过贸易或金融溢出来影响、地缘政治紧张局势、全球经济增长前景低迷、长期利率特别是美国长期利率升至较高水平等。这些风险的应对和解决涉及国家之

① HM Treasury. About us [EB/OL]. [2022 –08 –19]. https://www.gov.uk/government/organisations/hm – treasury/about.

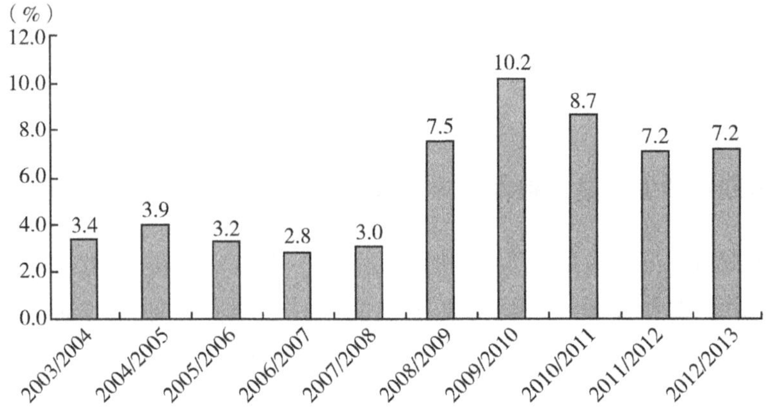

图 2 -31　英国公共部门净借款（不包括公共部门银行）占 GDP 比重（2003/2004 财年至 2012/2013 财年）

资料来源：Office for National Statistics. Public sector finances, UK: May 2023 [EB/OL]. https://www.ons.gov.uk/economy/governmentpublicsectorandtaxes/publicsectorfinance/bulletins/publicsectorfinances/may2023/pdf, 2023 -06 -21.

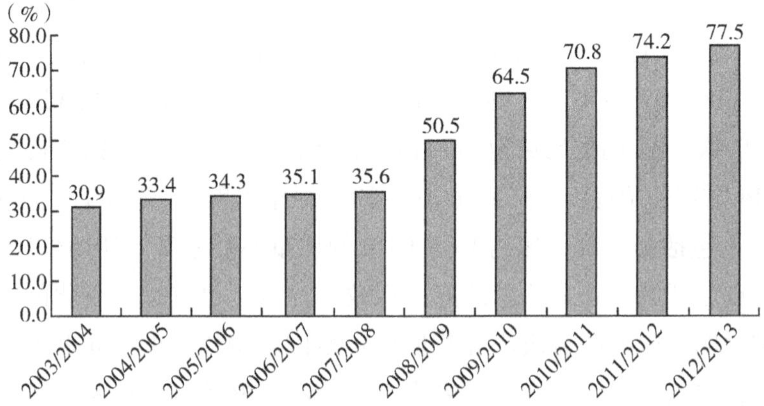

图 2 -32　英国公共部门净债务（不包括公共部门银行）占 GDP 比重（2003/2004 财年至 2012/2013 财年）

资料来源：Office for National Statistics. Public sector finances, UK: May 2023 [EB/OL]. https://www.ons.gov.uk/economy/governmentpublicsectorandtaxes/publicsectorfinance/bulletins/publicsectorfinances/may2023/pdf, 2023 -06 -21.

间和与国际组织之间在经济、金融、货币政策、政治、贸易等多方面的协作和沟通，不是 FPC 可以实现的，而财政部是英国的经济和财金部门，财政大臣是内阁重要成员，在内阁排名处于第二或第三的位置，可以更好地与他国和国际组织开展协作和沟通。

六、启示与建议

英国在应对金融体系系统性风险时，财政和央行各司其职、互相配合发挥着稳定作用。通过观察 2008 年全球金融危机期间资产负债表和资产的变动，可以看出：一是资产中土地萎缩明显；二是呈现明显的现金为王的倾向，更愿意持有现金和存款这样更为安全和流动性更强的资产，这类资产和负债（指吸纳的现金和存款）明显增长，而股票和投资基金明显萎缩；三是融资需求扩大，债券和借款融资都有增长；四是金融衍生品和雇员股票期权变动最为剧烈，增长数万亿英镑，需要重视其风险。在应对危机时，央行三大委员会都在发挥作用，使用既有或者创新工具来应对危机，主要是扩大央行的资产/负债、扩大金融机构的资产/负债，为市场注入更多流动性以满足家庭和企业必要的融资需求；财政通过自身净值的萎缩，增加家庭和企业收入，支持就业和刺激投资，缓解危机对家庭和企业资产负债表的负面影响。为了预防、减轻和降低金融危机对经济、企业和家庭的影响，英国的经验总结如下。

（一）加强金融体系系统性风险监控

2008 年全球金融危机暴露出英国金融监管体系存在严重缺陷，特别是在财政部、英格兰银行和金融服务监管局（FSA）这“三方”机制的责任分配和协调上。具体来说：（1）英格兰银行没有合适的工具来实现金融稳定的目标；（2）FSA 的职责过于广泛而不能充分聚焦于金融机构的稳定上；（3）监管框架对单个金融机构稳定和金融体系整体稳定之间的重要关系进行监督的职责存在缺失。

因此，全球金融危机后，英国对金融监管框架实施了改革。FSA 被废除，在英格兰银行内部成立金融政策委员会（FPC），负责维护金融体系的整体稳定，或者换个词就是“宏观审慎”监管。FPC 从保护和增强英国金融体系弹性的角度出发，负责识别、监督和采取行动消除或者减轻金融部门的系统性风险。

FPC 有两种权力，一是发布指令的权力，二是提出建议的权力。FPC 有权对一系列的特殊政策工具制定管理指标，FPC 有权设定包括反周期资本缓冲（CCyB，Countercyclical Capital Buffer）率在内的 5 个指标。此外，FPC 还可以提出降低风险、维持金融稳定的建议。英格兰银行利用被称为“决议”（Resolution）的程序介入和管理出现问题的金融机构，让该金融机构对经济的影响降到最低。①

FPC编制金融稳定报告，报告中阐述金融稳定的主要风险和评价金融体系为应对这些风险所做的准备，报告还会简要说明FPC近期的活动，以及评估FPC采取的行动所产生的影响。

FPC与审慎监管委员会（PRC）一起，负责设计和校准银行的压力测试框架。压力测试让FPC和PRC可以评估银行的弹性并确信它们有充足的资本金可以抵抗冲击，当压力成为现实后仍然可以为整个经济提供支撑。②

（二）金融体系系统性风险审视逻辑发生变化

如果说，2008年全球金融危机之前，英国缺乏对金融体系系统性风险的监督。那么，在金融危机之后，英国建立起新的监管框架，不同监管机构之间建立起更为紧密的沟通和协调机制。FPC通过发布指令和提出建议两种权力、发布金融稳定报告和压力测试等方式来稳定金融体系，识别、监督以及采取措施消除和减轻金融体系系统性风险。

但是，金融体系系统性风险的识别、监督和采取措施消除和减轻风险的逻辑也在发生变化。例如在美国发生的被认为并不会产生系统性风险的地方性银行破产和危机表明，体量低于规定标准的地方区域性银行由于其对特定区域或者特定行业可能产生极大的破坏性影响，因此也会被救助。其影响很可能是颠覆性的。譬如对存款安全性和风险的认识和理解，对监管范围的认定，对金融机构应该承担的风险的认知，对救助责任和介入方式等。这些对金融体系系统性风险的监督和金融机构的道德风险都将产生思考和影响。

（三）金融稳定必须满足家庭和企业必要的融资需求

金融稳定不仅依赖金融监管，还依赖于货币政策。金融危机发生前后，风险逐渐累积，为了规避风险，融资条件可能会收紧，由于风险的上升商业利率也可能会上调，因此融资难度和成本都会增加，这进一步推动风险的上升。因此，在这种情况下，货币政策通常会较为宽松，目的是满足家庭和企业的融资需求，满

---

① 资料来源：the Bank of England. Financial stability［EB/OL］.［2022-05-11］. https://www.bankofengland.co.uk/financial-stability.

② 资料来源：the Bank of England. Financial stability［EB/OL］.［2022-05-11］. https://www.bankofengland.co.uk/financial-stability.

足家庭消费需求和企业运营需要，从而避免陷入更大的危机，实现经济和社会的稳定发展。英国的做法可作参考，具体如下：

一是下调利率。2008 年全球金融危机发生后，英格兰银行不得不把基准利率，即“银行利率”（Bank Rate），降到特别低的水平来支持消费和就业。2008 年 10 月 8 日至 2009 年 3 月 5 日，英格兰银行通过多次下调，在五个月左右的时间内就把银行利率从 5% 降至 0.5%。在危机之后的数年，由于英国经济的需要，银行利率也一直保持在非常低的水平。

二是实施量化宽松（QE）。即使英格兰银行将银行利率从 5% 下调到 0.5%，但是英格兰银行仍然还需要其他工具降低商业银行的利率水平、刺激经济和达成通货膨胀目标，因此从 2009 年开始采用量化宽松政策，也被称为资产购买。量化宽松可以起到刺激消费和投资，促进经济增长和就业，让通货膨胀保持在目标值的作用。

三是采用其他工具。除了利率和量化宽松外，2012 年，英格兰银行和财政部还一起实施了贷款计划基金（the Funding for Lending Scheme），在 2016 年和 2020 年实施了定期资助计划（TFS，the Term Funding Schemes）和专门针对中小企业的定期资助计划（TFSME）等。[①] 这些也被称为结构性货币政策。这些工具不仅为企业提供了成本更低的贷款，而且为这些企业提供了在市场环境下无法获得的贷款。

（四）财政是风险的最终承担者

英国金融体系系统性风险的监督由英国央行英格兰银行的金融政策委员会负责，而为英格兰银行负责的是财政部。英格兰银行在 1946 年被国有化，财政部通过发行国债购买了英格兰银行的全部资本金，财政部是英格兰银行的唯一股东和捐资人，也是它的客户。英格兰银行是一家公共机构，不以盈利为目的，履行法律赋予的保证英国纸币安全、价格稳定、银行安全和良好运行以及使金融体系具有弹性的职责。英格兰银行的收益有两部分，一是印钞收益，这部分收益需要全部转交财政部；二是经营收益，这部分收益需要按照财政部编制的《财政部和英格兰银行的财务关系：谅解备忘录》中阐述的英格兰银行收益的分配框架在英格

① 资料来源：HM Treasury，REMIT FOR THE MONETARY POLICY COMMITTEE（MPC）[EB/OL]. [2021 - 10 - 27]. https://www.bankofengland.co.uk/-/media/boe/files/letter/2021/october/mpc-remit-october-2021.pdf?la=en&hash=999E337FDD28B1019213FB3EFF3AA5FEBF10D0F9.

兰银行和财政部之间分配。①

上文提到的量化宽松和其他工具的风险也都由财政承担。例如量化宽松的组成部分资产购买工具通过英格兰银行独资子公司——英格兰银行资产购买工具基金有限公司（BEAPFF，下文简称“APF 基金”）实施。公司运行的收益和损失都由财政承担，如果有收益则转移给财政，如果有损失则由财政弥补。从 2009 年成立到 2022 年 4 月，APF 基金向中央政府转移的总资金达 1 228 亿英镑。2022 年 10 月到 2023 年 3 月底，经过两次转移，财政部一共向 APF 基金转移 50. 10 亿英镑。

总结来看，财政和央行通过财政政策和货币政策稳定消费和就业，进而维护经济社会的稳定发展，这是从根本上防范和化解金融系统性风险。央行的风险最终也是由财政承担，因此财政是金融系统性风险的最终承担者。因此，英国财政部有金融稳定的职责，在金融危机之后新搭建的金融监管框架下加强了财政部与 FPC 之间的沟通协调机制。

---

① 资料来源：HM Treasury. Financial relationship between HM Treasury and the Bank of England：memorandum of understanding［EB/OL］. https：//www.bankofengland.co.uk/ –/media/boe/files/memoranda – of – understanding/financial – relationship – between – hmt – and – the – boe – memorandum – of – understanding.pdf?la = en&hash = 26A0368C7F8A2C492B665EC28D473C7B3279A116，2018 –06.

隐性金融风险对德国经济的拖累

2023 年，德国经济复苏乏力，疫情和俄乌冲突对国内经济造成的影响尚未散去，欧元区持续加息带来的副作用愈加强烈。加息和通胀综合作用造成的金融紧缩对德国社会各部门的资产负债表造成严重冲击，并向实体部门蔓延。叠加老龄化、数字化、气候变化等结构性因素，德国的经济前景难言乐观。

一、德国金融紧缩，经济前景难言乐观

（一）非金融部门资产负债表衰退，经济指标下行

德国经济一直以韧劲著称，但现在出现了停滞状态。德国联邦统计局数据显示，2023 年第一、二季度，德国经价格和工作日调整后的国内生产总值环比下滑 0.1%，第三季度会出现一定程度的萎缩。国际货币基金组织 10 月最新发布的《全球经济展望》预测，2023 年德国经济将下滑 0.5%，成为世界主要经济体中唯一发生经济萎缩的国家。德国伊弗经济研究所 9 月 25 日公布的数据显示，经季节调整后，9 月德国 Ifo 商业景气指数从上月终值 85.8 点微降至 85.7 点，为连续第五个月环比下降。数据显示，在构成商业景气指数的四项指标中，制造业和贸易指标当月环比微升，服务业指标连续第六个月环比下降，建筑业指标降至 2009 年 1 月以来最低值。德国联邦统计局 10 月 9 日发布的数据显示，经季节和工作日调整后，德国 8 月工业生产环比下降 0.2%，这是生产连续第四次下降。

在欧央行连续 10 次加息的政策影响下，9 月德国通货膨胀压力有所缓解，CPI 同比初值从 8 月的 6.1% 大幅降至 4.5%，超预期降温；环比初值为 0.3%，与前值和预期值一致，德国通胀降至俄乌冲突以来最低水平，但仍与欧央行 2% 的中期

通胀目标存在较大差距。持续高涨的通胀率给出口型企业造成冲击。伊弗经济研究所数据显示，9月德国出口预期指数从-6.5点降至-11.3点，连续五个月下降，达到2020年5月以来最低水平。

经济的低迷给德国财政带来巨大压力。2023年上半年，德国财政支出与去年同期相比增加大约11%，但收入同比仅增加大约6%；从总金额上来看，上半年全国实现财政收入8 897亿欧元，但实际财政支出达到9 658亿欧元，形成了761亿欧元的财政赤字，比去年同期增加了432亿欧元。面对当前德国经济停滞甚至衰退的局面，德国政府能否坚持“债务刹车”是一个严峻考验。

（二）资产价格波动剧烈，金融风险现上升压力

2022年以来，面对通胀高企，欧洲央行推行多轮加息措施，2023年9月14日欧洲央行开启第十轮加息，将三大主要利率均上调25个基点。累计加息450个基点后，欧元区的利率水平已经达到1999年欧元问世以来的最高点。加息后9月20日欧洲央行存款机制利率4.00%，主要再融资利率4.50%，边际贷款利率4.75%。利率上升推高融资成本，带来新的挑战，所有金融中介机构的流动性风险均有所上升，流向银行、企业和家庭的信贷减少，本来就萎靡不振的经济势头遭到进一步打压。

继硅谷银行倒闭、瑞信危机之后，欧美银行业危机持续发酵，欧洲银行股大幅下挫，银行业风险的扩大导致银行业成本上升和盈利能力下降。自新冠疫情以来，信用违约掉期溢价有所下降，但在银行盈利能力疲软的情况下，俄乌冲突等国际因素导致德国商业银行信用违约掉期溢价反弹，德国最大的商业银行——德意志银行的股票收盘价在3月24日跌到9.35，较2月1日13.57的最高点下跌4.22个点（见图2-33），之后虽有所反弹，但股票交易价格继续低于许多欧洲同行，德国商业银行的股价整体仍处于折价状态。

利率上升导致长期债券等一些银行资产的价值进一步下降，受到全球经济形势、政策变化、市场波动等多种因素的影响，德国10年期国债收益率在近一年来价格持续波动，在9月28日达到2.74%的高位后，开始显著下滑，11月17日下跌至2.57%（见图2-34），为9月28日以来最低。根据安联的2023年度《全球财富报告》，2022年德国家庭的总金融资产同比下降4.9%至74 540亿欧元，这主要是由于保险和证券的损失。就人均净金融资产而言，德国在全球20个最富裕国家和地区的排名中跌至第19位，为63 540欧元。

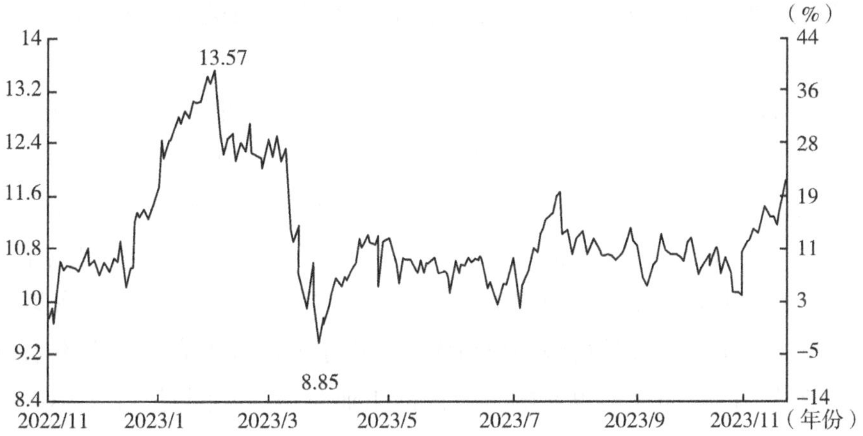

图2-33　2023年德意志银行股票收盘价变化趋势

资料来源：https：//stock. finance. sina. com. cn/usstock/quotes/DB. html.

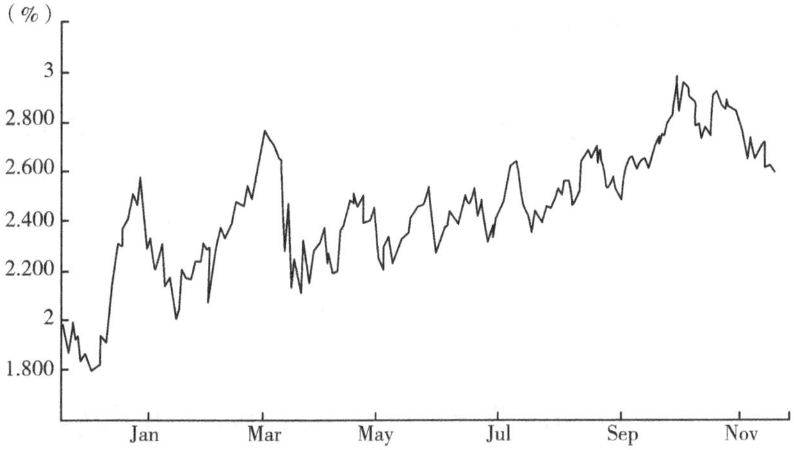

图2-34　2023年德国十年期国债收益率曲线变化情况

资料来源：https：//tradingeconomics. com/germany/government - bond - yield.

二、影响资产价格波动的因素

德国资产价格波动剧烈既有利率环境恶化、物价上涨过快等中短期问题，也有老龄化危机、工业竞争力缺失等长期存在问题。

（一）红绿灯联盟的能源和环保政策增加了工业运行的成本压力

德国一直以来能源极大依赖国外进口，2022年俄乌冲突以来，能源和食品价格大幅上涨，德国能源安全遭受极大挑战。德国计划到2030年，二氧化碳排放量比1990年减少65%，到2045年全面实现“碳中和”。随着核电站的关闭和燃煤计划的结束，这迫切需要加速风能和太阳能的发展，绿色氢的使用有望弥补风能和太阳能的波动。由此导致的能源成本增加直接影响了工业生产。能源密集型产业，如化工生产，多年来一直是德国的出口大户，由于能源成本高昂不得不削减产量。此外，能源转型的高昂成本也影响了德国的工业竞争力。同时，德国国内需求正受高通胀打压，居民购买力不足掣肘经济发展，低收入群体购买力短期内难以恢复。

（二）德国政府坚守“债务刹车”的财政政策，挤压了政府的财政支出空间，难有刺激经济的余地

在全球竞争日益激烈的国际背景下，德国未来几年需要加大对气候保护、数字化和创新领域的投资力度，也直接增加了财政支出的压力。在经济复苏乏力和通货膨胀双重压力叠加下，德国过早重启“债务刹车”一方面束缚了政府投资作用的发挥，另一方面降低了政府应急响应的灵活性，过度僵化的财政规则框架使德国政府应对来自内外部的巨大冲击时承受巨大财政压力。

（三）老龄化危机带来的结构性改革压力日益凸显，挤压德国财政空间

德国面临着黯淡的人口前景，劳动力供应趋于收紧，劳动力市场呈现供不应求的局面，尤其是技术型工人非常短缺。在全球竞争日益激烈的国际背景下，德国未来几年需要加大对气候保护、数字化和创新领域的投资力度，也直接增加了财政支出的压力。虽然德国陆续提高了退休年龄，但同时引入了慷慨的提前退休选择，允许至少有45年工作年限的个人退休而不损失养老金权利，慷慨的养老金制度给退休人员提供了充足的保障，导致劳动力的参与率持续走低。与此同时，数字化程度较低造成德国的劳动生产率增长持续下降，落后于其他欧洲经济体，无法缓解劳动力短缺造成的产出下降和经济衰退。

（四）全球金融风险再分配拖累德国金融经济

首先，德国作为一个出口导向型国家，受国际供需变化影响显著。近年来，新冠疫情、俄乌冲突及气候变化等因素导致全球供应链风险加剧，地缘政治竞争、技术脱钩和贸易保护主义日益重构全球商业格局。受俄进口能源减少影响，德国汽车、运输等位于能源产业链中下游的行业生产成本大幅提高，工业生产活动显著放缓，德国企业遭遇供应链瓶颈，拖累经济增长。调查结果表明，约三分之二的德国工业企业受到材料短缺的影响，致使许多公司不得不削减生产计划，而交付瓶颈对德国经济产生严重后果。

其次，国际金融危机冲击德国金融市场。2023 年 3 月，作为德国、欧盟和全球层面的系统重要性金融机构，德意志银行股价出现大幅波动，创出 3 年来最大的盘中跌幅，同时，衡量机构风险的信用违约掉期也大幅上升。德意志银行所遭遇的风险与美国货币政策、硅谷银行破产和国际金融市场风险传染等因素紧密相关。一是美联储激进加息，带动欧洲中央银行加息步伐，使债券收益率曲线整体抬升，债券价格承受压力；二是市场投资者对风险资产的偏好在降低，即便是德意志银行这类好资产，也出现一定程度的股票抛售；三是欧洲金融市场流动性风险显著加大，银行间市场流动性呈现偏紧状态，市场预期走弱。

三、德国金融紧缩的风险渗透：隐性金融风险的影响

结构性问题暴露同样会引发资产价格变动，形成潜在的隐性金融风险。一是金融市场结构性问题，金融机构过度信贷或过度创新、金融监管不严可能导致金融市场过度膨胀，金融泡沫破裂会造成金融市场价格的大幅波动；金融资产价格过分下跌、金融机构过分“惜贷”或者利率攀升推高借贷成本会导致金融市场过度紧缩，对实体经济和居民部门的资产负债表造成损害。欧洲中央银行上调利率推高了德国融资成本，给德国金融稳定带来考验，对德国金融部门、实体经济以及居民部门都产生负面影响。二是经济发展的长期结构性问题，人口老龄化问题、全球气候变化和技术变革等改变长期经济发展模式，经济转型不及时、转型成本上升以及金融投资与经济发展不匹配的可能性都增加了经济的风险因素，当有关问题积累到某个时点，可能突然引发金融资产价格波动。

(一) 德国央行资产负债表与各经济部门资产负债表的传导关系

自 2009 年开始，欧央行开始实施传统货币政策外的一系列资产购买计划，通过购买各国主权债及地方政府债直接为其提供贷款，为市场注入流动性。由于政府支出往往在危机时期上升，央行对政府债务的购买在一定程度上支持了政府的财政政策需求。欧央行先后实行了 2010 年证券市场计划（Securities Markets Programme，简称“SMP”）、2012 年直接货币交易计划（Outright Monetary Transactions，简称“OMT”）、2015 年公共部门资产购买计划（Public Sector Purchase Programme，简称“PSPP”），购买范围包括特定国家主权债、中央银行发行的票据和债务凭证、地方政府发行的债券等。到 2023 年 1 月，通过 PSPP，欧央行购买的资产总计规模约 2.6 万亿欧元。2020 年，为应对疫情冲击，欧央行推出的临时性疫情紧急购买计划（PEPP），初定规模为 7 500 亿欧元，此后两次扩大购债总规模至 1.85 万亿欧元。购买范围包括了原有的购买计划的所有资产类别，并且加入了不在原计划中的希腊政府债务，同样实现了直接提供贷款。到 2023 年 1 月，欧央行通过 PEPP 持有的资产规模为 1.68 万亿欧元。

因欧元区内各经济体财政与经济状况不同，欧央行以资本额比例（Capital Key）作为各个经济体债券购买量分配的标准。Capital Key 是各经济体在欧央行的资本贡献比，以人口和 GDP 的等额权重作为分配份额的标准，每 5 年更新一次。德国中央银行出资比例为 21.44%，一直是欧洲中央银行体系中出资占比最高的国家，英国退出欧盟后，排在第二位的是法国中央银行，出资比例为 16.61%。德国、法国、意大利和西班牙这四大经济体占比达到总体的四分之一以上。德国央行最近三年持有欧元区欧元主体债权大约占欧央行总量的 21%。“欧元区主体欧元债权”占到德国中央银行和欧洲中央银行总资产的 34.12% 和 65.52%（见表 2－8）。

表 2－8　2020—2022 年德国中央银行和欧央行持有欧元区主体欧元债权情况

	2020 年	2021 年	2022 年
德央行（单位：百万欧元）	789 230	1 027 728	1 072 976
总资产（单位：百万欧元）	2 526 558	3 011 124	2 903 591
占德央行总资产比重	31.24%	34.13%	36.95%
欧央行（单位：百万欧元）	3 694 642	4 713 403	4 937 179
总资产（单位：百万欧元）	6 979 324	8 564 361	7 951 039
占欧央行总资产比重	52.94%	55.04%	62.09%

资料来源：Consolidated balance sheet of the Eurosystem as at 31 December 2022（europa.eu）.

欧洲央行自成立以来，资产负债表经历多轮明显的阶段性扩张，带动德国央行资产负债表的扩张，对德国各经济部门的资产负债表带来显著影响。欧债危机爆发后，欧洲央行开启了量化宽松政策，并实施了一系列资产购买计划，从图2－35中可以看出，2017年，政策影响仍然明显，欧洲央行资产负债表扩张规模达22.08%，其中最重要的资产——欧元区主体欧元债权的上升速度更是达到了44.25%，德国央行资产负债表也增长了24.06%。2018年，欧元区量化宽松政策正式退出，资产负债表开始收缩，并减持欧元区成员国公共债券，德国央行资产负债表在2019年出现了2.35%的衰退。2020年，随着新冠疫情的暴发，欧洲央行不得不开启新一轮的量化宽松政策，2020年和2021年德国央行资产负债表扩张规模达到39.64%和22.19%。2022年，随着欧元区通货膨胀率的攀升，欧洲央行不得不停止量化宽松，德国央行资产负债表开始收缩。伴随着德国央行资产负债表的波动，德国各经济部门的资产负债表也出现了相应的波动。当德国央行资产负债表扩张的时候，其他经济部门的资产负债表也发生了显著的扩张，其中最为显著的是私营部门和居民部门，并带动这个国民经济总资产的扩张；当德国央行资产负债表收紧的时候，其他部门资产负债表会出现收紧或者增长明显放缓，但大多数时候较央行的资产负债表波动会出现一个时滞。

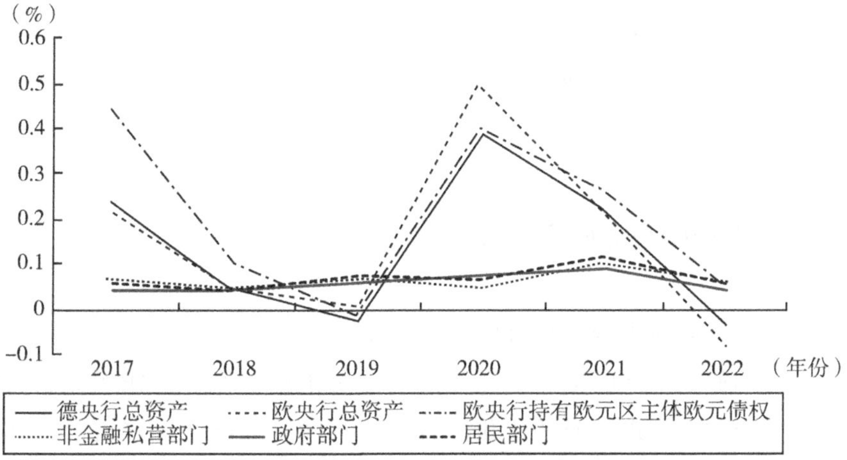

图2－35　德国各部门资产负债表变化情况

（二）借款成本上升导致房地产市场持续低迷

如果金融紧缩导致借款成本上升，可能会使消费者更难以获得贷款用于购买商品和服务，降低了居民的消费意愿和需求，进而影响实体经济中的销售和生产。

同时，保险、债券等金融资产价格下跌，增加了家庭的金融风险，加剧了不确定性，突出表现为房地产价格的波动。由于利率和建筑成本急剧上升，德国房地产行业陷入危机。许多人再也无法负担自己的住房贷款，房地产开发商担心昂贵的出租公寓可能无法盈利。货币政策的收紧和抵押贷款利率的上升导致居民房地产价格的大幅调整，增加了私人家庭债务风险。自2021年9月以来，德国抵押贷款成本上升了1.6个百分点，这增加了住宅房地产价格大幅下调的风险。由于固定利率贷款所占比例较高，抵押贷款利率的上升将主要通过居民房地产价格和贷款价值比的下降来影响信贷风险。此外，由于高能源价格和高通胀，实际收入急剧下降，这增加了违约风险，尤其是贫困家庭的违约风险。德国Ifo研究所的一项调查显示，2023年9月有21.4%的住宅建筑商表示受到了建筑项目取消的影响。这是1991年有该记录以来的最高水平，也高于8月的20.7%，表2－9记录了2023年德国房地产价格变化趋势。

表2－9　2023年德国房地产价格变化趋势

指标	第一季度（2015年＝100）	第二季度（2015年＝100）	环比（%）	同比（%）
房地产价格指数	152.2	149.9	－1.5	－9.9
新房价格指数	146.1	141.7	－3.0	－4.8
二手房价格指数	153.4	151.5	－1.2	－10.7

资料来源：https：//www.destatis.de/EN/Themes/Economy/Short－Term－Indicators/IMF/IMF_IWF.html?nn＝22952#Real.

（三）融资困难加剧企业破产风险

金融市场通过风险投资、私募股权等融资方式，为初创企业和新兴产业提供资金支持，推动德国经济的创新驱动发展。通过价格机制和供求关系，将资金分配到最需要的地方，实现资源的优化配置，这有助于提高德国经济的整体效率和质量。在金融紧缩的情况下，企业会面临更大的不确定性，导致投资意愿下降。对德国的长期经济增长产生负面影响。2022年第二季度德国不良贷款比例为1.1%。利率上升速度超过预期、疫情补贴政策的退出以及俄乌冲突带来的能源价格居高不下都增加企业破产的数量，尤其是能源密集型企业。金融收缩可能会导致供应链中的资金短缺，进而增加供应链的压力，在长期甚至会导致供应链的断裂和生产的中断，对实体经济产生负面影响。德国联邦政府以短期流动性支持和贷款担保的形式推出了670亿欧元的救助计划，但由于德国能源企业垄断程度较高，所以该计划的参与度比较低，收效也甚微。

（四）融资成本上升影响实体经济正常运行

金融紧缩通常意味着信贷市场上的资金供应减少，导致借款成本上升。这使德国企业难以获得必要的资金支持，进而影响其运营和投资。建筑业作为德国受影响最大的行业，生产大幅下降。一段时间以来，融资成本的增加和建筑成本的高企抑制了建筑服务的需求，尤其是居民住宅建筑。当前建筑许可数量大大低于2022 年第一季度的峰值。7 月，主要建筑企业的新订单数量也大大低于 2021 年第四季度的最后一个高点。根据 ifo 研究所的报告显示，主要建筑企业正日益面临订单不足和取消订单的困境。德国哈勒莱布尼茨经济研究所（IWH）10 月 10 日发布报告称，2023 年 9 月，德国破产的合伙企业和公司数量为 1 016 家，该数值与 8 月相差无几，但比 2022 年 9 月已经增加了 33%。9 月的破产数量比新冠疫情前的 2016—2019 年的 9 月平均值高出 12%，德国破产的合伙企业和企业数量再次高于新冠疫情前的水平，表 2－10 记录了 2022 年第四季度到 2023 年第二季度德国新增工业订单指标。

表 2－10　　德国新增工业订单指标（2015 年＝100）

时间	总计	国内订单	国外订单	建筑行业订单
2022 年第四季度	101.4	97.1	104.6	106.8
2023 年第一季度	101.3	94.7	106.3	102.6
2023 年第二季度	101.8	96.9	105.8	104.6

资料来源：Wirtschaftsbericht 2023，OECD。

（五）高物价侵蚀居民实际购买力

高利率背景下，私人家庭更倾向于将额外资金用于储蓄，而不是用来实现更高的消费支出。叠加高通胀造成的物价持续上涨的因素，必然造成居民消费需求的减少。2023 年第一季度，德国居民最终消费支出缩减了 1.2%。消费需求的萎缩拖累了零售行业和以酒店业为代表的服务行业，进而引发就业市场的萎缩。2023 年前三个季度，制造业、建筑业、物流业和贸易业等受周期性影响较大的行业的情况均不太乐观。2024 年 1 月 5 日，德国联邦统计局发布初步估计：2023 年 12 月份的物价比 2022 年同期高出 3.7%。在 11 月通胀率降至约两年半以来的最低水平 3. 2% 之后，专家们预计通胀率会再次有所上升。食品仍然是 12 月物价的驱动因素，食品价格较去年同期上涨 4. 5%，能源价格比较去年同期上涨 4. 1%，服务价格上涨 3. 2%。

四、德国的应对之策

针对德国的“内忧外患”以及国内“阴云密布”的经济现状，联邦政府在货币政策自主权缺失的背景下，充分利用财政政策的自动稳定器职能，通过建立风险处置机制，降低金融风险向实体经济和其他部门的扩散和传播。

（一）继续扩大投资规模，加快基础设施建设

政府的投资以基础建设投资为主，在资产负债表上的表现虽然会先造成政府缩表，但当资金流入社会经济循环中，最终体现为金融资产下降，基础设施等固定资产上升，过程中也提供了就业岗位，基建投资的实物资产也会长期惠及民生。根据 2024 年联邦预算草案，2024 年联邦政府计划投资总额约为 542 亿欧元，比 2019 年增加 42. 26%。并计划在 2024—2027 年增加投资 232 亿欧元，主要投资重点为数字化、企业流动性、教育和科学研究领域。通过投资“气候与转型基金”（KTF），加快德国天然气终端的建设，减少德国对单一能源供应商的依赖，加快德国的经济转型。但由于三党执政的博弈，基金的融资规模与渠道充满了争议，能否如期拨付也充满了未知数。

（二）颁布《未来融资法案》，保障未来加强德国资本市场投资融资

2023 年 4 月，联邦政府颁布了《未来融资法案》，旨在调动私人资本参与数字化和环保经济转型，加强德国资本市场的表现，并提高德国金融中心作为强大的欧洲金融中心重要组成部分的吸引力。帮助作为创新驱动力的初创企业、成长型公司和中小企业进入资本市场和筹集股权资本，通过加强金融监管数字化改革消除数字化进程中的现行障碍。《未来融资法案》每年拨款 10 亿欧元，旨在促进初创企业融资和上市，同时解决资本市场障碍。此外，“促进未来”计划预计投资 200 亿欧元用于教育和研究。然而，由于实施计划不明确，这些举措的有效性仍存在不确定性。

（三）成立金融市场稳定基金，加强金融风险监管

加强金融市场和金融监管体系改革，能够提高金融市场防范和应对资产价格大幅波动和金融风险的能力，有效避免“资产负债表衰退”。为应对金融风险的扩散和传播，德国财政部主导成立了德国金融市场稳定基金，主要工作职能集中在金融风险的事中监测和事后救助。通过对金融机构的债务情况进行实时跟踪监测，及时识别处于危险状态的金融机构，并通过市场化运作有选择地对金融机构实施救助，着眼于通过救助机制建立一个可持续且面向未来的稳定金融体系。引入了针对房地产信贷风险的系统性风险缓冲，对贷款人的风险状况和银行的贷款标准做出了更详细的规定，提高金融部门的灵活性和风险缓冲能力。

五、相关启示与借鉴

金融稳定和繁荣发展是促进经济发展的主要动力之一，也是现代经济条件下化解公共风险的重要基础。有效的金融监管致力于维护金融稳定和经济繁荣发展。

（一）重视隐性金融风险对经济的负面影响，以政策对冲资产负债表收缩风险

金融政策和金融环境的变化和动荡会对金融资产估值产生显著影响。在资产金融化背景下，金融资产估值的波动会传导到全社会资产负债表，例如利率变动对政府债务的影响，房地产价格对居民资产的影响等。通过影响资产负债表的扩展和收缩，金融风险能够迅速扩散到整个经济部门，隐性金融风险的负面影响不容忽视。德国经济低迷的一个重要原因是实体经济的资产价值收缩，资产估值不稳定造成的。当前国内外经济金融环境发生深刻变化，金融风险诱因和形态更加复杂，必须时刻警惕各种“黑天鹅”“灰犀牛”事件，防范化解金融风险工作须臾不可放松。只有更好统筹金融发展与金融安全，才能更好地服务经济社会高质量发展，推动经济持续健康发展。财政、金融和货币政策需要协调发力，应逐步摒弃历史上财政赤字须控制在 GDP 的 3% 出头这一约束，可以将更多的支出转移到医疗、教育、社保等基本公共服务上，从而逐步减少居民的预防性储蓄，提高消费意愿。如果要保持必要的公共建设投入，也可以更多倾向于尚未供给过剩的

部门。在中央财政发力的同时，货币金融政策应确保实际利率显著低于 GDP 增长率，有助于尽快走出通缩风险。

（二）充分发挥财政在金融稳定中的积极作用，加强财政的金融监管能力，尤其是宏观审慎管理能力

我国财政部门在以往的历次金融风险处置事件中均发挥了积极作用。国际经验也表明，财政在维护金融稳定方面具有不可替代的作用，主要发达国家也均赋予本国财政在金融风险管理中的核心地位。因此，提升加强我国财政部在维护金融稳定方面的地位和作用具有切实必要性。在宏观审慎管理方面，凡是涉及国债、地方政府债务、城投债、国库现金管理、政策性金融（政策性金融债、信贷、融资担保、保险、基金等）等业务的商业银行和非银行金融机构，财政部均应拥有对其实施宏观审慎管理的权力和能力，包括完善评估框架体系、风险监测与识别、政策工具的启用校准和调整等。通过强化财政在宏观审慎管理中的地位和作用，有利于全方位提升宏观审慎管理的效能，系统防范财政金融风险无序互化和蔓延扩散，也有利于财政与央行的政策协调配合。

（三）将关键重要资产价格纳入财政货币政策目标管理，实现财政可持续与金融稳定的内在协同

资产价格是经济的晴雨表。对资产价格的估值反映了市场预期，市场预期决定了市场行为，而调整预期也就成为政策调控的关键着力点。是否将资产价格纳入货币政策、财政政策调控目标一直以来是有争议的问题。但是，20 世纪 30 年代的美国大萧条，20 世纪 90 年代日本的大衰退，2008 年美国的金融危机，2010 年欧洲的主权债务危机都已表明，仅仅维持物价稳定的货币政策不足以维持金融稳定，也无法确保实现经济稳定和财政可持续。忽视对资产价格的有效监测和调控是导致资产价格泡沫、金融与财政危机爆发的重要原因。资产价格的大幅波动是导致家庭和企业的资产负债表衰退的最关键的原因。将房地产价格、股票价格等关键重要资产价格纳入财政货币政策的政策目标中具有现实的基础。深度理解研判资产价格与金融稳定、财政可持续的内在关系、监测资产价格波动风险、设定资产价格波动预警机制和调控触发机制、创立资产价格调控工具（例如市场平准基金等），有利于财政与央行同时实现财政可持续与金融稳定内在协同。

日本央行金融体系报告及日元变相加息的原因和影响

一、日本金融体系稳定性评估

日本央行2023年10月20日发布了半年一次的《金融体系报告》对日本金融体系稳定性进行了评估。报告指出日本金融体系总体保持稳定。即使在全球金融环境收紧以及由此产生的各种压力下，日本各银行也有足够的资本基础来适当地开展金融中介活动。各银行拥有稳定的资金基础，尤其是小额黏性零售存款。即使在美国和欧洲金融部门的不确定性在2023年3月加剧之后，日本的金融体系仍然健康且具有弹性。

然而，对尾部风险①保持警惕仍然是必要的。随着各国央行继续收紧货币政策，以及由此引发的对外国经济放缓的担忧，压力期可能会进一步延长。未来发展的不确定性在金融和资本市场也同样存在。从长期来看，如果银行的核心盈利能力停滞不前，资本积累停滞不前，金融中介可能会因吸收损失能力下降而受损，或者金融体系的脆弱性可能会因过度追求收益而增加。为了确保日本金融体系的稳定，有必要审视金融体系中的这些收缩和过热风险，并适当解决潜在的脆弱性。

（一）金融周期与利率风险

在当前的金融活动中没有观察到重大的财务不平衡。自疫情暴发以来，私人债务大幅增加是由于谨慎的现金管理，特别是中小型企业，其目的是确保充足的

---

① 尾部风险是指在巨灾事件发生后，直到合约到期日或损失发展期的期末，巨灾损失金额或证券化产品的结算价格还没有被精确确定的风险。

现金储备。但是，从中长期来看，企业和家庭贷款的期限随着民间债务的增加而延长。企业以长期固定利率获得了稳定的资金，遏制了再融资风险，抓住了长期利率下降的机会。家庭通过低利率的长期浮动利率贷款，减少了大型住宅贷款的月偿还负担。

与10年前相比，银行的存续期差距，即资产和负债利息支付重新定价时间表（不考虑核心存款）之间的差异已经扩大，反映出借款期限的延长。对主要银行来说，这是由于长期固定利率贷款的增加。对地区性银行和小银行（信用社）来说，贷款的变化，以及在证券投资中转向长期债券投资，导致了这一差距的扩大。资产方面存续期的延长以及由此导致的利率风险的增加被核心存款所抵消。从银行整体来看，考虑到核心存款，100个基点的利率风险通常在资产和负债之间保持平衡。银行需要保持吸收损失的能力，以应对利率风险，并在存续期差距比以往更大的情况下更加审慎地管理风险。

（二）金融周期与房地产市场

在金融周期中，随着经济复苏，私人债务和经济活动的再平衡仍在继续。即使在这种背景下，房地产贷款仍在继续增加。在房地产交易市场上，资金需求持续存在，这主要来自外国投资者。在房地产租赁市场，房地产租赁企业的固定资产投资持续上升，地区银行的贷款也相应增加。房地产相关贷款，如房地产企业贷款和住房贷款，在一定程度上促成了前面提到的贷款期限延长的趋势。

在房地产交易市场中，房地产企业的负债和资产都在发生变化，房地产价格也在发生变化。在资产方面，房地产公司的投资占GDP的比例在热图中暂时变为“红色”，这是过热的信号。主要房地产开发商的城市改造项目加速了房地产公司投资的增长。就价格而言，一些物业的估值似乎相对较高。日本各地的土地价格波动很小，但在东京市中心一些有限的商业区，较高价格区间的交易一直在增加。日本的商业地产价格与租金之比总体上已经高于21世纪前十年末的小泡沫时期的水平。房地产交易市场的发展继续值得密切关注。

（三）企业破产和银行信用风险增加

尽管企业面临着各种压力，但银行的国内贷款状态仍保持活跃。从银行的贷款情况来看，对小企业贷款的风险评估并没有持续收紧。小企业的信贷额度仍然很高。尽管这些显示了中小企业违约概率的估计和概率变化背后的因素。就整个中小企业而言，大流行之前和最近的违约概率之间没有显著差异。受与大流行有关的贷款和各种补贴影响而增加的流动性缓冲抑制了违约。相比之下，对于自疫情前业务就恶化陷入困境的公司来说，利息支付负担、杠杆率和流动性缓冲的下降推高了违约的可能性。这表明，这类企业的流动性缓冲一直在持续下降，其遏制违约的有效性一直在减弱。近年来，由于疫情暴发以来采取了强有力的企业融资支持措施，实际违约率大幅下降。随着经济活动恢复正常，预计违约率将回到整个周期的平均水平。

（四）银行抵御外国利率上升的能力

从银行的外汇投资组合来看，即使在全球金融环境收紧的情况下，外国贷款的信用风险也一直保持在较低水平。随着市场利率的上升，外国存贷款息差继续改善，从而导致利润缓冲的改善，这是银行吸收亏损能力的一个因素。在证券投资方面，银行对证券特别是外国债券的估值损失与年初相比，增加幅度有限。特别是那些积极进行再平衡的银行，它们重新配置了自己的投资组合，增持了收益率更高、平均存续期更短的债券。与此同时，这些银行加强了对利率上升风险的对冲。

外汇投资组合再平衡的影响也可以从宏观压力测试的结果中看到。与上一份报告的模拟结果相比，银行对长期保持倒挂的外国债券收益率曲线的压力更具弹性。对于所有类型的银行，在压力情况下的资本充足率都高于上一份报告。实现收益空间（证券持有的净估值收益/亏损）变为负值的银行份额已从上一份报告中的 80% 降至本报告中的近 50% 。

应该指出的是，在模拟期间，吸收损失的能力仍然存在下行风险。如果外汇存款市场面临额外压力，存款资金的利率传导率高于 70% 的历史平均水平，那么在利率上升阶段结束时，盈亏平衡信贷成本比率将为负。这意味着银行不能通过外国净利息收入来吸收外国信贷成本。为了既降低资金流动性风险，又确保有足够的吸收损失的能力，银行获得黏性较强的存款是很重要的。此外，外国利率在较长时间内保持较高水平，不仅会导致银行的财务状况恶化，也会导致企业的财务状况恶化。对面向北美、欧洲和亚洲的贷款，信贷成本比率呈非线性增长，利率越高持续时间越长。这种信贷风险在对亚洲的贷款中尤为明显，因为亚洲集中了高财务杠杆和低利息覆盖率（ICRs）的公司。

日本央行将推动金融机构通过现场检查和非现场监测来解决以上潜在漏洞的举措。央行将继续从宏观审慎的角度，密切监测金融机构的各种冒险行为对金融体系的影响。

二、资产负债表视角的日本房地产泡沫演化过程

（一）日本房价至今仍未触底

日本曾经是经济强国，但1980年代末到1990年代初，经历了前所未有的资产泡沫，导致了房地产和股市的暴跌，以及长达十多年的经济停滞。原因很多包括日元升值、货币宽松、投机炒作、利率上调等，那么日本的房价在泡沫破裂后是怎么变化的。

根据国际清算银行（BIS）的数据，日本的住宅物价指数（HPI）从1985年开始急剧上涨，到1990年达到了135.8点的峰值，比1980年增长了近四倍。这意味着日本的房价在五年内涨了三倍多。但是从1991年开始，日本的HPI就一路下滑，到1998年跌到了97.3点，比峰值下跌了28%。这意味着日本的房价在八年内跌了近三分之一。而且这还不是最惨的时候，日本的HPI在2009年又跌到了新低点，只有97.3点，比峰值下跌了29%。这意味着日本的房价在十九年内跌了近三分之一。

日本房价至今仍未触底，根据最新的数据，日本的HPI在2023年6月只有135.5点，比峰值还低了0.2%，意味着日本的房价33年了还没有恢复到泡沫前的水平。而且如果考虑通货膨胀和汇率变化等因素，日本的房价实际上已经大幅缩水。根据BIS的数据，日本的实际住宅物价指数（RHPI）在2023年第一季度只有77.4点，比峰值下跌了43%。这意味着日本的房价在三十三年内跌了将近一半。

（二）日本房地产泡沫的修复

日本房地产泡沫是世界历史上最大的房地产泡沫之一，它给日本经济和社会带来了巨大的影响和挑战。日本房地产泡沫的形成主要有以下几个原因：

1. 1985年，日本签署了广场协议，同意让日元升值，以缓解美国的贸易逆差。这导致了日元急剧升值，出口受到冲击，经济陷入萧条。

2. 为了刺激经济，日本央行实行了宽松的货币政策，大幅降低了利率，使得市场上充斥着廉价的资金。

3. 日本政府也实行了宽松的财政政策，增加了公共支出和投资，尤其是在基础设施和土地开发方面。

4. 日本金融业也进行了自由化和放松监管，使得银行和其他金融机构可以更容易地向企业和个人提供贷款。

5. 日本社会也形成了一种对土地和股票的投机热情，认为这些资产不会贬值，而且可以带来高额的收益。土地被视为稀缺和永久的资源，股票被视为反映企业实力和技术优势的标志。

这些因素相互作用，导致了日本房地产市场的疯狂上涨。从 1986 年到 1991 年，日本平均土地价格上涨了 52.8%。东京 23 区的地价总和甚至超过了美国全部国土的价值。同期，日经 225 指数也从 13 000 点上涨到 39 000 点。这些资产价格的上涨也反过来刺激了消费、投资和信贷的扩张，使得日本经济呈现出一种虚假的繁荣。然而泡沫是不可持续的，1989 年，日本央行开始收紧货币政策，连续五次提高利率，从 2.5% 提高到 6%。这使得资金成本上升，投机需求下降，资产价格开始下跌。20 世纪 90 年代初，日本股市和房市都出现了大幅暴跌。股市从 39 000 点跌到 15 000 点以下。房市从 1991 年开始持续下跌至 2018 年。房价指数较 1991 年高点累计下跌了 52%。

泡沫破灭后，日本经济陷入了长期的衰退和萧条。这主要有以下几个原因：

1. 资产价格下跌导致了企业和居民部门的资产负债表受损。他们不得不削减消费和投资，还清债务，修复财务状况。这使得需求不足，经济增长乏力。

2. 银行和其他金融机构也面临了巨额的不良资产和坏账。他们不得不收缩信贷，加强风险管理，清理资产质量。这使得金融市场紧张，信用危机爆发，金融中介功能受阻。

3. 日本政府和央行也没有及时有效地采取应对措施，低估了泡沫的严重性和影响，没有果断地实施财政刺激和货币宽松，也没有有效地推进银行不良资产的处置和金融体系的改革，也没有有效地应对通缩压力和预期。

这些因素相互作用，导致日本经济陷入了“失去的 20 年”，那么日本房地产是如何复苏的呢？日本房地产的复苏可分为三个阶段。

第一阶段：20 世纪 90 年代泡沫经济破灭后，日本房地产市场陷入沉寂。这个阶段，日本房价持续下跌，供过于求，交易量低迷，开发商和投资者都遭受重创。银行也面临着大量的不良贷款和抵押品价值缩水的问题。政府也没有采取有效的政策来刺激房地产市场的活力。这个阶段大约持续到 2000 年。

第二阶段：2000 年至 2007 年，日本房地产市场开始出现一些积极的变化。这个阶段，日本政府开始实施一系列的金融和房地产改革措施，比如成立金融监管厅和金融再生委员会，加强对银行不良资产的处置和监管，推进银行业监管指标与国际接轨；比如通过金融再生法和特殊清算法，设立了金融再生机构和土地银行等专门机构，为银行提供公共资金注入和债务减免；比如放松对房地产投资信托（REIT）等新型投资工具的限制，扩大房地产市场的参与主体和融资渠道；比如推动土地税制改革，鼓励土地有效利用；比如促进城市更新计划，改善城市基础设施和环境。这些措施使得日本房地产市场逐渐恢复了信心和活力，房价开始止跌回升，交易量开始增加，开发商和投资者开始重新进入市场。这个阶段大约持续到2007年。

第三阶段：2008年至今，日本房地产市场经历了一次全球金融危机的冲击，但也展现了一定的韧性和潜力。这个阶段，日本房地产市场受到了2008年美国次贷危机和2009年全球经济衰退的影响，房价和交易量都出现了一定程度的下滑。但是，由于日本房地产市场已经经过了前两个阶段的调整和改革，已经摆脱了泡沫的影响，已经建立了较为健康和稳定的市场机制，因此没有出现像美国或欧洲那样的严重危机。相反，日本房地产市场在2010年后开始逐步恢复和增长，受益于以下几个因素：

1. 日本央行实行了超宽松的货币政策，将利率降至接近零，甚至实施了负利率政策。这使得资金成本降低，信贷供应增加，投资需求提高。

2. 日本政府实行了积极的财政政策，增加了公共支出和投资，尤其是在灾后重建、奥运会筹备、城市更新等方面。这使得基础设施和环境改善，房地产需求增加。

3. 日本社会也出现了一些有利于房地产市场的变化，比如人口老龄化导致对高品质住宅的需求增加；比如女性劳动参与率提高导致对核心区域住宅的需求增加；比如旅游业发展导致对商业地产和酒店地产的需求增加。

4. 日本房地产市场也吸引了大量的外国投资者和机构的关注和参与。他们认为日本房地产市场具有较高的安全性和稳定性，也具有较高的收益率和增长潜力。他们通过各种方式进入日本房地产市场，如直接购买、合作开发、设立基金或REIT等。

这些因素相互作用，使得日本房地产市场在2010年后呈现出一种渐进式的复苏和增长。房价指数从2012年开始上升，到2018年达到1991年以来的最高水平。交易量也从2010年开始回升，到2019年达到1991年以来的最高水平。开发商和投资者也从2010年开始恢复信心和活力，加大了开发和投资的力度。这个阶段大约持续到现在。

（三）日本房地产泡沫的教训

银行业危机是困扰一个国家的最残酷的经济危机之一，2008 年全球金融危机就是其中之一，这场危机严重打击了英国、美国、西班牙和其他西方经济体。这正是目前影响中国的危机类型，恒大和碧桂园等公司的倒闭就是明证。第二次世界大战后，这种类型的第一次真正重大的银行危机发生在 20 世纪 80 年代末和 90 年代，发生在世界各地的一些国家，尤其是日本。与所有此类危机一样，日本此次危机主要是私人部门放贷异常激增的结果。日本的私人债务（包括家庭和非金融商业贷款）增加了 343 万亿日元（合 2.4 万亿美元），私人债务占 GDP 的比例从 1985 年的 143% 飙升至 1990 年前所未有的 181% 。这种增加的贷款主要来自商业房地产领域，包括日本和海外特定市场（尤其是美国）的过度建设和对土地、写字楼、酒店和公寓的失控收购。从 1985 年到 1990 年，商业房地产贷款从 75 万亿日元增长到 187 万亿日元，创造了无数的新建筑，这些建筑在几十年内不会被居住或出售。

贷款狂潮推动房地产价格在这五年中上涨了 300% ，带来了短期经济激增，在当时被誉为经济奇迹。日本经济增长成为世界第二大经济体，占全球 GDP 的 18% 。在这种贷款热潮中，全球资产总额最大的 10 家商业银行中，有 5 家是日本银行。美国和其他地方的人都认为，日本将成为世界领先的经济体，一些热心的美国父母为孩子报了日语班，为未来做准备。但奇迹被证明是海市蜃楼，日本的银行、企业和家庭迅速变得过度杠杆化。不迟于 1990 年，日本的其他贷款目标（如加州和夏威夷）也完全过度建设。在经历了 20 世纪 80 年代的繁荣之后，日本在 20 世纪 90 年代经历了一场缓慢的经济衰退，当时日本经济正在考虑过度放贷的后果。如今，日本的 GDP 仅占全球的 5% 。

当越来越多的新建建筑无法完全出租或出售，用于建造这些建筑的贷款也无法全额偿还时，新建筑和支持建筑的新贷款突然停止了。随着贷款机构缩减贷款活动，私人债务占 GDP 的比例开始下降。一旦贷款水龙头被关闭，土地价格就会相应下降——而且是急剧下降。那些以最高地价为现在空置的建筑发放贷款的银行发现自己背负着沉重的坏账。这就是银行业危机的基本情节。

日本政府和金融机构监管机构在 20 世纪 90 年代的大部分时间里都在努力粉饰这些问题，然后向现实投降，1998 年开始对银行进行资本重组，历时 15 年。尽管私人债务下降了，但政府的应对措施是大幅增加支出，以至于总债务与 GDP 之比只下降了几年。贷款的过快增长，尤其是房地产贷款的过快增长，会导致住房和商业地产供应过剩，从而可能导致经济逆转。过于明显的繁荣往往会导致萧条。各国应提高警惕，防范此类危机。

三、日本稳资产估值的财政货币政策协同

（一）泡沫经济前后

在20世纪80年代中期，日本政府过分强调内外经济协调，国内经济过热，企图通过日元升值拓展海外市场，在此动机下，1985年日本签订“广场协议”，导致日元在短时期内急剧升值，为了防止由此引发经济衰退，在国内政策上单纯依靠货币政策。1985—1989年，即泡沫经济形成与发展时期，日本虽然采取了宽松的货币政策，但是恪守稳定物价水平的货币政策目标，主要手段是调低贴现率和增加货币供应量，忽视了资产价格上涨的负面影响，最终导致了流动性过剩和资产价格飙升。1989年末，在泡沫崩溃前夕，日本政府误判形势，采取紧缩的货币政策，直接挑破了股票市场的泡沫，随后房地产市场泡沫破灭。同一时期，日本政府提出“财政重建”的政策方针，旨在降低财政赤字，由此将扩张性财政政策调整为紧缩性财政政策，采取保守原则以削弱债务高企态势。

20世纪90年代初，日本泡沫经济破灭，整个经济陷入停滞状态。在此背景下，日本银行采取了一系列宽松的货币政策。特别是1998年以来，日本大藏省和美国政府多次对日本银行加以批评，认为日本银行应采取更具有扩张性的货币政策。但是日本银行担心进一步放松货币政策会导致通货膨胀和泡沫经济死灰复燃。最终，面对经济形势再度恶化，加上美国政府的强大压力，2000年3月，日本银行恢复零利息率政策，实施以通货膨胀率大于零为目标的货币政策。由此，可以将日本泡沫破灭时期的货币政策分为三个阶段：第一阶段是1991—1995年，日本银行主要采取降低再贴现率的货币政策，从1991年起9次降低贴现率，使得贴现率从1991年7月的6%降至1995年9月的0.5%。第二阶段是1995—2001年，日本银行诱导降低银行隔夜拆借利率，从1994年的平均2.2%下降到2001年的零利率。第三阶段是2001—2006年，2001年日本银行首次实施了量化宽松货币政策，刺激消费和投资。具体而言，2001年3月19日至2006年3月19日，日本银行首先将无抵押隔夜拆借利率从0.25%下调至0.15%，并分两次将再贴现率从0.5%下调至0.1%，重新恢复零利率。随后日

本银行将货币政策目标转向央行的商业银行经常账户余额，意图通过购买商业银行持有的国债来增加商业银行在央行的超额准备金账户余额。之后又不断提高商业银行超额准备金目标和购买国债上限。

在此期间，日本依旧贯彻“财政重建”政策方针，坚持实施紧缩性财政政策长达10年，并配合扩张性货币政策来恢复泡沫破灭后的经济。但是，以“财政重建”为目标紧缩性财政政策，以其增税（消费税由3%升至5%）和停发赤字国债的方式减少消费和投资，无法有效配合扩张性货币政策提振经济，反而使经济景气恶化。为了缓和经济颓势，1994年，日本财政部门实施了针对个人所得税的4.5万亿日元的当年一次性“特别减税”政策。1995年又将其转变为3.5万亿日元的永久减税和每年2万亿日元“特别减税”。但是，由于货币政策因失去公众信任而无所作为，日本政府又以“财政重建”为大政方针，采取紧缩为主的财政政策，因此单纯依靠短暂的扩张性财政政策，经济恢复效果极其有限，最终日本陷入了所谓的“失去的十年”乃至“失去的二十年”经济泥潭。以上不难反映出日本财政部门始终致力于一蹴而就的“财政重建”既在一定程度上刺破了泡沫经济，也不利于泡沫破灭后的经济恢复，导致日本迟迟无法通过有效的财政货币政策走出泡沫经济泥潭。

（二）2000年至2013年

2000—2004年，日本经济紧缩，宏观经济政策组合以扩张性政策为主；2004年至2007年美国次贷危机爆发前，日本经济过热，采取偏紧的宏观经济政策组合。助力日本经济走出长达十年的低谷。

2008年国际金融危机爆发，以日本银行为代表的发达经济体中央银行纷纷将货币政策利率降至接近零的历史最低位，再度实施量化宽松政策。2008年将隔夜拆借利率从0.5%下调至0.1%，将基准贷款利率从0.75%下调至0.3%，以及2009年大规模购买商业票据、企业股份和公司债。在此基础之上，2010年10月5日，日本央行宣布启动第二轮量化宽松政策“组合拳”。具体包括三项内容：一是将政策性利率诱导目标由年率0.1%左右下调至0—0.1%，再次实施零利率政策。二是推出资产购买计划。三是设定通胀目标，承诺零利率政策将一直实施到能够判定物价稳定时为止。

这一时期的量化宽松政策为政府发债和扩大支出提供廉价甚至无息的资金，以便于日本财务省通过发行巨额债券，扩大财政支出，支持陷入危机的金融机构或企业。2008年10月，日本财务省实施了总额为26.9万亿日元的一揽子经济刺激方案。该方案包括向日本所有家庭发放现金补助，为陷入困境的中小企业提供信贷担保，降低失业保险费用缴纳标准，削减高速通行费，减税和鼓励企业增加雇员等内容。2009 年 4 月，日本财务省又推出了总额为 56.8 万亿日元的“经济危机对策”，其中财政支出资金为 15.4 万亿日元。此外，日本财政部门在短期内实施大规模减税计划，通过减免税、降低税率、加速折旧、税收抵免等方式，共减税达到 1.07 万亿日元。

2013 年 1 月 22 日，安倍政府提出了“无限期量化宽松”的对策，并设定了 2% 的“通胀目标”。并且以克服通缩为主要目标，安倍政府启动新一轮扩张性财政政策，由日本银行认购赤字国债，以保证财政扩张性支出。

这一时期，日本首次采用量化宽松的货币政策，以应对 1997 年东南亚金融危机和 2008 年美国次贷危机，并配合扩张性财政政策，通过由日本银行购买国债，财务省利用国债筹资的无息资金，实施财政补助、税收减免、政府担保等优惠政策的政策传导机制，缓解危机下的市场失灵问题，帮助市场主体走出困境，最终实现经济复苏。

（三）2014 年至 2018 年

2014—2018 年，由于两次经济危机时期，日本同时实施量化宽松的货币政策和扩张性财政政策，导致日本债务高企，为此日本政府实施紧缩财政政策和量化宽松的货币政策的“紧松”搭配。一方面控制财政赤字，另一方面放松银根，增加货币供应量。这一政策搭配旨在既不影响经济发展，又稳定债务激增的趋势。其背后原因是长期以来日本财务省借助以发行国债为主要手段的扩张性财政政策来应对经济危机的做法导致政府债务高企，极有可能引发系统性财政金融风险。这也在一定程度上证明了日本财务省与日本银行的政策协调失衡。

（四）新冠疫情期间

在新冠疫情（以下简称“疫情”）背景下，面对疫情“大流行”对经济造成的巨大负向冲击，日本财政部门实施大力度的财政政策，央行实施了大幅宽松的货币政策，政策组合由“紧松”搭配转向“松松”搭配。在财政政策方面，2020 年 4 月，日本财务省通过《针对 COVID－19 的一揽子紧急经济计划》，计划总额由 108.2 万亿日元调升至 117.1 万亿日元，大约相当于日本 GDP 的 21%。主要用于支持疫情防控、扩大诊疗能力，税收减免、企业与家庭援助，促进疫后经济活动恢复，增强经济结构弹性和未来应对疫情的能力。其中相当于 GDP 的 16% 的部分被用于救助劳动者和企业。在货币政策方面，日本银行宣布实施“开放式量化宽松”，不设上限地购买日本政府债券，同时提高了商业票据和公司债券购买上限，从而增加流动性供应。具体而言，日本银行扩大了通过特殊资金供应操作向金融机构提供贷款的范围和额度，从而增加了对企业部门的融资支持。3 月 16 日，日本银行提前召开货币政策委员会，会议决定维持中央银行基准利率不变，同时，扩大资产购买计划，通过增加购买交易型开放式指数基金（ETF）和企业债券来稳定金融市场，并临时性增加日本银行购买“交易所交易基金”和“日本房地产投资信托基金”的频率和规模。此外，日本在疫情暴发之后还降低了对商业银行的风险考核要求，允许商业银行对公共担保贷款赋予零风险权重。上述财政政策和货币政策的协调配合有助于提高居民和企业抵御风险的能力，进而保证经济的正常运转。在应对突发危机时，这种货币政策服从财政政策，中央银行服务于财政部门的失衡关系，可以在短期内刺激需求和供给，但长期持续下去会进一步集聚债务风险，加大去杠杆的难度。

四、关注日本变相加息对全球资产估值稳定的影响

日本央行的变相加息，一方面是解决 YCC 存在的三方面弊端，一是日债期限利差过度扭曲，二是日债流动性进一步枯竭，三是日元大幅贬值，日本政府外汇干预的有效性弱化。另一方面也是为了减轻日本央行自身的购债压力，从一个侧面说明日本央行的财务状况可能也不太乐观。此外，日本与欧美国家的利率差也是日本央行不得不变相加息的重要原因。

收益率曲线控制（Yield Curve Control，YCC）是一种利率工具，中央银行通过设置各期限收益率目标水平，将收益率曲线维持在预期水平。首先运用这一工具的中央银行是美联储，而日本央行是目前唯一坚持收益率曲线控制政策的央行。2001 年日本经济深陷衰退泥沼，开始实施零利率和量化宽松政策，并于 2013 年 4 月开始实施量化与质化宽松政策（QQE）。2016 年引入负利率政策，并于同年 9 月更新货币政策框架，宣布实施以收益率曲线控制为操作目标的量化与质化宽松政策。通俗地讲，YCC 就是为日本央行购买 10 年期国债划定一个收益率变动区间，也就是人们所形容的“利率走廊”，一旦收益率突破了区间上限，日本央行便下场购债，使收益率回到预期范围之内。

YCC 在多个维度能够提振经济，一是消费层面，日本央行通过在二级市场买

入日债，向市场释放出充分的流动性，同时也给市场传导出货币政策持续宽松的信号，以强化通货膨胀走高的预期，进而刺激消费；二是投资层面，日本央行不定期（后来转为无限量）地购买国债，实际是对财政部发行更多的增量日债构成了一种较为强烈的政策声援，财政部门筹集更多资金后便可增加公共投资，通过政府投资的乘数效应带动民间投资；三是出口层面，日债收益率持续维持在低位也势必拉低日元，而日元的贬值有利于增加出口。

2023年7月，日本央行宣布将10年期日债收益率波动区间维持在±0.5%的上下限视为参考，进行更灵活的控制。在此之前，只要10年期日债收益率波动偏离±0.5%这一区间，日本央行就会迅速干预。YCC是日本央行宽松货币政策的“定海神针”，此前进行过四次调整。2018年7月，日本央行将10年期日债收益率波动区间从2016年设定的±0.1%，扩大至±0.2%；2021年3月扩大至±0.25%；2022年12月，日本央行再次将此区间扩大至±0.5%；2023年7月，宣布进行更灵活的控制，当利率触及上限，央行将以1%的固定利率购债，意味着波动的上限已放宽至1%。

对于近期日本央行放松10年期日债收益率上限的做法，有投资者认为这是日本央行最终放弃YCC并退出大规模货币刺激的前奏。不过，日本银行长植田和男表示这一举措并不代表迈向货币政策正常化，在提高负利率之前还有很长的路要走，经济和通胀的不确定性非常高，日本央行将灵活应对日本经济的不确定性，必要时将毫不犹豫进一步放宽政策。

有学者认为，在通胀状态和前景不乐观的情况下，贸然调整甚至退出YCC政策，对于日本经济无疑是危险之举，放弃YCC的宽松货币政策将大幅推升日本利率中枢，很可能引发经济衰退和金融市场动荡。与10年期以上日债主要由保险公司和养老金等资产配置为主不同，10年期以下日债广泛用于市场交易，与企业融资成本和宏观经济运行密切相关。一旦退出YCC政策，金融市场将重新定价，很可能导致日元汇率无序调整，恶化日本银行和金融机构的资产负债表。还有一项研究表明，假设2023年为退出YCC政策的时点，日本央行将在2024年面临严重亏损，至2026年亏损将高达5万亿日元，直至2031年才开始止跌回升。

另外，作为深度老龄化国家，2020年日本国家资产负债表中保险、养老金和标准化担保计划规模为当年GDP的104.0%，日本很可能由于利率中枢上升面临较2022年9月英国养老金崩盘更大的危机。事实上，2022年12月日本央行宣布将10年期日债收益率区间扩大至±0.5%之后，就曾引发金融市场大幅震荡。10年期日债收益率由前一日的0.282%上升至0.432%，日元兑美元升幅一度超过3%，至1美元兑131.7日元的近五个月以来高位，日经225指数下跌2.46%。

调整或者退出 YCC 政策也会引发全球金融市场的急剧波动。一方面，日本拥有全球最多的海外资产，总量达到 9.7 万亿美元，其中债券类资产 4.3 万亿美元，股票类资产 3.6 万亿美元，YCC 政策变化引起的日债利率上行必然增加日元资产的吸引力，这会导致投资者选择卖出其他币种资产，在带动美欧等发达经济体国债收益率上行的同时，全球债券市场波动化程度也会随之加强。另一方面，日元是全球最主要的套息货币之一，头寸金额高达 12.9 万亿日元，一旦 YCC 政策出现变动，套利交易就会发生逆转，进而对全球流动性市场构成冲击。

日本 YCC 的结束很有可能成为全球利率重新螺旋上升的发动机，日元利率的上升将会在第一时间传导至世界各大金融市场。由此可见，日本央行调整 YCC 政策是一项难度极高的技术活，调整时机的选择和调整步伐的确定，不仅事关其国内经济和金融市场，也是国际经济领域中需要密切关注的重要事项。

五、日本央行的资产负债表

日本央行 2023 年 12 月发布的研究报告《央行财务与货币政策管理》指出，自 20 世纪 90 年代末以来，面对利率零下限，日本央行实施了各种非常规货币政策措施。国际金融危机爆发以来，海外主要央行也纷纷实施大规模资产购买等措施。鉴于在货币政策收紧时，这种伴随着大规模资产负债表扩张的非常规货币政策有可能对央行的财务状况产生重大影响，人们一直在争论它对央行实施货币政策的能力以及对本币信心的潜在影响。

央行从购买的政府债券和提供的短期贷款中赚取利息收入，而它们的负债——在央行的活期存款（法定准备金）和纸币——不需要支付利息。这种结构通常允许他们产生稳定的利润（铸币税）。

当央行在非常规货币政策下（例如通过购买政府债券）扩大其资产负债表时，会导致资产方面持有的政府债券和其他资产增加，负债方面持有的活期存款（超额准备金）增加。而中央银行需要支付超额准备金的利息，因为购买政府债券的利率通常超过超额准备金的利率，利息收入和其他收入随着持有政府债券和其他资产的增加而增加，从而使中央银行的整体利润增加。

另外，在货币政策趋紧和资产负债表收缩的阶段，资产方面持有的政府债券将减少，而负债方面的超额准备金将减少。在这一阶段，当央行提高超额准备金利率时，利息支出将增加，从而对其利润构成下行压力。然而，随着超额准备金的减少，利息支出将随之下降。此外，由于持有的政府债券将陆续被收益率更高的政府债券所取代，利息收入将会增加。因此，虽然央行在这一过程中可能会暂时亏损，但即使出现这种情况，最终也会恢复利润。

在资产负债表收缩阶段，利润波动的程度可能因以下因素而有很大差异：(1) 资产负债表的规模；(2) 到期时赎回政府债券所得收益的再投资程度；(3) 短期和长期利率的变化；(4) 流通中的纸币的变化。

在法定货币制度下，重要的是要从央行利润和资本的减少是否以及如何影响货币政策的实施的角度来考虑。在这方面，有两种观点：一种认为它们会对货币政策行为产生不利影响，另一种认为它们不会。关于支撑这些观点的理论原因，也有各种各样的立场。

为应对通货膨胀，海外主要央行最近迅速大幅收紧货币政策，导致其利润和资本减少。但在对外沟通中，他们强调即使暂时出现亏损或负资产，也不会妨碍他们实施货币政策的能力。此外，这些央行注意到，尽管它们的利润目前正在下降，但在过去的资产负债表扩张期间，它们的利润也在增加，对它们大规模宽松政策的评估应侧重于对整体经济的积极影响。在这种背景下，为了避免不利后果，例如对其执行货币政策的能力的怀疑和其信誉的下降，这些中央银行认识到中央银行资本的重要性，一直保持着他们的立场，即随着时间的推移努力恢复其资本。在这种情况下，在通过适当执行货币政策来确保对各自货币的信心方面，任何国家或区域都没有出现特别的障碍。

综上所述，中央银行财政状况与货币政策行为之间的关系可以概括为：在法定货币制度下，对货币的信心不是由中央银行持有的资产或其金融健全性直接保证的，而是由以实现价格稳定为目标的适当货币政策来保证的。基于这一前提，中央银行的建立通常是这样一种方式，即从某种程度上较长期的角度获利，并且可以提供自己的支付和结算手段。因此，即使央行暂时出现亏损或负资产，也不妨碍其执行货币政策的能力。话虽如此，这并不意味着央行可以积累无限的亏损和负资产。如果央行的金融风险成为人们过度关注的问题，并在货币政策上引发不必要的混乱，就有可能导致其信誉下降。因此，确保央行财务的稳健是非常重要的。日本银行认为继续执行适当的政策是适当的，同时也要注意其财政健全性。

日本央行每10天更新一次资产负债表情况，2023年12月10日更新的资产负债表如表2-11所示，从中可以看出，目前日本央行资产负债平衡，未出现亏损。截至2023年12月10日，日本央行持有日本政府证券约599.6万亿日元，占其总资产的约79.5%，占日本总负债1 122万亿日元的约53%，高于2023年3月47%的水平，说明日本央行2023年下半年又增持了日本政府债券。

表2-11 日本银行资产负债表（2023-12-10） （单位：千日元）

资产	
黄金	441 253 409
现金[1]	448 284 959
日本政府证券	599 618 700 412
商业票据[2]	2 424 016 076
企业债券[3]	6 267 414 139
金融信托（作为信托财产持有的股票）[4]	203 774 987
金融信托（作为信托财产持有的与指数挂钩的交易所买卖基金）[5]	37 186 178 276
金融信托（日本房地产投资信托作为信托财产持有）[6]	656 348 513
贷款（不包括存款保险公司贷款）	96 404 300 000
外币资产[7]	9 801 498 642
代理存款[8]	26 787 915
其他	859 130 543
总计	754 337 687 877
负债	
纸币	121 720 553 650
活期存款	529 582 590 976
其他存款[9]	43 691 084 165
政府存款	40 303 651 039
回购协议项下的应付款项	3 720 416 537
其他[10]	3 232 541 969
备付金	8 538 400 763
资本	100 000
法定准备金和特别准备金	3 548 348 773
总计	754 337 687 877

1. 留作流通之用的硬币。

2. 包括以下几种非物质化或实物形式：（一）国内公司发行的商业票据；（二）外国公司发行的有担保的商业票据（仅限无实物）；（三）资产支持商业票据；（四）房地产投资公司发行的商业票据。

3. 包括房地产投资公司发行的债券。

4. 通过信托银行从金融机构购买的股票。

5. 通过信托银行购买的与指数挂钩的交易所买卖基金的受益人权益。

6. 房地产投资公司通过信托银行购买的投资股权。

7. 在外国中央银行和国际清算银行的外币存款、外国政府发行的证券、外币共同基金和外币贷款，如：（1）以集合抵押品为抵押的美元资金供应业务提供的贷款；（2）根据美元贷款安排特别规则提供的贷款，通过贷款支持计划加强资金供应措施，以支持加强经济增长的基础。

8. 在代表日本银行进行与国库券和日本政府证券相关业务的代理人处持有的存款。这些存款是为这类业务预留的。

9. 外国中央银行和其他机构持有的存款。

10. 包括杂项负债和当期收入（累计净利润）。对于财政年度开始时的报告，上一财政年度的净收入也包括在其拨款之前。

附表1：日本政府债券细目（千日元）

日本政府债券	597 041 341 124
国债贴现票据	2 577 359 288

附表2：贷款支持计划

下表显示了日本银行贷款支持方案下的未偿贷款数额（千日元）

支持加强经济增长基础的资金供应措施	5 408 690 760
刺激银行贷款的拨备措施	70 225 500 000
总计	75 634 190 760

注：除按美元贷款安排特别规则发放的贷款外，按美元贷款安排特别规则发放的贷款数字列在“贷款”项下作为资产，按美元贷款安排特别规则发放的贷款数字列在“外币资产”项下作为资产。

附表3：（千日元）

集中质押融资业务贷款（含固定利率贷款）、支持灾区金融机构融资业务贷款和支持应对气候变化融资业务贷款	23 119 900 000

巴西稳定资产估值防范金融风险的举措

一、金融稳定委员会对巴西金融体系系统性风险的判断

巴西的金融监督和管理机构是双重的，即国家货币委员会和巴西中央银行。其中，国家货币委员会（the National Monetary Council，CMN）是国家金融体系的主要机构，由财政部部长任主席，计划预算部部长任副主席，由总统任命；具体负责协调货币、信贷、预算、财政和内外公共债务相关政策等。巴西央行作为CMN的秘书处，与CMN共同负责宏观审慎工具的管理，包括逆周期资本缓冲，部门和反周期资本要求，边际和折价，贷款价值比（LTV），债务收入比率，限制货币错配，限制即期外汇空头头寸，还有存款准备金率。2011年起，巴西中央银行内部设立了金融稳定委员会（Financial Stability Committee，COMEF），具体负责制定战略、指导方针、宏观审慎措施和工具，以维护金融稳定和减轻系统性风险等。巴西中央银行每半年会公布一次《金融稳定报告》（the Financial Stability Report，FSR），主要传达COMEF对金融稳定风险的当前和前瞻性评估。

（一）从历次金融经济危机对巴西资产估值稳定性的影响

20世纪80年代至今，巴西先后经历了1982—1983年外债危机、1998—1999年货币危机、2008年全球金融危机、2014—2017年经济政治危机以及2020年新冠疫情引发的巴西多重危机这5次大型危机。经分析发现，国际性经济金融危机传播的主要渠道是资本流动和国际贸易，并通过大宗商品价格高企、融资异常和汇款大量流入流出等对巴西造成冲击。巴西的对外贸易每次都会受到输入型危机的影响，但是其出口商品中的技术含量较低，进而比工业化经济体受影响的程度较弱。如2008年全球金融危机爆发后，巴西的科技产品出口份额略有下降，而原材料（含铁矿石、

石油、农产品）和制成品出口份额受大宗商品价格波动的影响较大。1999 年货币危机后，巴西金融系统改革相对成功，金融风险防范能力的提升和反周期举措的丰富，为金融系统和银行系统应对后续危机赢得了调整空间和应对选择，使其没有受到重大冲击。另外，巴西银行并未参与外国债券交易，且该系统有足够的监管，并在之前的危机中得到了加强。值得注意的是，当危机出现时，政府干预信贷市场的举措是合理的，有助于减轻金融危机对信贷市场的影响，但是危机后的持续扩张对各部门和企业之间的资源配置以及对私人银行部门的影响不容小觑。

（二）对金融风险的展望

1. 金融稳定性评估。2023 年 7 月 10 日巴西央行公布的《金融稳定报告》认为，受美国中型银行的倒闭和欧洲一家全球系统重要性银行（G－SIB）的财务健全性受到质疑等事件的影响，全球风险厌恶情绪加剧，几种金融资产的价格也受到了影响，且该事件的后续影响仍存在很大的不确定性。全球金融环境趋紧影响市场波动、资产定价和融资成本。然而，在高通货膨胀和成本增加的环境下，家庭购买力的丧失影响了偿还债务的能力及对公司产品和服务的需求，增加了家庭和公司的脆弱性。随着长期利率的上升，一些国家的房地产行业表现出的活力有所减弱。在融资需求放缓的背景下，房价普遍上涨。

金融稳定委员会认为巴西现行国家金融体系（SFN）对源自国外金融波动的风险敞口较低，对外部资金的依赖程度较小。为稳定金融，巴西央行已采取措施，尽量减少对本地资产价格的溢出效应，并要出台提高财政可预测性、降低风险溢价和资产波动性的宏观经济政策。目前，巴西央行的农业企业信贷证（LCA，26%）和房地产信用证券（LCI，33%）的投资组合为客户提供了更高的回报和免税，为银行提供了更低的成本。此外，外国资金的供应量仍然足以满足金融机构的需求，但外部资金占 SFN 总资金的比例下降了，国内资金供给增加。

压力测试结果表明，巴西银行体系有能力吸收所有模拟的资本和流动性冲击。但是，金融机构仍保持着高风险偏好。尽管增长速度放缓，但是家庭户和中小企业的贷款风险偏好依然很高。按照严峻的压力情景测试，从 2023 年第二季度开始，巴西经济增长的不确定性显著增加，加上财政和货币恶化的预期，导致风险溢价上升，货币大幅贬值，中性利率上升，经济活动上升。外汇汇率在 2023 年第三季度见顶，然后开始升值，以应对国际市场利差的扩大。此外，金融监督委员会认为，财政风险对金融稳定的重要性有所增加，对公共债务可持续性的担忧增加。在此背景下，金融机构承担风险的意愿有所下降。

2. 高风险事件的传播渠道。根据巴西中央银行发布的《金融稳定报告》，2017年至2023年第一季度影响巴西金融稳定性的最主要因素是本国的财政风险，其余依次为国际形势、债务拖欠和经济活动、其他风险、国内通货膨胀和政治风险（见图2-36）。2023年第一季度金融稳定性平均影响率分别为财政风险为0.968、国际形势为0.58、债务拖欠和经济活动为0.376、其他风险为0.268。同时，国际国内重大事件对巴西金融体系稳定性影响的传导渠道，依据风险级别不同而不同（见表2-12）。

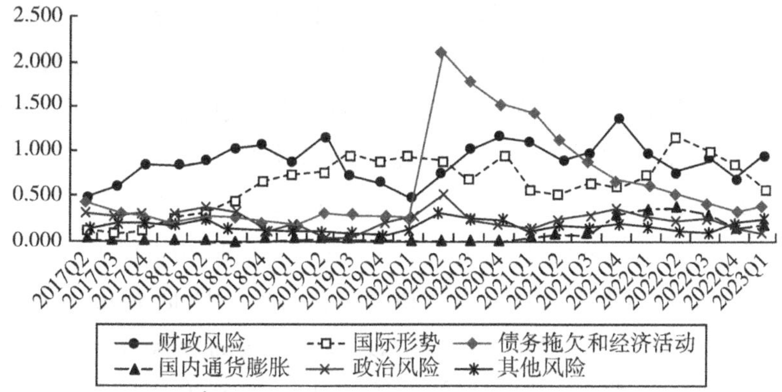

图2-36 巴西中央银行金融稳定性影响因素

资料来源：巴西中央银行官网数据库。

表2-12 国际国内重大事件对巴西金融体系稳定性的传导渠道

传播渠道	很低（%）	低（%）	中低（%）	中高（%）	高（%）	很高（%）
市场和国内机构之间的传染	11	20	18	16	20	15
流动性冻结，包括银行间市场和国外信贷	23	26	15	21	10	5
国内金融资产价格（包括抵押品价格）大幅下跌	7	18	17	23	18	16
风险规避和不稳定增加，影响消费和投资决策	5	8	16	19	28	24
储蓄户信心下降，包括逃往安全地带	9	25	16	24	14	12
资本外逃，或相关汇率贬值	17	7	13	19	23	20
各类信用评级下调，包括主权评级	11	16	14	22	19	18

资料来源：巴西中央银行官网数据库。

二、资产估值不稳定是引发巴西金融经济危机的核心要素

（一）国际利率的急剧上升引发了巴西外债危机

巴西由于受1979年第二次石油危机、国际利率急剧上升以及1979/1982年美国经济衰退等严重的外部冲击，1978—1982年巴西的贸易条件持续下降了40%，面临巨额贸易赤字加上利息支付和其他服务支出的大幅增长，经常账户赤字增加了六倍。1979年以后国际利率的急剧上升，对巴西利息支付产生了重大的直接影响，对巴西出口的初级产品价格、工业化活动以及进口能力产生了间接影响。其中，净利息支付从1978年的27亿美元增加到1982年的114亿美元，比金融资本净流入高出60亿美元，净利息支付约占经常账户赤字的70%以上。到1979年底，巴西的外债总额达到499亿美元，而国际储备则降至97亿美元，净债务以每年20.3%的更高速度增长。到1982年，对私人金融机构的贷款债务已占中长期公共债务总额的74.8%。[①] 期间，巴西经济经历了自20世纪30年代初以来最严重的衰退，结束了连续30年的经济繁荣，国内生产总值（GDP）停滞不前，国家储蓄和投资急剧下降，可变利率贷款的份额从1978年的56.3%上升到1982年的70.2%，通胀水平从1981年的93.5%上升至1984年的239%，固定资本形成总额的比例从1974—1978年的27.9%下降至1983年的19%。[②]

（二）对货币估值的担忧诱发了雷亚尔危机

1994年7月，在物价稳定计划多年失败并导致高通胀之后，巴西启动了以其新货币雷亚尔命名的稳定计划（即雷亚尔计划），并实行了钉住汇率制度，将雷亚尔与美元挂钩。在上述政策叠加的基础上，1994年巴西的年通货膨胀率超过了

---

① Paulo Nogueira Batista, Jr, International Financial Flows to Brazil since the Late 1960s —An Analysis of Debt Expansion and Payments Problems: https: //documents1. worldbank. org/curated/en/708191468744077018/pdf/multi - page. pdf, 2023 - 11 - 02.

② Antonio Jorge Fernandes, Margarete Arbugeri, Nilton Formiga, The Brazilian Economy in the 1980s: The Lost Decade or wins? The consequences of the external debt crisis, inflation and the state crisis: https: //scholarsjournal. net/index. php/ijier/article/view/3165/2178, 2023 - 11 - 02.

900%，到1998年底价格走势为负。[①] 但钉住汇率制度中有控制的货币贬值不足以抵消美国和巴西通货膨胀率之间的累积差异，这使得以美元计价的出口商品价格上涨，出口受阻。加之，受1997年亚洲金融危机[②]和1998年俄罗斯金融危机的传染，为防止美元资本外逃，巴西政府大幅提高利率水平，动用大量外汇储备捍卫雷亚尔。美元储备在1998年初达到700多亿美元的峰值，到年底下降到了一半。1999年1月，巴西放弃了钉住美元的汇率制度，转而采用浮动汇率的通胀目标制，但巴西经常账户仍出现了赤字，外汇储备几近耗尽。在此基础上，巴西以美元计价的巨额公共债务也随着货币贬值而瞬间增加，公共债务和预算赤字占GDP的比例上升至6%。

（三）政府债务持续膨胀恶化了巴西公共银行的资产负债表

从2014年中期开始，巴西经历了近代史上最严重的经济衰退。[③] 2015—2016年，巴西实际国内生产总值（GDP）累计收缩了7.5%，人均收入下降了9.2%，净公共债务和总公共债务迅速飙升，接近高风险情景，被评为投机级国家。[④] 1988年新版巴西联邦宪法造成了巨大的预算刚性，卢拉政府在21世纪初实施的增长加速计划（PAC）和社会项目的支出得以维持，主要是通过财政部贷款融资以及扩大巴西央行和巴西国家经济社会发展银行（BNDES）等公共银行的资产负债表实现的。其中，BNDES支付的数额日益增加集中在大中型工业，特别是建筑部门以及能源和粮食部门，支出额从908亿雷亚尔上升至2013年的1 904亿雷亚尔。此外，巴西人口老龄化严重，养老金制度赤字以意想不到的速度增加，财政状况进一步恶化。2014—2017年，巴西GDP的从1%增加到2.8%；政府总债务占GDP的比重从2013年的53%上升至2017年的74%（见图2-37）。[⑤]

---

① André Averbug, Fabio Giambiagi, The Brazilian Crisis of 1998-1999: Origins and Consequences: http://bibliotecadigital.economia.gov.br/handle/123456789/529477, 2023-11-01.

② 1997年亚洲金融危机主要特征是：由家庭、公司和国家不断增加的债务推动的投资热潮；银行的高杠杆；缺乏适当的银行监管；企业和银行的短期外部债务不断增加；在经常账户赤字不断增加的背景下，实行固定或相对固定的汇率。

③ Brinca, Pedro and Costa-Filho, João, Economic depression in Brazil: the 2014-2016 fall: https://mpra.ub.uni-muenchen.de/107298/1/MPRA_paper_107298.pdf, 2023-11-02.

④ André Nassif, An analysis of Brazil's economic situation: 2014-2017, the short-term outlook and policy alternatives, BRAZILIAN KEYNESIAN REVIEW, 3 (1), p.95-108, 1st Semester/2017.

⑤ Crise fiscal no Brasil: causas e remédio, Fiscal crisis in Brazil: causes and remedy, Revista de Economia Política 154 (1), 2019.

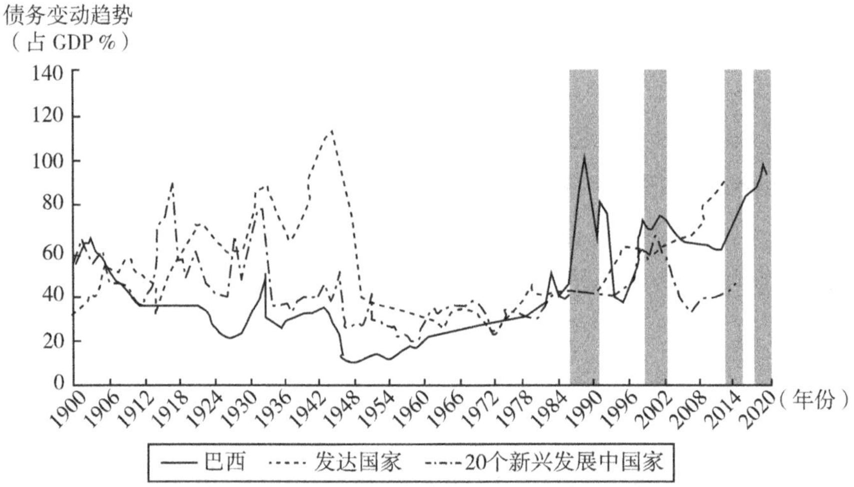

图2－37 巴西政府历史债务占GDP比重变动趋势图

（四）新冠疫情冲击导致资产估值不稳，进而引发了多重危机

新冠疫情大流行导致各经济体经历了供需冲击，引发了全球金融危机，疫情的潜在影响被计入价格，几个主要股市指数在2020年3月均出现了明显的下跌，如道琼斯工业指数下跌了33.5%。巴西资本市场紧随其后大幅下跌，主要股票指数（Ibovespa 指数）在同期下跌了31.5%，许多公司财务报表中的负债水平均有显著增加。供需之间的冲击和收入的减少导致巴西GDP大幅萎缩，2020年达到4.3%，这是自1990年以来该指标的最差结果（－4.35%）。[①] 2020年5月，巴西国会和最高法院通过了一项被称为“战争预算”的宪法修正案，并以国会法令形式制定了几项反周期的财政措施[②]，其财政成本相当于GDP的10%，导致公共债务总额从GDP的77%增长至90%。[③]

---

① Crise fiscal no Brasil：causas e remédio，Fiscal crisis in Brazil：causes and remedy，Revista de Economia Política 154（1），2019.

② 注：“战争预算”采取的四项主要财政措施：一是向巴西中等收入者和穷人提供紧急收入补贴；二是向州和市提供资源，用于抗击新冠的前线（在巴西联邦制中，联邦向公共卫生系统提供货币资源，而实体卫生基础设施和工作人员则由州和市政府提供资金）。三是向企业提供援助，帮助他们支付工资，并为它们提供抵押品，以便它们能够借入营运资金。四是扩大卫生部的可用资源。这次“战争预算”是首次突破了特梅尔设置的财政支出上限。

③ Ipeadata（2022）. Séries Históricas：https：//www. ipeadata. gov. br，November 4，2022.

（五）信贷扩张增加了巴西家庭的金融脆弱性和社会经济不安全感

自2000年以来家庭负债增加一直是巴西经济的一个显著特征。巴西家庭的债务收入比从2005年的16.5%上升至2022年的49%。[①] 这一趋势在经济周期的不同阶段持续存在，包括2000年初的大宗商品繁荣、2008—2009年的全球金融危机、2010—2011年的复苏以及2019年新冠病毒危机。巴西家庭的金融化，尤其是通过社会政策担保的工资贷款等信贷扩张政策，大大增加了巴西家庭的金融脆弱性和社会经济不安全感。尤其是2003年至2014年，巴西家庭债务的大幅增加主要是监管改革后，信贷供应增加所驱动的，这也进一步导致了2015—2016年的巴西经济严重衰退。

三、资产估值变动对巴西金融稳定性的影响

（一）巴西国内金融资产的构成

按照部门划分，2023年6月巴西公共部门的金融资产总额为749 495亿雷亚尔，其中国民经济部和世界其他地区管理的金融资产额分别为660 054亿雷亚尔和8 944.1亿雷亚尔，占金融资产总额的比重分别为88.07%和11.93%。在国民经济部中，非金融企业、金融企业、一般政府、家庭和为家庭服务的非营利机构的金融资产分别为126 413亿雷亚尔、350 873亿雷亚尔、49 720亿雷亚尔、133 048亿雷亚尔（见表2－13）。

表2－13　巴西公共部门金融资产构成——按部门划分　（单位：10亿雷亚尔）

		2018年12月	2019年12月	2020年12月	2021年12月	2022年12月	2023年6月
合计		48 658.4	54 275.2	61 875.9	68 077.4	72 451.0	74 949.5
1	国民经济	42 935.5	47 484.8	54 222.0	60 146.9	63 471.8	66 005.4
1.1	非金融企业	7 545.5	8 618.5	10 267.4	11 829.5	12 217.7	12 641.3
1.2	金融企业	23 477.9	25 649.9	29 033.9	31 235.7	33 642.8	35 087.3
1.2.1	其中：中央银行	3 484.6	3 601.4	4 054.6	4 047.7	3 837.6	3 961.1

① Norberto Montani, Paula Sarno, Carmem Feijó, Household financial fragility in Brazil (2005－2023): a Minskyan analysis, https://www.ie.ufrj.br/publicacoes－j/textos－para－discussao.html, 2023－12－10.

续表

		2018年12月	2019年12月	2020年12月	2021年12月	2022年12月	2023年6月
1.2.2	其他接受存款公司	8 522.0	8 817.9	10 365.6	11 072.8	12 312.5	12 880.0
1.2.3	货币市场基金	6 538.2	7 370.2	7 983.6	8 668.7	9 390.5	9 789.1
1.2.4	非货币市场基金	789.2	1 182.8	1 490.2	1 890.3	1 871.7	1 940.9
1.2.5—1.2.7	其他金融企业	2 010.5	2 274.5	2 573.0	2 870.9	3 258.2	3 378.8
1.2.8—1.2.9	保险公司和养老基金	2 133.4	2 403.0	2 566.8	2 685.3	2 972.4	3 137.4
1.3	一般政府	3 945.9	4 135.4	4 293.8	4 492.2	4 816.8	4 972.0
1.4—1.5	家庭和为家庭服务的非营利机构	7 966.2	9 081.0	10 627.0	11 546.3	12 794.5	13 304.8
2	世界其他地区	5 723.0	6 790.4	7 653.9	7 930.6	8 979.2	8 944.1

资料来源：巴西中央银行官网数据库。

按资产类型划分，2023年6月巴西国民经济部门的金融资产中含黄金和特别提款权1 287亿雷亚尔，货币和存款62 069亿雷亚尔、债券146 587亿雷亚尔、贷款110 485亿雷亚尔、股权和共享投资基金283 895亿雷亚尔、保险和养老金27 654亿雷亚尔、金融衍生品2 747亿雷亚尔以及其他应收（应付）账款25 330亿雷亚尔（见表2－14）。因此，黄金、货币和存款、债券及贷款等金融资产的价值变动都会对巴西金融稳定造成冲击。

表2－14　巴西国民经济部门金融资产构成——按资产类型划分

（单位：10亿雷亚尔）

	2018年12月	2019年12月	2020年12月	2021年12月	2022年12月	2023年6月
国民经济	42 935.5	47 484.8	54 222.0	60 146.9	63 471.8	66 005.4
其中：黄金和特别提款权	26.5	29.6	43.3	149.9	137.9	128.7
货币和存款	4 282.3	4 619.7	5 277.6	5 827.2	6 147.4	6 206.9
债券	9 509.1	10 352.2	11 878.4	12 426.7	13 705.1	14 658.7
贷款	7 906.3	7 853.6	9 126.5	9 818.3	10 641.5	11 048.5
股权和共享投资基金	17 583.9	20 733.3	23 607.5	27 087.1	27 515.4	28 389.5
保险、养老金和标准化保障计划	1 872.7	2 086.0	2 227.8	2 417.1	2 628.6	2 765.4
金融衍生品和员工股票期权	153.2	151.8	271.7	258.4	242.9	274.7
其他应收/应付账款	1 601.5	1 658.6	1 789.1	2 162.0	2 453.0	2 533.0

资料来源：巴西中央银行官网数据库。

（二）3 月底以来，巴西资产经历明显的回升

自 2023 年 3 月以来，巴西资产经历明显的回升。6 月底，巴西股市上涨了 16%，雷亚尔兑美元升值约 10%。收益率曲线有所下降，其中两年期主权债券收益率从 2022 年 12 月底的 14.2% 降至 2023 年 6 月的 10.5%。自 2023 年 4 月，巴西宣布实施新财政框架以来，与通胀挂钩的长期政府债券实际利率也下降了近 100 个基点。外国投资者对巴西债务证券的兴趣有所增加，根据国际金融协会数据，2023 年 1—5 月，非巴西居民净买入巴西债券达 40 亿美元。①

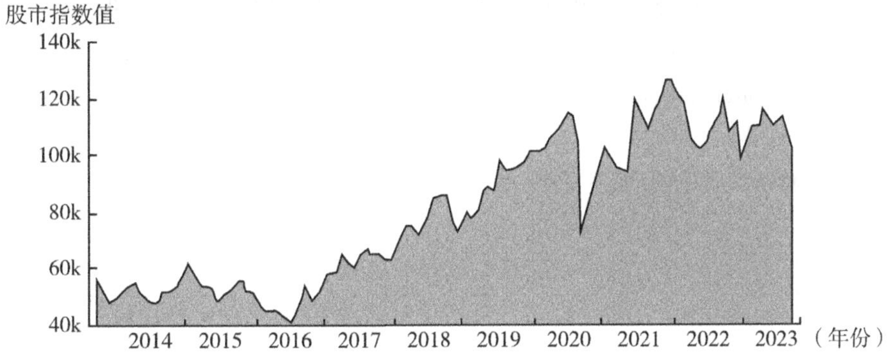

图 2－38　巴西股市指数变动图（2013 年 1 月至 2023 年 10 月）

资料来源：Brazil Equity Market Index，https：//www. ceicdata. com/en/indicator/brazil/equity－market－index，2023－12－25.

从 1983 年 1 月到 2023 年 10 月，巴西股票指数平均为 17 219.2 点，该数据于 2021 年 6 月达到历史最高点 126 801.7 点（见图 2－38）。根据国际能源署预测，巴西能源行业对其 GDP 增长的贡献率约为 10%，石油价格波动有可能成为该国股市的增压器或一大拖累。② 从 2009 年 9 月至今的数据看，巴西 12 只核心股票的平均溢价相当于新兴市场的平均溢价为 11%，当油价高于 90 美元以上时，巴西股市市盈率溢价随着油价上涨而上升：当油价超过 110 美元，市盈率会超过 20%（见图 2－39 和图 2－40）。

① BRAZIL：A WIND OF OPTIMISM，HTTPS：//ECONOMIC－RESEARCH. BNPPARIBAS. COM/HTML/EN－US/BRAZIL－WIND－OPTIMISM－7/11/2023，48769，2023－12－20.

② Brazil's equities and the price of oil：Enabling turbo mode?，https：//emergingmarkets. blog. franklintempleton. com/2023/10/26/brazils－equities－and－the－price－of－oil－enabling－turbo－mode/，2023－12－24.

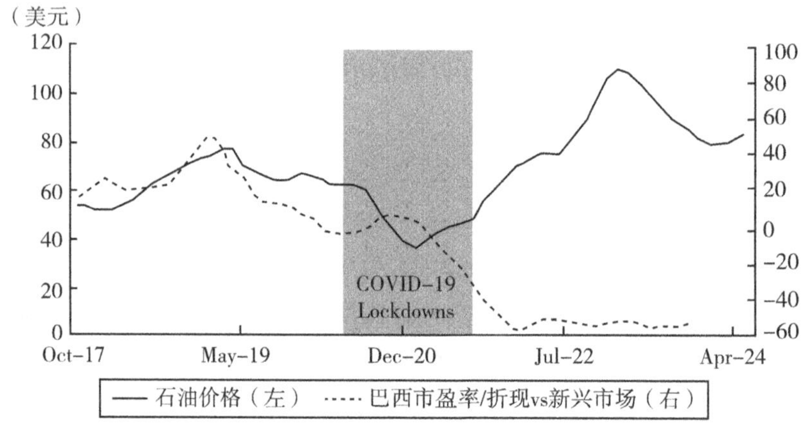

图2－39　国际石油价格与巴西股票估值的关系（2017年10月至2024年4月）

资料来源：Brazil's equities and the price of oil：Enabling turbo mode?：https：//franklintempletonprod.widen.net/content/zvhzlhuexw/pdf/brazil－equities－oil－price－enabling－turbo－mode－a.pdf，2024－05－30.

注："石油价格"是六个月的平均值，并以此类推。

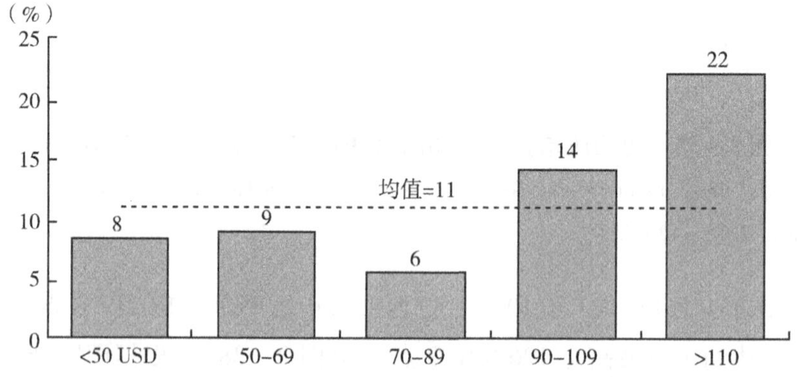

图2－40　巴西股市价值与国际油价之间的关系

资料来源：Brazil's equities and the price of oil：Enabling turbo mode?：https：//franklintempletonprod.widen.net/content/zvhzlhuexw/pdf/brazil－equities－oil－price－enabling－turbo－mode－a.pdf，2024－05－30.

注："石油价格"是六个月的平均值，并以此类推。

（三）巴西房地产价值变动

2023年3月，巴西名义住宅地产价格指数增长率为0.005%，比2022年12月下降了0.537%（见图2－41）。根据国际清算银行报告，从2002年3月到2023年

3 月，巴西名义住宅房地产价格指数平均增长率为 8. 848%，2020 年 3 月达到 26. 166% 的历史最高点，在 2016 年 9 月达到负 2. 885% 的历史最低点。就交易价值而言，巴西住宅房地产市场规模预计将从 2023 年的 565. 6 亿美元增长到 2028 年的 735. 7 亿美元，预测 2023—2028 年的复合年增长率为 5. 40%（见图 2 - 42）。①

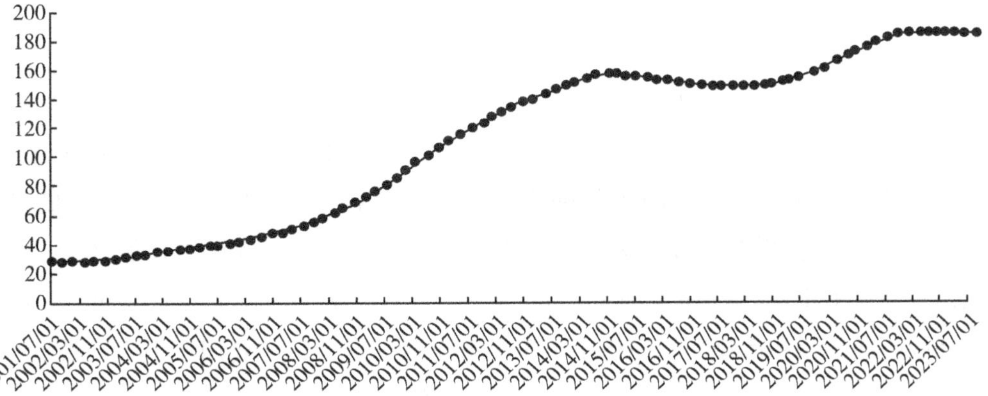

图 2 - 41　巴西房地产价格指数变动趋势（2010 年 = 100）

资料来源：Bank for International Settlements。

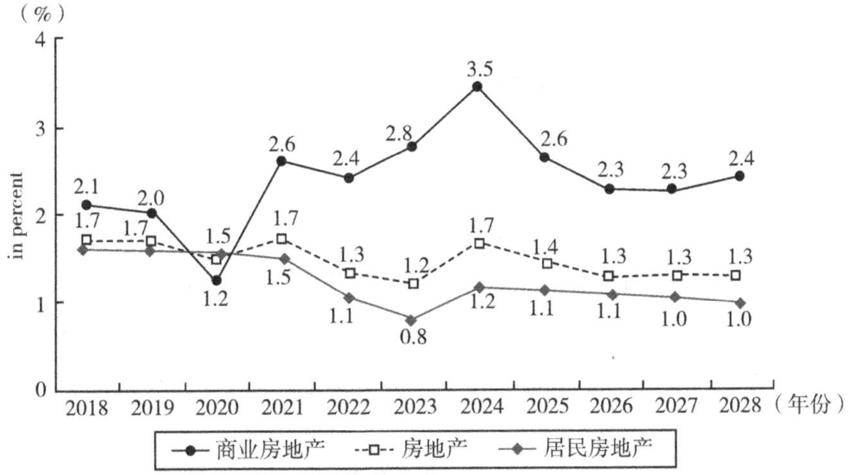

图 2 - 42　巴西房地产价值变动趋势预测图

资料来源：Bank for International Settlements。

2019 年冠状病毒大流行减缓了巴西房地产市场的复苏，圣保罗的实际房价在前一年上涨 0. 21% 之后，到 2021 年第三季度下降了 5. 51%。② 在新冠疫情导致的

① Brazil Nominal Residential Property Price Index Growth：https：//www. ceicdata. com/en/indicator/brazil/nominal - residential - property - price - index - growth，2023 - 12 - 25.

② Real Estate - Brazil：https：//fr. statista. com/outlook/fmo/real - estate/brazil，2023 - 12 - 25.

2020 年经济衰退期之后，巴西房地产市场尤其是住宅市场明显好转，克服了经济低迷。根据里约热内卢住房联盟数据，2021 年前四个月，约售出 13 012 套房屋，而 2020 年同期为 8 738 套。

（四）赤字上调，加剧市场不安

2023 年 9 月，巴西中央政府账户（包含国库、社保和央行）的赤字达到了 1 414 亿雷亚尔（约等于 290 亿美元），相当于 GDP 的 1.3%。财政结果将进一步恶化 260 亿雷亚尔，主要用于弥补联邦社会贡献税（PIS/Pasep）账户中的“废弃”资产。① 与 2022 年 11 月相比，巴西 2023 年同期实际总支出增长了 20%，而净收入只增长了 4.2%。根据巴西财政部的一份声明，支出增长主要原因如下：11 月联邦政府向各州和市政当局提供了 113 亿雷亚尔的资金，主要用于卫生、教育、家庭津贴和养老福利等相关支出。根据巴西财政部最新双月度收支报告，预计 2023 年度巴西基本赤字将扩大到 2 034 亿雷亚尔（合计 414.6 亿美元），占 GDP 比重将上升至 1.9%，比 9 月高出 0.6 个百分点，接近预算法设定的 2% 的目标。②

（五）储蓄账户的高净提款为房地产贷款敲响了警钟

根据巴西央行的数据，2023 年 2 月储蓄账户余额为 7 391.4 亿雷亚尔，2021 年至 2023 年 2 月储蓄账户的净提款总额为 1 837 亿雷亚尔。③ 资本市场在房地产融资中的份额也从 2021 年的 26.6% 上升至 2022 年底的 34%。与此同时，储蓄账户的份额从 46% 下降到 40%（2008 年的份额占比为 80%），过去两年，储蓄账户的高净提款为房地产贷款敲响了警钟。鉴于历史先例，央行金融稳定委员会（Comef）对储蓄账

---

① 2023 年 12 月 15 日，巴西国会通过了税收改革宪法修正案，重新制定了巴西的税收制度。改革中设立的新税种，商品服务税（IBS），将取代 ICMS（州）和 ISS（市）；商品服务贡献税（CBS），它将取代联邦税 PIS/Pasep、Cofins 和 IPI；选择性税（IS），该税将由联邦征收，旨在阻止销售危害健康和环境的产品和服务。

② Relatório de operações de crédito e limite de endividamento de Estados e Municípios：https：//www. tesourotransparente. gov. br/publicacoes/relatorio - de - operacoes - de - credito - e - limite - de - endividamento - de - estados - e - municipios/2023/11，2023 - 12 - 25.

③ Sérgio Tauhata，Capital Market Gains Ground in Real Estate Financing：Sector is more Resilient，and Tends to Maintain Pace of Loans this Year Closer to the Peak：https：//valorinternational. globo. com/markets/news/2023/03/21/capital - market - gains - ground - in - real - estate - financing. ghtml，2023 - 11 - 26.

户持续提款对银行业融资的影响表示担忧。2015—2016 年，储蓄账户净流出 942 亿雷亚尔。在此期间，由于巴西信贷和储蓄体系（Brazilian System of Credit and Savings，SBPE）的资金减少，住房贷款急剧下降。2017 年住房贷款与 2014 年的峰值相比暴跌了 60%。巴西房地产信贷和储蓄协会（the Brazilian Association of Real Estate Credit and Savings，Abecip）认为，与上次危机不同的是，巴西目前正经历着前所未有的房地产繁荣，尽管利率高企，但房地产贷款仍有强劲需求。与 2022 年 12 月相比，2023 年 1 月 SBPE 内的住房信贷下降了 15.2%。尽管金融体系看起来稳定，但分析师认为巴西债务的财务成本很高。巴西人必须为他们的房地产贷款支付 20% 到 25% 的实际利率。①

四、巴西防范金融风险的主要举措及预期目标

（一）启用持续通胀目标，提高货币政策的有效性

为减少金融市场的不确定性，提高货币政策的有效性，2023 年 6 月国家货币委员会（National Monetary Council，CMN）决议为 2026 年设定 3% 的通胀目标，与 2024 年和 2025 年的水平相同。此外，CMN 决定改变通胀目标框架，从 2025 年开始采用连续的 3% 目标，确保与地区同行保持一致，这将有助于降低对通胀目标不确定性的预期。

（二）宣布实施含 13 项措施的一揽子计划

2023 年 4 月 20 日，巴西政府宣布实施包含 13 项措施的一揽子计划，旨在放宽消费者获得信贷的渠道，降低资本和保险市场的相关成本。一揽子计划包括修改国库操作手册实现对州和市 PPP 项目提供财政担保机制；颁布一项法令，允许在医疗、教育和公共安全等领域的投资发行免费债券；计划提出将养老基金资源作为担保品，与金融机构进行信贷业务，从而降低贷款利率的法案；允许下级管理机构发行私人债券；制定相关法律，旨在加强对资本市场中小投资者的保护，提高金融机构共享财政数据的效率，防止因控股股东和管理人员的非法行为而受到损害；完善金融市

① Wharton Staff, The Brazilian Real Estate Market: Headed for a crisis? https://knowledge.wharton.upenn.edu/article/the-brazilian-real-estate-market-headed-for-a-crisis/, 2023-11-26.

场基础设施法，完善私营保险制度等。巴西卢拉政府希望一揽子计划能够提振经济。巴西财政部部长塞隆说，上述举措将减轻私人投资者（尤其是外国投资者）所面临的金融和政治风险，为日托中心和卫生设施建设等项目吸引资金。

（三）强大的缓冲支持了金融系统的弹性

近年来，巴西中央银行在自主权得到改善的基础上，未来侧重于预算决策和设置风险缓冲的灵活性。充足的外汇储备、灵活的汇率制度以及与基本面相符的外部头寸，有助于缓解国际金融环境收紧带来的风险冲击。尽管2022年巴西的外汇流动性略有恶化，但储备充足率仍保持在IMF ARA指标的136%，这主要是受资产估值的影响。加之，巴西在外债方面仍保持着令人满意的净债权国，这是对全球金融状况收紧的一种保障。此外，低外汇债务和大量公共部门现金缓冲，以及健全的金融体系，进一步支持了金融系统的韧性。

（四）通过债务重组，解决家庭债务的脆弱性

根据信用登记数据，巴西政府估计有近7 000万人（占总人口的1/3）有不同形式的债务违约，包括银行贷款和水电费。2023年4月，巴西家庭的债务收入比达到27.7%的历史新高，部分原因是信用卡和非工资贷款等风险较高的产品。针对家庭债务脆弱性上升的问题，巴西政府动用了100亿雷亚尔（占GDP的0.1%）的基金，为低收入家庭合并重组债务提供担保，并在家庭中推广金融知识，尤其是信用卡分期付款利息收取原则以及逾期后的高额费用（高达400%）等。

五、启示和建议

（一）强化金融系统监管，合理管控资产估值预期

1994/1997年货币危机期间，巴西政府深化改革了金融监管机制，先后出台了一系列监管政策（见表2－15），并逐步搭建起与国际接轨的金融监管机构，如CVM（负责监管证券），中央银行（负责审慎和金融机构监管），SUSEP（负责保险）和PREVIC（负责养老金监管）。目前，巴西金融稳定性监管过程涵盖宏观审慎、微观

审慎和压力测试。其中：宏观审慎监管，侧重于识别和评估对金融服务中心（系统性风险）或其他机构的稳定性和正常运作构成潜在风险的脆弱性或事件。微观审慎监测，旨在通过比较分析的方法，评估个别机构、企业集团的经济金融状况及其他风险因素，以保护存款人和债权人，并减轻活动对金融服务体系稳定性造成的风险。通过比较分析资产负债表、偿债能力、流动性和市场风险，以及他们在信贷、证券、衍生品和外汇市场上的表现，及时向有关部门发出预警。压力测试，包括对宏观经济压力测试、对相关风险因素的敏感性分析和传播分析，以及估算危机蔓延所需的额外资本。此外，自 2012 年起，巴西政府建立了金融部门评估项目（FSAP），要求大多数交易类型和几乎所有资产类别都必须向交易存储库备案。

表 2－15　　1994—1998 年巴西金融系统监管机制改革

时间	政策文号	政策要求
1995 年 11 月	第 2212 号决议	对新银行设立需更高的初始资本限额
1996 年 3 月	第 1334 号临时措施	在金融机构发现任何违规案件，可转审计公司和独立会计审计员
1997 年 5 月	第 2390 号决议	建立中央信用风险系统，其中金融机构必须确定并通知中央银行所有债务额超过 5 万雷亚尔的客户
1997 年 6 月	第 2390 号决议	提高金融机构的最低资本要求，从占所有风险资产的 8% 提高到 10%
1997 年 11 月	第 2784 号决议	将最低资本限额提高到 11%，允许金融机构在 1998 年底前适应新措施
1998 年 5 月	第 2493 号决议	允许银行“将其部分或全部信贷组合出售给为此目的设立的公司”
1998 年 12 月	第 2554 号决议	规定金融机构应按照巴塞尔委员会的要求实施内部控制制度

（二）筑牢经济社会发展根基，管理好财政货币政策是防范风险的有力保障

20 世纪七八十年代和 90 年代，巴西经济曾屡创奇迹，由一个相对传统的农业国转型为具有中等偏上收入水平的新型工业化国家，GDP 总额一度位居发展中国家首位。但是，自 20 世纪 80 年代起，巴西平均每隔 10 年左右就会遭遇一次重大的危机，尤其是进入 21 世纪以来，频频陷入通胀高企、物价飙升的困境，国际资本大进大出，经济社会发展始终处于“经济缓步复苏—极端财政货币政策救市—经济较高速

发展”的恶性循环中。据估计，2023 年巴西经济规模有望再次实现 2 万亿美元，周期性徘徊到 2010—2014 年的水平。此外，巴西政坛党派众多，不同政党之间执政理念差异大，执政效率低，无法保障执政策略的连贯性。如 1979 年 3 月以来，巴西共迎来 10 届总统，除 2003—2011 年卢拉总统执政期间政策相对稳定外，有 3 位总统被弹劾，3 位总统忙着应对各种危机；还有 1 位总统不仅推翻前任的施政纲领，而且采用了极端亲美的政策。加之，巴西金融市场还不够成熟，产业发展规划缺失，经济结构畸形，仅依靠农业、采矿业及其出口以及极端的财政货币政策，无法有效推动其产业转型和升级，进而很难摆脱经济发展循环往复的周期定律。

（三）巴西政策举措对我国资产估值稳定的影响与风险防范

中巴两国建交于 1974 年，经过半个世纪的发展，双边关系达到了历史最好水平。中国是巴西最大的贸易伙伴，也是最大的投资来源国之一。从 2000 年到 2023 年，巴西对中国的出口平均每年增长 23% 左右。其中，2023 年巴西对中国的贸易顺差将超过 500 亿美元，几乎是 2022 年的两倍，约占巴西贸易顺差总额的三分之二，双边贸易顺差增加了巴西的国际储备，减少了该国的外部经济脆弱性。中国对巴西农产品、能源和矿产商品有着巨大的需求，巴西对中国机电产品、化工产品和塑料制品也有较大需求。可见，国际大宗商品价格波动会影响巴西的原材料（含铁矿石、石油、玉米大豆等农产品）和制成品出口价值，进而影响我国基础产品的贸易成本和投资成本（见图 2 - 43）。能源、原材料和银行类股价值偏低，对股息收益影响不大。

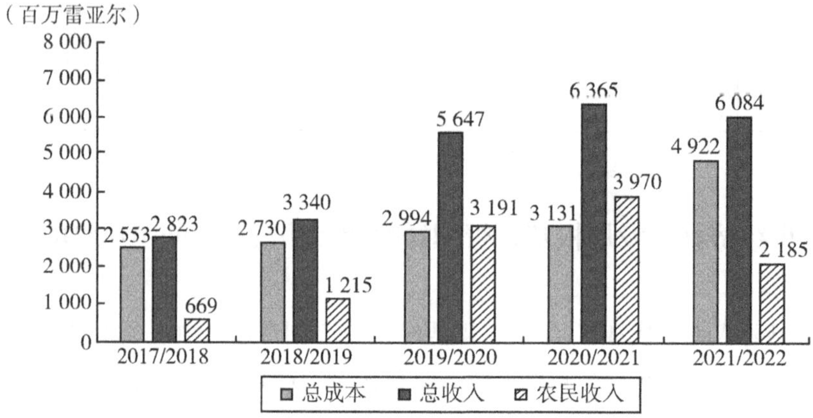

图 2 - 43　2017 年以来巴西塞拉多区域玉米种植成本收益变动图

资料来源：MAPA，IMEA - MT，DERAL - PR，CBOT，CONAB and Cogo Intelligence in Agribusiness.

此外，巴西是中国在拉美投资的主要目的国之一，占该区域投资的一半以上。2007—2022 年，中国在巴西实施了 235 个项目，累计投资 716 亿美元。巴西宏观财政货币政策的不确定性，尤其是在直接投资领域和基础设施建设许可管理机制的频繁调整，对中国已投资产的预期收益和未来投资的风险预判。

后　记

全球经济面临多重下行风险，增长依然疲弱，发达经济体增速放缓继续成为全球经济增速下行的主要原因。全球经济面临多重风险和挑战：高价格、高利率、高债务、低增长和地缘政治紧张局势等。主要经济体的财政面临收支矛盾突出、债务风险持续积累和财政政策空间有限的问题，主要经济体的财政政策在提升经济社会发展的可持续性和降低经济社会风险中艰难权衡。

金融是国民经济的血脉，是国家核心竞争力的重要组成部分。维护金融体系的正常运行，避免资产价格的剧烈波动对金融体系和经济带来巨大冲击至关重要。金融风险在部门内部和部门之间通过资产负债关联进行传染，使得最终损失被放大。在全球化背景下，金融危机的传导路径主要包括国际贸易、金融机构、资本流动和预期四种传导路径。随着风险不断全球化，国与国之间互为风险源。在风险分配的过程中，每个个人或组织在追求自身利益最大化的同时，也在追求自身风险最小化。掌握契约规则制定的人或组织更有能力将本应其自身承担的风险外部化，即将风险转移给其他人或组织。在全球治理体系中，掌握全球风险分配契约规则制定的国家有能力将本应其自身承担的风险转移给别的国家。严重威胁世界经济增长的重大危机几乎都源于发达经济体，这一事实表明，有效的全球经济治理必须要把发达经济体及其宏观经济政策纳入全球经济治理视野中，以防止其国内经济治理所产生的负面效应外溢，给世界经济的健康发展带来严重威胁。

当今世界面临百年未有之大变局。中国是一个成长起来的大国，利益遍布全球，风险也来自全球。财政与公共风险治理要求相匹配，必须基于全球风险治理的视角审视财政问题。基于上述背景，中国财政科学研究院全球风险治理研究中心对全球和主要国家财经风险进行持续跟踪和研究。本书是集体研究的成果，研究团队几经讨论，数易其稿，反复打磨，方得成书。本书撰写组是一个致力于从事财政与全球风险治理研究的团队，由中国财政科学研究院刘尚希院长和邢丽副院长担任组长，李成威主任担任执行组长。中国财政科学研究院学术委员会主席傅志华对本书的写作提供了很多建设性意见。团队成员和执笔分工如下：全书设计和总撰，刘尚希、邢丽、李成威；序言，刘尚希、邢丽、李成威；上篇导论，李欣、金殿臣；上篇美国，金殿臣；上篇英国，李欣；上篇德国，于雯杰；上篇法国，朱小玉；上篇俄罗斯，田雅琼；上篇日本，刘翠微；上篇巴西，王美桃；上篇印度，李欣；上篇乌克兰，林琳；下篇导论，朱小玉、田雅琼、林琳；下篇美国，金殿臣；下篇英国，李欣；下篇德国，于雯杰；下篇日本，刘翠微；下篇巴西，王美桃。

感谢读者对中国财政科学研究院全球风险治理研究长期以来的关心与支持，感谢中国财政经济出版社为本书出版付出的辛勤劳动。由于时间仓促且水平有限，不当之处在所难免，敬请各位读者和老师批评指正！

中国财政科学研究院研究团队

2024 年 6 月 6 日

图书在版编目（CIP）数据

2024年全球和主要国家财经风险报告/刘尚希等著
. --北京：中国财政经济出版社，2024.6
（中国财政科学研究院年度智库报告）
ISBN 978-7-5223-3121-8

Ⅰ.①2… Ⅱ.①刘… Ⅲ.①财政管理-风险管理-研究报告-世界-2024 Ⅳ.①F811.2

中国国家版本馆CIP数据核字（2024）第089746号

责任编辑：庄　莉　　　　责任印制：史大鹏
封面设计：陈宇琰　　　　责任校对：张　凡

2024年全球和主要国家财经风险报告
2024NIAN QUANQIU HE ZHUYAO GUOJIA CAIJING FENGXIAN BAOGAO

中国财政经济出版社 出版
URL：http://www.cfeph.cn
E-mail：cfeph@cfeph.cn

社址：北京市海淀区阜成路甲28号　邮政编码：100142
营销中心电话：010-88191522
天猫网店：中国财政经济出版社旗舰店
网址：https://zgczjjcbs.tmall.com
中煤（北京）印务有限公司印刷 各地新华书店经销
成品尺寸：185mm×260mm　16开　16.5印张　295 000字
2024年6月第1版　2024年6月北京第1次印刷
定价：78.00元
ISBN 978-7-5223-3121-8
（图书出现印装问题，本社负责调换，电话：010-88190548）
本社图书质量投诉电话：010-88190744
打击盗版举报热线：010-88191661　QQ：2242791300